KB049030

이기는 로펌은
무엇이 다른가

이기는 로펌은 무엇이 다른가

초판 1쇄 발행 2022년 4월 11일
지은이 이미호 · 이종현 · 김민정 · 김종용 · 강현수
펴낸이 안종만 · 안상준
편집 총괄 장혜원
편집 오유리
디자인 정혜미
사진 안규림(@QRIM_AHN)
제작 우인도 · 고철민
펴낸곳 (주)박영사
등록 1959년 3월 11일 제300-1959-1호(倫)
주소 서울시 금천구 가산디지털2로 53, 210호(가산동, 한라시그마밸리)
전화 02-733-6771 **팩스** 02-736-4818
이메일 inbook@pybook.co.kr **홈페이지** www.pybook.co.kr
ISBN 979-11-303-1548-5 03300

* 파본은 구입하신 곳에서 교환해 드립니다. 본서의 무단복제행위를 금합니다.
* 책값은 뒤표지에 있습니다.

대한민국 대표 변호사의 승소 전략

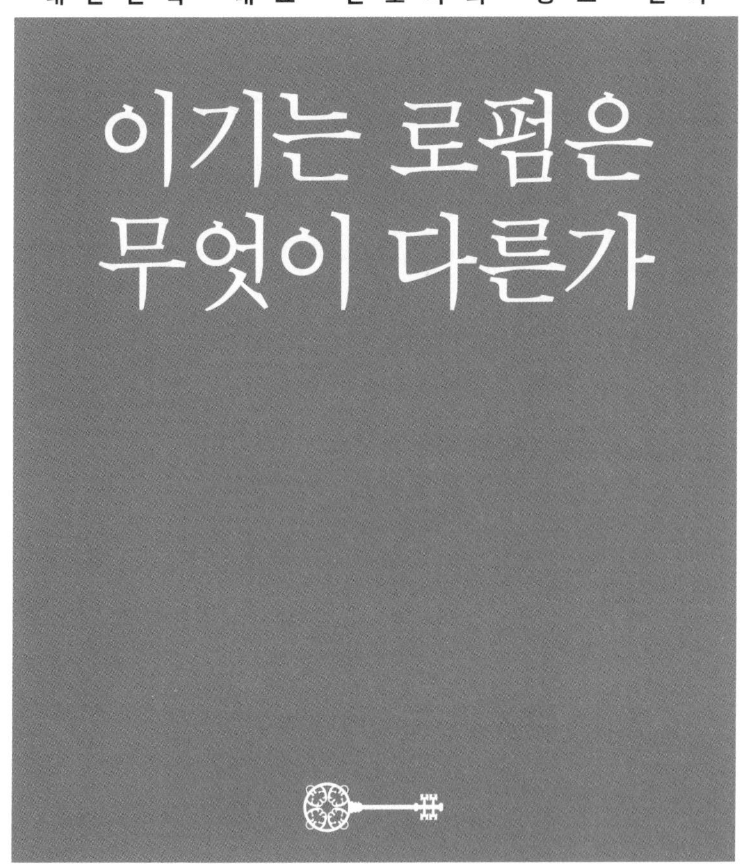

이기는 로펌은 무엇이 다른가

이미호 · 이종현 · 김민정 · 김종용 · 강현수 지음

박영사

차례

Chapter 3 개인을 지키는 법인의 권리

자기 사명을 발견하고
일에 신념을 가진 사람은 행복하다.

토머스 칼라일

(Thomas Carlyle, 영국의 평론가, 역사가)

HOME

법원

TCR
GIANT

WeAdvise

축쇄판

特許法院

프롤로그

"팀장님, 아는 변호사 있으면 소개 좀 해주세요."

제가 언론사 법조팀장으로 지내면서 가장 많이 받은 질문 중 하나입니다. 부탁을 하는 사람들은 대개 자기 분야에서 전문성을 갖고 사회생활을 꾸준히 해 온 분들입니다.

그런데 유독 법 앞에선 나약한(?) 모습을 보입니다. 자기 처지를 잘 이해하고 해결해 줄 법률 전문가를 찾고 싶은데, 어디서, 어떻게, 컨택을 해야 할지 모르겠다고 토로합니다. 인터넷에는 수많은 로펌과 변호사들의 이름이 뜨지만, 여기서부터가 더 문제입니다. 형사, 민사, 가사, 행정… 마치 짜고 친 것처럼 똑같이 소개돼 있습니다.

기업도 사실 크게 다를 것은 없습니다. 특별한 정보가 있다기보단 '경험칙'에 의존하는 경향이 강합니다. 특히 대형로펌과 오랫동안 관계를 맺어온 기업은 새로운 사건에 휘말렸다고 해서 로펌을 바꾸지 않습니다. 구관이 명관이라고 그냥 믿고 맡깁니다. 회사의 민감한 정보를 노출시키지 않기 위한 의도도 있지요. 중소기업 법무팀도 정보가 부족하긴 마찬가집니다. 즉, 분명한 점은 로펌과 변호사에 대한 '알 권리'가 충분하지 않다는 점입니다.

2021년 1월, 조선비즈 법조팀 기자들이 이 같은 문제 의식을 갖고 편집국에 모였습니다. 변호사 3만 시대, 법률시장의 외형은 커졌지만 과연 법률 소비자의 접근성과 선택지를 제대로 보장받고 있는지 의문이 들었습니다. '주식 시장만 해도 공시 제도가 있어서 투자자들이 기업 정보를 얻을 수 있는데, 법률 시장에는 왜 없을까?' 어찌 보면 무모하지만 용기 있는 질문으로 시작했습니다.

그래서 우리가 나침반이 되어 보기로 했습니다. 적어도 '어떤 변호사가 어떤 사건에서 어떤 전략과 법리로 승소를 이끌어냈다'는 최소한의 정보라도 제공하자는 취지였습니다. 마치 깊은 숲속에 남아있는 발자국처럼 말이죠.

이 책은 2021년 네이버 연재로 나갔던 〈로펌의 기술〉(2022년 3월 16일 기준, 53회) 시리즈 중 일부를 재구성한 것입니다. 로펌의 기술은 법조계뿐만 아니라 다양한 산업 분야에서 주목을 받은 사건의 비하인드 스토리를 '내러티브 형식'으로 풀어내면서 화제를 모았습니다. 승패 위주로만 보도되는 기존의 법원발(發) 언론 기사만으로는 법률 소비자의 목마름을 해소하는 데 한계가 있었습니다.

그래서 저희가 발로 직접 뛰었습니다. 사건을 대리한 변호사가 있는 곳이라면 어디든 찾아가 직접 취재했습니다. 어떤 전략을 가지고, 어떤 법과 논리로, 어떤 과정을 거쳐 어떻게 입증해냈는지, 상대측 주장을 어떻게 방어해 승소를 이끌어 냈는지, 이른바 '그들만의 전략과 기술'을 듣고 고스란히 녹여냈습니다.

덕분에 대중에게 잘 알려지지 않은 로펌 변호사들의 '고군분투 일상'도 엿볼 수 있었습니다. 사건 관련 이야기를 듣다 보면 변호사들의 희로애락도 자연스럽게 접할 수 있었지요. 아울러 소송 분야도 지적재산·상표권, M&A 및 경영권 분쟁, 특허침해·무효, 손해배상, 형사, 행정 그리고 국제중재 등 전 분야를 망라했습니다.

마지막으로 이 책은 사례집 성격을 갖고 있다는 점에서 로스쿨 입학을 준비하거나 재학 중인 학생들, 로펌 입사를 준비하는 졸업생들에게도 실질적인 도움이 될 것입니다. 또 법에 관심이 있는 회사원 등 일반 대중들에게도 '읽는 재미'를 선사할 것입니다.

광화문에서 이미호

추천사

민사소송법을 보면 공격방어방법이라는 용어가 나옵니다. 전투나 운동경기에서 사용되는 단어가 왜 법전에 등장할까 궁금합니다. 민사소송에서 법관은 제3자로 심판을 할 뿐 당사자를 대리하는 변호사가 선두에 나섭니다. 본 저서는 소송 과정에서 이루어지는 변호사의 이러한 노력을 잘 보여줍니다. 때로는 승패가 왔다 갔다 하는 굴곡을 겪으면서도 마지막 승리를 위하여 어떤 과정을 거치는지 일반인에게 흥미로운 읽을거리를 제공해줍니다. 이 책을 다 읽고 나면 훌륭한 판결의 밑바탕에는 변호사의 피와 땀이 녹아 있다는 것을 알게 됩니다.

박일환(前 대법관 · 유튜브 차산선생법률상식 운영자)

살면서 다양한 일을 겪다 보면 '아는 변호사' 하나 있었으면 좋았을 텐데 싶은 순간이 온다. 법 조항을 찾아보고, 포털 검색을 해 봐도 쉽지가 않다. 세상에는 수많은 로펌과 변호사가 있다는데 내게는 먼 얘기일 뿐. 이 책은 법조계뿐 아니라 다양한 분야에서 주목받았던 이슈들을 중심으로 활약했던 다양한 변호사와 로펌의 사례를 담고 있다. 법정 드라마를 방불케 하는 전략과 치열한 방어, 승소의 기쁨과 사회적 파급 효과까지 실감 나게 취재한 노고도 엿보인다. 재미와 상식 충전을 위해 읽기에도 충분하지만, 언젠가는 당신의 막힌 속을 뚫어줄 만큼 큰 도움이 될 수도 있겠다.

김소영(방송인 · 책발전소 대표)

Chapter

1

- 출금 눌렀을 뿐인데 사라진 비트코인… 거래소 책임은 없다?
- 오뚜기의 중국산 미역 논란, 발로 뛴 변론으로 무혐의 입증
- '참을 한도를 넘은' 햇빛, 어떻게 증명할 것이냐의 문제
- 데이터 수집 방법 '크롤링', 법적으로 문제없을까?
- 국내 처음 도입된 펌핑치약, 최초 개발 회사가 독점권 쥘 수 있을까
- '망 사용료 大戰'에서 넷플릭스 꺾은 한국 통신사
- 불법 유통 피해 본 웹툰 작가, 손해배상액은 어떻게 따질까?
- "빌라 시세 산정, 사람이 합니까 AI가 합니까" 감평협회 공격에서 스타트업을 지켜라
- K-게임, 원천 기술 탈취해 간 외국기업으로부터 우리 기업을 지키는 방법
- 해외 스타 이름 딴 그 상표명 우리 동네에서도 봤는데…

알아두면 지킬 수 있는 권리

출금 눌렀을 뿐인데 사라진 비트코인…
거래소 책임은 없다?

2021년은 비트코인이나 이더리움 같은 가상화폐가 재테크의 전면에 등장한 해였다. 2021년 주식거래 대금은 4,936조원(추산)이었는데, 국내 4대 가상화폐 거래소의 2021년 연간 거래대금이 4조달러(약 4,750조원)에 달했다. 거래대금만 놓고 보면 가상화폐가 주식의 턱 밑까지 치고 올라온 것이다. 그만큼 가상화폐는 많은 사람의 관심사였다.

하지만 거래대금과 상관없이 여전히 가상화폐는 주식만큼 안정적인 투자 자산의 위치에 오르지 못하고 있다. 가상화폐의 변동성이 큰 것도 원인이지만, 가상화폐 거래의 불확실성도 중요한 문제다.
가상화폐가 하루아침에 상장 폐지되는 일이 적지 않았고, 2021년에는 아예 가상화폐 거래소가 무더기로 폐쇄되는 일도 있었다. 특정금융정보법특금법에 따라 가상화폐 거래소에 대한 정부 차원의 규제가 강해지면서 자격을 갖추지 못한 거래소들이 아예 문을 닫아버린 것이다.
더 황당한 일들도 있다. 거래소를 통해 가상화폐를 다른 주소(계좌)로 보냈는데 온데간데없이 사라져버린 것이다. 이용자가 주소를 착각하거나 잘못된 주소를 누르는 '착오송금'이 아니다. 정확한 주소를 눌렀는데도 가상화폐가 엉뚱한 주소로 가버린 것이다.

거래소가 해킹을 당한 것도 아니었다. 주식을 거래하는 거래소가 증권사에서 이런 일이 생겼으면 신문 1면을 장식할 만한 일이겠지만, 가상화폐 거래소에서는 그저 해프닝 정도로 여겨졌다. 이렇다 보니 '거래의 불확실성'이 가상화폐에 대한 부정적인 시선으로 이어질 수밖에 없었다.

그렇다면 그렇게 잘못 출금된 가상화폐를 돌려받을 방법이 있을까. 법무법인 동인이 가상화폐 투자자를 대리해 4대 가상화폐 거래소 중 하나인 빗썸과 다툰 소송을 보면 정답을 알 수 있다. 문제가 된 사건은 2018년 11월 22일 벌어졌다.

빗썸을 이용해 비트코인을 거래하던 A씨는 이날도 평소와 다름없이 빗썸에 접속했다. A씨는 이날 오후 6시 22분에 빗썸에서 다른 거래소로 비트코인 177,690개를 송금하기 위해 주소록에 저장돼 있던 주소를 클릭해 출금 요청을 했다.

그런데 알 수 없는 이유로 A씨가 클릭한 주소와 다른 주소로 비트코인이 출금됐고, 빗썸은 A씨에게 출금 요청 등록 및 출금 완료 이메일을 보냈다.

이날 저장된 주소와 다른 곳으로 비트코인이 출금된 건 A씨만의 일이 아니었다. 다른 5명의 빗썸 이용자도 같은 일을 겪었다. 비트코인을 출금하다가 애초에 지정한 주소가 아닌 다른 주소로 비트코인이 출금되는 사고가 발생한 것이다.

A씨까지 6명의 이용자가 오출금으로 손해를 본 비트코인은 모두 527,876개였다. 사고가 발생한 당일 시세(1BTC당 515만9,000원)를 반영하면 총 피해액은 2억7,233만원에 달한다.

문제는 비트코인 오출금의 원인을 도무지 알 수가 없다는 점이었다. A씨를 비롯한 이용자들이 출금 주소를 잘못 입력한 것도 아니었고, 그렇다고 거래소가 해킹을 당한 것도 아니었다. 말 그대로 '귀신이 곡할 노릇'이었다.

피해자들을 대리한 동인에 따르면, 빗썸은 사고가 발생한 직후 안랩을 통해 자신들의 서버에 대한 감정을 진행했다. 감정 결과 빗썸의 웹서버는 해킹된 흔적이 없었고, 이를 바탕으로 빗썸은 자신들의 관리영역에서 발생한 문제가 아니라 원인을 알 수 없는 사고이기 때문에 자신들은 귀책사유가 없다고 주장했다.

한 마디로 사고가 왜 생겼는지는 모르겠지만, 서버에는 문제가 없으니 비트코인이 사라진 건 빗썸의 책임이 아니라는 식이다.

판사는 전문용어를 모른다, 사건을 단순화해라

동인이 6명의 피해자를 대신해 이 사건을 맡았을 때만 해도 법조계나 가상화폐 업계 모두 승소를 예상하지 않았다. 앞서 비슷한 소송에서는 가상화폐 거래소가 항상 이겨왔기 때문이다. 그만큼 가상화폐에 대한 법적·제도적인 부분이 제대로 정비되지 않은 시기였고, 사고가 나면 투자자에게 책임을 묻는 게 일반적이었다.

2020년 7월에도 빗썸의 전산 장애로 손해를 본 투자자들이 빗썸을 상대로 손해배상을 청구했지만, 재판부는 "회사 측이 전산 장애를 방지하기 위해 사회 통념상 합리적으로 기대 가능한 정도의 조치를 하지 않은 과실이 있다고 인정하기 어렵다"며 빗썸의 손을 들어준 바 있다.

당시 전산 장애로 1시간 30분 동안 빗썸에서 가상화폐 거래가 중단됐고, 투자자들은 거래가 중단된 시간 동안 가상화폐 가격이 급락해 시세 차익만큼 손해를 봤다고 주장했다. 빗썸 측이 시스템을 제대로 관리·운영하지 않아 전산 장애가 발생한 만큼 손해를 배상하라는 주장이었다. 하지만 재판부는 주문량이 갑자기 폭증하면서 발생한 전산 장애는 빗썸 측의 고의나 과실이 있다고 인정할 수 없다고 봤다.

이 사건을 맡은 동인의 서기원 변호사와 김미리 변호사도 이런 점을 잘 알고 있었다. 서 변호사는 동인이 블록체인팀을 만든 2017년부터 팀을 이끌어 왔다. 법리만 공부하는 것이 아니라 직접 비트코인, 이더리움, 이오스 등 여러 가상화폐를 사고팔고, 백서를 읽어보면서 공부했다. 실제 '코인판'이 어떻게 돌아가는지 알았기 때문에 정확한 전략을 세울 수 있었다.

서 변호사와 김 변호사가 세운 전략은 '단순화'였다. 거래소의 책임을 강조하기 위해 비트코인이나 가상화폐, 블록체인, 전자금융법 같은 전문적인 용어나 법리를 꺼내는 건 오히려 역효과가 날 수 있다고 봤다. 서 변호사는 "사건을 단순하게 도식화하는 게 오히려 재판부에 잘 먹힐 수 있다고 봤다"며 "재판부 입장에서는 전문용어가 등장하면 개념을 헷갈릴 수 있기 때문에 우리는 언어의 함정에 빠지지 말자는 전략을 세웠다"고 설명했다.

동인은 비트코인 출금 과정에서 빗썸이 어떤 잘못을 했는지 기술적으로 입증하기보다는 일반적인 상거래와 비교해 빗썸이 주의의무를 다하지 않았다는 주장을 펼쳤다.

이를 위해 동인은 가상화폐 거래소의 출금서비스와 시중은행 인터넷뱅킹 계좌이체서비스를 비교해 보였다. 농협은행, 하나은행, 국민은행에 사실조회 요청서를 보내서 출금 거래 과정을 비교했다.
시중은행은 고객이 입력한 계좌정보가 최종 이체 시까지 변조됐는지 여부를 계속 확인하고, 중간 단계에서 계좌정보가 변조되면 해당 거래를 실행하지 않는다고 답했다.

이 사건에서 빗썸이 하지 않은 확인 절차였다. 이용자들이 클릭한 출금 주소 정보가 실제로 출금된 주소 정보와 달랐지만 빗썸은 이를 확인하지 않았다. 빗썸은 출금 주소 변조 현상은 관리영역이 아니라고 주장했지만 법원의 판단은 달랐다.

재판부는 "출금 요청 과정에서 변조된 주소가 전송되게 된 원인에 관해서는 구체적으로 밝혀지지 않았지만, 이 사고가 피고가 책임질 수 없는 불가항력적인 사유로 발생했다고 보기도 어렵다"고 지적했다.

서 변호사는 당연한 결과라고 했다. 그는 "주문한 물건이 배송 중에 도난당하면 판매자의 책임이지, 주문한 사람의 책임은 아니다"라며 "이용자 입장에서는 거래소를 믿고 수수료를 지불하면서 거래를 하는 거지, 블록체인의 체계가 어떻고 주소록 이전 체계가 어떻고 하는 걸 따지면서 거래하는 게 아니라는 걸 재판부에 설명했고 이 전략이 먹혀들었다"고 말했다.

김 변호사도 "알 수 없는 문제가 생겼다면 거래를 중단시켰어야 하는데 빗썸은 그렇게 하지 않았다"며 "빗썸은 그 단계까지 동일성을 확인할 의무가 없다고 주장했지만 시중은행의 계좌이체 서비스를 비교해 빗썸의 주의의무가 어떤 것인지 파고들었다"고 설명했다.

100대 0의 완승, 항소심에선 새로운 판례까지

1심 판결은 2021년 2월 9일 나왔다. 서울중앙지법 민사합의15부는 빗썸을 운영하는 빗썸코리아의 책임을 인정해 6명의 이용자가 오출금으로 손해를 본 2억7,233만원을 모두 배상하라고 판결했다.

하지만 이 소송은 1심에서 끝나지 않고 2심으로 이어졌다. 패소한 빗썸 측이 항소하는 건 예상할 수 있는 일이었지만, 손해액을 100% 배상받게 된 피해자 중에서도 일부가 항소를 택했다. 손해액을 100% 배상받게 됐는데 왜 항소를 택한 걸까.

서 변호사는 '특별손해'라는 개념을 꺼냈다. 특별손해는 일반적인 민법상 통상손해와 구별되는 개념이다. 어떤 상황에서 특별한 사유로 인해 발생한 확대손해를 의미한다. 이 경우 비트코인 가격이 사건 이후 크게 올랐기 때문에 가격 상승분을 손해배상액에 인정할지가 관건이 된다.

1심 재판부가 인정한 손해배상액은 오출금 사고가 발생한 2018년 11월 22일의 비트코인 시세를 반영한 금액이다. 하지만 항소를 제기한 피해자와 동인은 오출금 사고 이후 오른 비트코인 가격을 반영해 손해배상액을 책정해야 한다고 주장했다.
2018년 11월 22일에 비트코인 가격은 515만9,000원이었지만, 2021년말 기준으로는 5,750만원 정도로 10배 이상 올랐다. 판결이 난 2021년 2월 3일을 기준으로 해도 비트코인 가격은 4,181만원이었다.

1심 재판부가 특별손해를 인정하지 않은 건 대법원 판례 때문이었다. 대법원은 주식의 불법유출 사고로 인한 손해배상 사건에 대한 1993년 판결에서 특별손해가 인정되려면 증권회사가 주식을 처분할 때 주식의 가격이 오르는 특별한 사정을 알았거나 알 수 있었고, 또 고객이 주식의 가격이 올랐을 때 주식을 매도해 그로 인한 이익을 확실

히 취득할 수 있었던 경우로 한정된다고 밝힌 바 있다.
1심 재판부는 대법원 판례를 원용해 이번 사건에서도 특별손해가 인정되지 않는다고 본 것이다.

서 변호사는 대법원 판례를 이번 사건에 적용한 건 무리라는 입장이다. "증권회사가 주식을 처분할 때 주식 가격 등귀를 알았거나 알 수 있어야 한다는 조건은 미래를 예측할 수 없다는 점에서 절대로 성립할 수 없는 불가능한 요건"이라며 "대법원 판결에 따르면 어떤 경우에도 특별손해가 인정될 리가 없고 그 결과 아무런 귀책사유가 없는 채권자에게 실질적으로 손해를 부담시키는 결과가 나오는 점에서 부당하다"고 지적했다.

비트코인의 성격이 민법상 물건인지 재화에 해당하는지를 놓고도 갑론을박이 있다. 비트코인의 가격이 논란의 쟁점이 된다면 아예 비트코인 자체를 반환하도록 하는 '원물 반환'을 택하면 간단해진다는 것이다. 최근에는 비트코인의 재산 가치를 인정하거나 재화로 인정하는 판례나 해석이 늘고 있다.

서 변호사는 "비트코인 자체를 반환하도록 하면 가격변동성에 대해 고민할 필요가 없어지고 어느 한쪽이 가격변동에 대한 리스크를 부담할 필요도 없어진다. 비트코인 거래에서 이런 사고가 발생하면 코인 자체로 반환하게 하는 선례를 만들 수 있다고 본다"고 말했다.
그리고 2심 재판부는 동인의 이런 주장을 받아들였다. 2021년 12월

8일 서울고등법원 제19-1민사부는 "피고(빗썸코리아)는 원고에게 암호화폐 5.03비트코인을 인도하고, 위 비트코인에 대한 강제집행이 불능일 때에는 비트코인 암호화폐 1비트코인 당 5,428만원의 비율로 환산한 돈을 지급하라"고 판결했다.
비트코인 자체를 반환하도록 해야 한다는 동인의 논리를 항소심 재판부가 받아들인 것이다.

항소심 재판부는 "피고는 원고의 요청이 있는 경우 원고 명의의 계정을 통해 피고 소유의 전자지갑에 저장·보관된 암호화폐를 원고가 요청한 주소로 이전하거나 반환할 의무를 부담한다. 원고가 출금을 요청한 주소로 비트코인을 이전하기 전에 비트코인의 멸실이나 훼손 등의 사정이 발생했더라도 특별한 사정이 없는 한 원고에게 동종·동질·동량의 비트코인을 다시 조달해 이전하거나 반환할 의무를 부담한다"고 밝혔다.

애초에 원고가 출금을 하려던 5.03비트코인을 돌려주던지 아니면 항소심 변론종결일인 2021년 9월 23일 기준으로 1비트코인당 5,428만원의 비율로 환산한 돈을 지급하라는 판결이었다. 1심 판결에선 빗썸코리아가 원고들에게 돌려줘야 할 비트코인 가격을 515만9,000원으로 인정했지만, 항소심에선 5,428만원으로 10배 이상 커진 것이다.

법무법인(유한) 동인

서기원 변호사
(30기)

동인 금융팀 파트너 변호사로 '비트코인 분실사고'를 승소로 이끌었다. 블록체인·암호화폐 분야는 물론, 자산 운용과 부동산개발 금융 분야에도 관심이 많다. 최근에는 강남 SS타워 매각, 미래에셋펀드 청산 관련 자문 등을 맡기도 했다. 법 조항만 공부하는 게 아니라 부동산과 금융을 이용한 블록체인 기술도 직접 연구하는 학구파이다.

김미리 변호사
(45기)

공정거래위원회, 식약처, 국토교통부 등 국가 기관과 삼성중공업, 현대모비스, 엘에스산전 등 대기업에서 법무 자문 및 소송을 수행했다. 최근에는 '스타트업'에 대해서도 관심을 가지고 많은 연구를 하고 있다. 암호화폐에 관심을 가지고 관련 소송을 맡은 것도 스타트업에 대한 관심의 연장선상이라고 한다.

이 사례의 결정적 법 조항

민법 제390조(채무불이행과 손해배상)

채무자가 채무의 내용에 좇은 이행을 하지 아니한 때에는 채권자는 손해배상을 청구할 수 있다. 그러나 채무자의 고의나 과실 없이 이행할 수 없게 된 때에는 그러하지 아니하다.

민법 제391조(이행보조자의 고의, 과실)

채무자의 법정대리인이 채무자를 위하여 이행하거나 채무자가 타인을 사용하여 이행하는 경우에는 법정대리인 또는 피용자의 고의나 과실은 채무자의 고의나 과실로 본다.

민법 제393조(손해배상의 범위)

① 채무불이행으로 인한 손해배상은 통상의 손해를 그 한도로 한다.

② 특별한 사정으로 인한 손해는 채무자가 그 사정을 알았거나 알 수 있었을 때에 한하여 배상의 책임이 있다.

민법 제375조(종류채권)

① 채권의 목적을 종류로만 지정한 경우에 법률행위의 성질이나 당사자의 의사에 의하여 품질을 정할 수 없는 때에는 채무자는 중등 품질의 물건으로 이행하여야 한다.

② 전항의 경우에 채무자가 이행에 필요한 행위를 완료하거나 채권자의 동의를 얻어 이행할 물건을 지정한 때에는 그때로부터 그 물건을 채권의 목적물로 한다.

오뚜기의 중국산 미역 논란 발로 뛴 변론으로 무혐의 입증

식품회사 오뚜기는 각종 미담과 수년간 가격 동결 등의 이유로 젊은 소비자들로부터 '갓뚜기'라고 불릴 정도로 착한 기업 이미지를 쌓아 왔다. 그러나 오뚜기가 '중국산 미역'을 사용했다는 논란이 불거지면서 명성에 금이 갔다.

논란은 언론 보도로 시작됐다. 2021년 3월 MBC는 '국내산 둔갑시키려 미역에 염화칼슘…오뚜기는 사과'라는 제목의 기사를 보도했다. 오뚜기가 '100% 국내산'으로 표시해 10년간 판매했던 '오뚜기 옛날 미역'에 중국산 미역이 섞였다는 의혹이 제기된 것이다.

오뚜기에 미역을 납품하는 업체가 중국산 미역과 한국산 미역을 섞어 사용했고 미역을 '단단하고 통통하게' 만들기 위해 약품 처리를 했다고 보도됐다. 납품업체가 지난 10년간 93톤의 염화칼슘을 구매했고, 식품의약품안전처도 오뚜기 미역에 대한 염화칼슘 처리 여부를 조사하기 위해 해경과 논의한다는 소식에 파장이 커졌다.

언론 보도 이후 오뚜기를 향해 비난이 쏟아졌다. 소비자들은 오뚜기에 실망했다며 "오뚜기 전 제품 불매 운동하자", "오뚜기는 납품업체 관리 부실에 책임을 져야 한다" 등의 반응을 보였다.

소비자들의 분노가 커지자 이강훈 오뚜기 대표이사가 직접 나서 공식 사과를 했다. 이 대표는 사과문을 통해 "현재 명확히 밝혀진 사실은 없으나 불안감과 의혹을 해소하기 위해 해당 제품을 자진 회수한다"고 밝혔다. 이강훈 대표이사는 중국산 미역 논란이 제기된 지 한 달도 안 돼 자리에서 물러났다.

오뚜기는 납품업체 세 곳으로부터 미역을 받았다. 세 곳 중 중국산 미역을 섞어 사용했다고 지목받은 회사는 전라남도 여수의 수산물 가공업체 보양이다. 보양은 전라남도 고흥에서 재배한 미역을 가공해 오뚜기에 납품하고, 오뚜기는 해당 미역 제품을 '옛날 미역' 상표로 판매해왔다.

중국산 미역 혼입 의혹은 2019년 9월 여수해양경찰서에 접수된 경쟁업체 제보로부터 시작됐다. 보양은 중국산 미역을 섞어 팔았다는 '농수산물의 원산지표시에 관한 법률 위반' 혐의와 염화칼슘으로 미역을 세척하면서 성분 표시를 제대로 하지 않았다며 제기한 '식품 등의 표시·광고에 관한 법률 위반' 혐의를 받았다.

임직원 계좌 조사에 중국 공장 인터뷰까지

중국산 미역이 섞여 들어갔다는 의혹의 실마리를 풀려면 미역이 어떻게 가공되는지 알아야 한다. 보양은 어민들이 고흥에서 재배한 미역을 사들인 뒤 증기로 쪄 익히고 소금에 절였다. 이후 보양은 미역들을 모아 중국으로 보냈다. 미역이 중국으로 향하는 이유는 '임가공 작업'을 거쳐야 하기 때문이다.

미역은 큰 줄기와 잎으로 이뤄져 있는데, 질긴 줄기는 우리나라 사람들이 거의 먹지 않아 임가공 작업이 이뤄진다. 미역이 통째로 중국으로 가면 중국 가공공장에서는 미역의 잎과 줄기를 분리한다. 잘라낸 줄기는 중국에 두고 잎만 한국으로 실어 온다. 오뚜기 제품으로 사용된 '옛날 미역'도 미역 잎으로만 만들어진다.

기존에 보양은 임가공 작업을 우리나라에서 해왔다. 그러나 지방에서 일하던 사람들이 고령화되면서 일손을 구하기 어려워졌다. 게다가 미역의 줄기와 잎을 분리하려면 예리하게 작업해야 많은 양의 잎을 판매할 수 있어 젊은 노동력이 값싼 중국에 작업을 맡긴 것이다.

문제는 임가공 작업 과정에서 중국산 미역이 섞였다는 의혹이 제기되면서부터다. 경찰은 보양이 중국에서 임가공한 국내산 미역 잎에 중국산 미역 잎을 혼합해 1마대에 각 35kg씩 담아 왔는데, 수입 신고서에는 1마대 당 30kg으로 무게를 축소해 신고하면서 중국산 미역 잎을 몰래 수입해왔다고 봤다.

중국산 미역을 섞었다는 명확한 증거가 없는 상황에서 결백을 밝히기는 변호인도 어려운 상황이었다. 그러나 법무법인 바른의 박성근 변호사는 20년 넘게 검사로 근무한 경험을 토대로 경찰의 증거들을 역추적하면서 보양의 결백을 증명해냈다. 박 변호사는 중국산 미역을 섞어 쓴 흔적이 있는지부터 상세하게 살펴봤다.

중국산 미역을 섞었다고 의심하는 경찰과 검찰에 맞서 무죄를 입증하려면, 중국산 미역을 수입했다는 증거를 하나하나 반박해야 했다. 박 변호사는 보양과 보양 임직원들의 모든 계좌를 조사했다. 그리고는 중국산 미역의 구입처, 가격, 구입 자금 등에 대한 어떤 증거도 없다는 것을 파악했다.

이후 경찰이 제기한 의혹들에 대해 하나하나 반박하기 시작했다.
박 변호사는 "임가공을 마친 미역 잎을 들여오면서 5kg의 무게를 줄인 것은 보관과 통관 과정에서 수분이 빠지는 특성을 고려한 것으로, 중국산 미역 혼입과는 무관하다"면서 "탈수율을 고려해 무게를 줄여 수입 신고한 것"이라고 말했다.

경찰은 보양이 판매한 미역에 국내산 미역과 달리 흰털이 발견됐다는 점도 중국산 미역을 혼입했다는 증거라고 지적했다. 그러나 변호인은 흰털이 발견된 보양의 미역과 다른 업체 미역의 DNA를 비교해봐도 차이점을 발견할 수 없다고 증명했다.

또 중국산 미역과 국내산 미역을 구별할 과학적 방법도 없었다. 소고기나 돼지고기같이 농·수산물 중 원산지를 파악할 수 있는 상품도 있지만, 미역의 경우 구별법이 존재하지 않았다.

박 변호사는 보양에 씌워진 오명을 씻어내기 위해 중국 연운항 강소성시에 있는 임가공 공장 책임자 전체를 인터뷰했다. 이 과정에서 미역 임가공 시스템상 중국산 미역 혼입은 원천적으로 불가능하다는 것을 알아냈다.
중국으로 운송된 미역은 중국 세관의 관리하에 밀봉된 컨테이너로 작업장으로 보내지고, 작업 완료 직후 냉동 창고에 잠깐 보관된 뒤 다시 밀봉된 컨테이너에 실어 항구에 선적하는 과정을 거치기 때문이다.

보양이 맡긴 미역 임가공 작업이 이뤄진 중국 강소성은 미역 생산 자체가 되지 않는 지역이라는 점에도 주목했다. 박 변호사는 "중국 공장 직원들과 줌Zoom으로 인터뷰를 진행했는데, 공장에서는 임가공 작업만 이뤄질 뿐이라고 강조했다. 게다가 강소성에서는 미역 생산이 되지 않아 중국산 미역을 섞으려면 몇천 킬로미터가 떨어진 곳에서 미역을 사와야 하는데, 그럴 이유가 전혀 없다며 황당해했다"고 말했다.

2019년 경찰 내사가 시작된 이후 2020년 6월부터 보양 임직원들의 소환조사가 시작됐다. 2021년 6월 순천지청의 보양 사무실과 임직원

자택에 대한 압수수색까지 진행됐는데도 중국산 미역을 반입했다는 증거는 발견되지 않았다.

바닷물 대신 사용된 식용 염화칼슘

중국산 미역 의혹이 모두 해소되는 듯했지만, 미역을 '단단하고 통통하게' 만들기 위해 염화칼슘 처리를 했다는 의혹은 여전히 남아있었다. 경찰은 보양이 염화칼슘으로 미역을 세척했는데도 염화칼슘 성분을 표시하지 않았다며 '식품 등의 표시·광고에 관한 법률 위반' 혐의를 적용해 수사했다.

미역이 마트 판매대에 오르려면 건조된 상태로 포장지에 담겨야 한다. 보양은 중국에서 임가공해 가져온 미역 잎을 세척하고, 말려 오뚜기에 납품했다. 세척 공장이 바닷가와 가까울 경우 바닷물로 1차 세척을 하고, 민물로 2차 세척을 하지만 보양은 공장과 바다 간의 거리가 멀었다. 보양은 1차로 지하수에 식용 염화칼슘을 풀어 바닷물과 비슷한 농도를 만들어 미역을 세척하고, 민물로 씻었다.

박 변호사는 식용 염화칼슘 사용이 문제가 없다는 점을 밝혀내기 위해 경쟁업체 미역 제품과 비교분석 실험을 진행했다. 그 결과 염화칼슘은 미역에 염소와 칼슘 성분으로 분해돼 남아있었다. 염화칼슘으로 세척한 미역과 바닷물로 세척한 미역과 성분 함량에 차이가 없던 것이다. 식품의약품안전처 조사 결과에서도 관련 법령과 위생상 문제가

없는 것으로 확인됐다.

박 변호사는 "식용 염화칼슘을 희석해 농수산물을 세척할 경우 살균 효과와 함께 제품이 단단해지는 효과가 있다. 그러나 언론에서 염화칼슘이라고 보도되면서 제설용 염화칼슘을 떠올리는 이들이 많아 기업 이미지에 상당한 타격이 있었다"고 했다.

경찰은 미역 세척 과정에서 보양이 염화칼슘을 사용하고도 성분 표시를 하지 않았다고 지적했다. 그러나 검찰은 '식품 등의 표시·광고에 관한 법률 위반' 혐의가 없다고 봤다. 수산물 세척 과정에서 사용한 염화칼슘은 성분과 함량을 표시해야 할 '식품 첨가물'에 해당하지 않기 때문이다.

게다가 식품표시 광고법에 따르면 가공식품이 아닌 수산물의 경우 성분과 원재료를 표시할 필요가 없었다. 보양이 오뚜기에 납품하는 건미역은 수산물에 해당한다.

장기간 수사의 최대 피해자는 어민

중국산 미역 혼입과 밀수 등 혐의로 해경 수사를 받고, 검찰에 송치됐던 보양은 검찰 수사 과정에서 혐의에 대한 증거가 확인되지 않아 '증거불충분'으로 무혐의 처분을 받았다. 이로써 오뚜기와 보양은 약 2년 만에 모든 논란을 벗었다.

오뚜기 '옛날 미역'에 대한 모든 논란은 해소됐지만, 오뚜기와 보양

측에는 여전히 씻을 수 없는 상처로 남았다. 오뚜기가 중국산 미역을 혼입했다는 의혹이 나온 직후 소비자들은 제품을 외면했다. 무혐의 처분을 받은 뒤 제품은 다시 마트 매대에 오를 수 있게 됐지만, 한 번 입은 이미지 타격을 되돌리려면 수많은 시간이 필요하다.

무혐의 처분 직후 오뚜기 측은 "무혐의 처분으로 고품질 미역을 고객에게 제공하기 위한 오뚜기의 그간 노력이 헛되지 않았음을 밝히게 되어 다행"이라고 밝혔다.

보양은 중국산 미역 논란이 커지면서 모든 납품업체와 거래가 끊겼다. 공장 가동이 중단되면서 직원들도 일자리를 잃었다. 여름 무렵에는 직원의 50% 이상 휴직 처리됐고, 회사는 은행 대출로 버텨왔다.

박 변호사는 인터뷰 도중 "수사는 생물이다"라고 여러 번 강조했다. 수사 절차는 살아 움직이는 것으로, 수사가 증언과 증거 확보에 따라 변화무쌍하게 달라질 수 있다고 설명했다. 경찰이나 검찰이 수사에 아무리 조사에 품을 많이 들였더라도 수사 도중 범죄사실이 없다고 파악될 경우 사건을 종결해야 한다고 밝혔다.

박 변호사는 보양과 오뚜기 측 피해도 상당했지만, 어민들의 피해가 가장 컸다고 강조했다. 줄줄이 납품이 끊기면서 어민들 생계에도 타격이 있었기 때문이다.

박 변호사는 "제대로 된 수사였다면 중국산 미역을 사용하지 못하도록 적발했다는 점에서 어민들이 득을 보는 수사였다. 그러나 '모래 위 지어진 성'인 부실한 혐의들을 기반으로 수사를 장기간 이어갔다는 점에서 오히려 어민들이 가장 큰 피해를 본 역설적 상황"이라고 지적했다.

박성근 변호사
(26기)

중대 산업 재해가 발생한 기업, 특히 건설 회사는 박성근 변호사 이야기를 한번은 들어 봐야 한다. 최근 리프트 사고로 근로자가 사망한 사건에 시공사를 대리하여 전부 무죄 판결을 받은 적이 있는데, 판결문과 박 변호사가 제출한 의견서 내용이 똑같았을 정도로 예리한 눈을 가지고 있기 때문이다. 근래에는 중대 재해 대응 TF를 이끌면서 바쁜 나날을 보내고 있다.

이 사례의 결정적 법 조항

특정범죄가중처벌 등에 관한 법률 제6조(관세법 위반 행위의 가중처벌)

② 관세법 제269조 제2항에 규정된 죄를 범한 사람은 다음 각 호의 구분에 따라 가중처벌한다.

1. 수입한 물품의 원가가 5억원 이상인 경우에는 무기 또는 5년 이상의 징역에 처한다.

관세법 제269조(밀수출입죄)

② 다음 각 호의 어느 하나에 해당하는 자는 5년 이하의 징역 또는 관세액의 10배와 물품 원가 중 높은 금액 이하에 상당하는 벌금에 처한다.

1. 제241조 제1항·제2항 또는 제244조 제1항에 따른 신고를 하지 아니하고 물품을 수입한 자

농수산물의 원산지표시 등에 관한 법률 제14조(벌칙)

① 제6조 제1항 또는 제2항을 위반한 자는 7년 이하의 징역이나 1억원 이하의 벌금에 처하거나 이를 병과倂科할 수 있다.

농수산물의 원산지표시 등에 관한 법률 제6조(거짓 표시 등의 금지)

① 누구든지 다음 각 호의 행위를 하여서는 아니 된다.

1. 원산지표시를 거짓으로 하거나 이를 혼동하게 할 우려가 있는 표시를 하는 행위

식품 등의 표시·광고에 관한 법률 제28조(벌칙)

다음 각 호의 어느 하나에 해당하는 자는 3년 이하의 징역 또는 3천만원 이하의 벌금에 처한다.

1. 제4조 제3항을 위반하여 식품 등(건강기능식품은 제외한다)을 판매하거나 판매할 목적으로 제조·가공·소분·수입·포장·보관·진열 또는 운반하거나 영업에 사용한 자

식품 등의 표시·광고에 관한 법률 제4조(표시의 기준)

③ 제1항에 따른 표시가 없거나 제2항에 따른 표시 방법을 위반한 식품 등은 판매하거나 판매할 목적으로 제조·가공·소분·수입·포장·보관·진열 또는 운반하거나 영업에 사용해서는 아니 된다.

'참을 한도를 넘은' 햇빛 어떻게 증명할 것이냐의 문제

네이버 그린팩토리. 경기도 성남시 분당구 정자동에 위치한 네이버 본사 건물의 이름이다. 이 건물은 2010년 3월에 완공(지상 27층, 지하 7층)됐다. 특히 건물 외벽 전체를 통유리로 시공하고 그 내부에 녹색 수직핀을 설치해 전체적으로 광택이 나는 디자인을 건물 외관으로 형상화했다. 실제 본사 앞 길 위에서 건물을 올려다보면 '와~' 하는 감탄사가 나올 정도다. 한낮에 보면 눈이 부실 정도로 반짝인다.
문제는 인근에 거주하고 있는 주민들에게 이 빛 반사가 생활에 고통을 안겨주는 존재가 됐다는 점이다.

대법원은 2021년 6월 3일 "네이버는 예외적 건축기법으로 회사를 위한 브랜드 홍보만을 고려했다"면서 "주위 거주자들에 대한 빛 반사 침해를 줄이기 위한 별다른 노력을 하지 않았다"고 판시했다.
연 매출 6조5,000억원(2020년 기준)이 넘는 수익을 거둬들이며 급격한 성장세를 이어가고 있는 '포털 공룡' 네이버가 대법원에서 무릎을 꿇은 셈이다.

"NHN 사옥 통유리에 반사된 빛으로 생활에 고통을 겪고 있다"며 소송을 제기한 인근 주민 74명이 10여 년 만에 비로소 '기쁨의 눈물'을 흘린 순간이었다.

1심은 주민들이 이겼다가, 2심에선 네이버가 승소했지만, 상고심에서 승패가 뒤집어진 이 '역전 스토리'는 포털 회사에 이어 문화 콘텐츠 공룡으로 거듭난 네이버가 당초 주민들의 '빛 반사광 호소' 목소리를 별것 아니라고 생각했던 데에 대한 패착에서 비롯됐다.
이는 결국 수십억 원의 위자료 및 손해배상, 그리고 반사광 방지 시설 설치라는 '막대한 비용'으로 돌아왔다.

네이버 상대로 손해배상 제기한 주민들 승소 이끈 법무법인 해마루

사건은 2011년 3월로 거슬러 올라간다. 네이버가 '글라스 타워' 사옥을 지은 후 1년쯤 지난 시점이다. 신씨 등 아파트 주민들은 2011년 3월 태양반사광으로 인한 신체적·정신적 고통을 호소했다. 이에 주민당 위자료 2,500만~5,000만원, 재산상 피해배상금 155만~1,069만원을 청구하는 소송을 제기했다. 주민들 대리는 법무법인 해마루가 맡았다.

하급심 판단은 엇갈렸다. 1심은 주민들의 피해 정도가 매우 심각하다며 "네이버는 태양반사광을 줄이는 시설을 설치하고 가구당 500만~1,000만원의 위자료와 129만~654만원의 손해배상금을 지급하라"며 원고 일부 승소 판결했다.

1심 재판부는 천공권·조망권·사생활 침해는 인정하지 않았지만, 핵심인 태양반사광 수인한도(생활의 방해와 해를 끼칠 때 피해의 정도가 서로 참을 수 있는 한도)는 초과했다고 봤다.
재판부는 "반사광 때문에 아파트 내에서 앞이 잘 안 보이는 현상이 기준치보다 높게 나타나는 등 주민의 피해가 매우 심각한 수준에 이르고 있다"며 "눈부심으로 앞이 잘 안 보여 글쓰기·바늘질 등 시각적인 작업에 지장이 있다"고 했다. 또 "규제를 위반하지 않았다 해도 인근 주민이 주거 소유권의 본질적 내용을 침해당하고 있다"고 판단했다.

반면 2심은 "반사광으로 인한 생활방해가 참을 한도를 넘었다고 보기 어렵다"며 네이버 손을 들어줬다. 항소심 재판부는 "처음 네이버 본사 사옥 사건을 맡았을 때 그동안 반사광에 대한 판례와 연구가 많지 않아 고민이 많았다"고 했다.

실제 일조권에 대한 기준은 대법원 판례를 통해 있지만 빛 공해에 대한 기준은 정립되지 않은 상태였다. 대법원 판례는 일조권의 수인한도를 겨울을 기준으로 '오전 9시부터 오후 3시까지 연속 2시간 또는 오전 8시부터 오후 4시까지 4시간'으로 규정한다.

항소심 재판부는 "직사광은 유해물질로 생각하지 않지만, 태양광은 심리적으로 느낌이 다를 수 있다"면서도 "하지만 직사광과 반사광이 인체에 미치는 효과 등을 비교하는 연구가 아직 많이 없다"고 밝혔다. 그러면서 "반사광이 들어온 피해 자체보다 비교 기준을 설정해 고려했다. 건물을 짓기 전 유발된 직사광 양과, 건물이 지어진 이후 발생하는 직사광과 반사광의 양과 시간, 다른 주변 건물과의 차이에 주목했다"고 설명했다.

이후 사건은 대법원으로 넘어갔다. 법리적 쟁점은 '(반사광으로 인한) 생활방해의 정도가 사회통념상 참을 한도를 넘는지' 여부였다. 네이버 측은 "태양반사광으로 인한 생활방해가 참을 한도를 넘을 정도는 아니다"라고 반박했다.

대법 판단과정에서는 해마루가 측정한 '빛 반사광'의 정도가 승소의 결정적 요인이 됐다. 해마루는 1심 소송 진행 중 빛 반사 관련 논문 조사는 물론, 당시 송규동 한양대 건축공학과 교수를 법원에 감정인으로 신청해 '현지 실사'에 나섰다.

장홍록 변호사는 당시 재판부 그리고 송 교수와 함께 직접 해당 아파트로 가서 휘도(빛 반사 밝기)를 측정했다. 송 교수가 아파트 내부에서 휘도를 측정하는 기계로 실사한 결과, 아파트 A동의 경우 최소 4,500만cd/m^2칸델라퍼제곱미터에서 최대 3억9,500만cd/m^2, D동의 경우 최소 1,100만cd/m^2에서 최대 7억3,000만cd/m^2에 달했다.

장 변호사는 “시각장애 발생 기준인 2만5,000cd/m^2가 되면 눈앞이 안 보인다”면서 “방 안에서 이 기준의 최소 440배에서 최대 2만9,200배의 빛 반사가 있다는 뜻”이라고 설명했다.

‘생활방해’는 굳이 수치화하지 않아도 이미 주민 생활 곳곳에서 드러나고 있었다. 주민들 중 상당수는 고통을 줄이기 위해 반사광 피해가 큰 안방의 위치를 다른 방으로 바꾼 뒤 창고방으로 사용하거나, 커튼을 2·3중으로 설치해 집안을 암실暗室과 같은 상태로 만들어 놓고 생활해왔다.

대법은 이를 ‘생활침해’로 인정했다. ‘빛 반사 시각장애disability glare’라는 용어도 이때 처음 나왔다. 대법원은 “원심이 태양반사광으로 인한 불법 행위 성립에 대한 법리를 오해했다. 태양반사광이 인접 주거지 생활공간에 어느 정도 밝기로 얼마간 유입돼 눈부심 등 시각장애가 발생하는지, 주거지로서의 기능이 훼손돼 참을 한도를 넘는 생활방해에 이르렀는지 필요한 심리를 다하지 않았다”고 지적했다.

특히 1심 당시 청구한 위자료와 손해배상청구액이 10년 전의 것이라는 점에서 결과적으로 네이버가 주민들에게 물어줘야 할 금액은 수십억 원에 달할 것으로 보인다. 다만 구체적인 액수는 현재 진행 중인 파기환송심에서 재판부가 기준을 제시할 전망이다.

실제로 대법원이 태양반사광으로 인한 생활방해를 인정하면서, 방지

청구(차단시설)도 함께 당부했는데 네이버는 1심 과정에서 해당 비용이 막대하다는 점에서 난색을 표했던 것으로 알려졌다. 대법이 최초로 "방지청구까지 가능하다"고 명시했다는 점에서 의미가 깊다.

장 변호사와 유재민 변호사는 승소한 비결을 묻는 질문에 "항소심 과정에서 '민법 제221조' 카드를 꺼내 들었는데, 사실상 대법이 이 논리를 인정한 것 같다"고 소감을 밝혔다.
민법 제221조(자연유수의 승수의무와 권리) 1항은 '토지소유자는 이웃 토지로부터 자연히 흘러오는 물을 막지 못한다'고 규정한다.

이들은 1962년 토지 소유자간 '물길'을 두고 싸운 사건을 언급하면서 "물이 높은 곳으로부터 낮은 곳으로 흐르는 것은 자연의 법칙이므로 물의 흐름을 막을 수 없다는 승수(승계)의 의무가 있지만, 그 토지에 가공을 함으로서 흐르게 되는 물에 대해서는 승수 의무가 없다"고 명시한 대법 판례(1962. 4. 12. 선고 4294민상1129 판결)를 제시했다.

즉, 자연적으로 들어오는 빛인 '태양 직사광'과 달리, 이번 사건의 빛은 건물 외벽 같은 인공적 매개물에 반사되면서 원래 각도가 변경된 '인위적인 반사광'이고 이것이 시각장애를 일으킬 경우에는 위법 소지가 있다는 점을 강조했다.

당초 네이버 빛 반사 사건은 1심 때 해마루 변호사들이 대거 투입됐지만, 사건이 10년째 이어지면서 일부 변호사들이 사건에서 빠졌고 장

변호사와 유 변호사만 남았다.

장 변호사는 "독일에서는 이와 같은 건물 빛 반사에 의한 소송이 잦은데 법원이 '생활침해'로 인정한 사례가 많다. 이번 사건은 대법에서 생활침해를 전제로 한 방지청구까지 인정했다는 점에서 의미가 깊다. 유리를 활용하는 등 날로 건축물이 다양해지는 추세라는 점에서 국회에서 입법으로 최소한의 기준을 마련해야 한다"고 강조했다.

한편 빛 반사로 소송을 제기한 최초의 사건은 부산 해운대 마린시티 주상복합단지 아이파크 사건이다. 2009년 아이파크와 인근 주민들이 "외벽이 유리로 시공된 부산 해운대구 우동 마린시티 초고층 주상복합아파트에서 반사되는 햇빛 때문에 피해를 보고 있다"며 시공사를 상대로 손해배상소송을 제기했다.

1심은 주민들의 주장을 받아들이지 않았다. 주민들의 피해를 인정할 만한 증거가 없다는 게 결정의 이유였다. 하지만 2심에서 판결이 뒤집혔다. 부산고법 제5민사부는 2013년 6월 25일 "시공사가 주민 34명에게 위자료 명목으로 1인당 132만~687만원씩 2억100만원을 지급하라"며 원고 일부 승소 판결했다.

이후 대법원은 원심을 확정하면서 해운대 아이파크 시공사인 현대산업개발에 '빛 반사'에 따른 손해배상을 주민들에게 지급하라고 판결했다.

실제로 빛 반사 관련 소송은 늘어나는 추세이다. 이와 관련해 장 변호사는 빛 반사 문제는 국회에서 건축 관련 입법으로 해결하는 게 가장 좋을 것 같다고 밝혔다. 건물을 짓는 지역이 어떤 지역인지 지역적 특성이 중요하다는 점에서 새로 건물을 지을 때 시공사 등이 디자인 등 고려해야 할 요소가 더 많아졌다는 설명이다.

"건물을 짓는 지역이 어떤 지역인지가 굉장히 중요하다. 만약 여의도에 통유리 건물을 짓는다고 하면 반대할 사람이 없을 것"이라고 말했다. 그러면서 "네이버 사옥이 있는 곳은 아파트촌"이라며 "당시 사옥이 들어오면서 실제 빛 반사가 있을 거라고 예상한 사람은 아무도 없었을 것이다. 건축 관련 입법 등을 살펴볼 필요가 있다"고 말했다.

★ 승소한 변호사는 누구?

법무법인 **해마루**

HAEMARU LAWFIRM

장홍록 변호사
(34기)

장홍록 변호사는 변호사 초년시절 빛 반사광 사건을 시작했고, 10년 만에 대법원에서 해마루 주장을 인용하는 판결을 이끌어냈다. 변호사 경력 15년 동안 거의 이 사건과 함께 지내왔다 해도 과언이 아니다. 전례가 없어 어려움이 있었지만, 민법 규정에 근거해 주장을 펼친 것이 좋은 결과로 이어졌다. 항상 좋은 변호사가 되고자 노력 중이다.

유재민 변호사
(39기)

변호사로서 처음 담당한 사건이 빛 반사광 사건이라고 한다. 건축 공학의 축적된 선행 연구 결과들을 법학적으로 쉽게 풀어 주장한 것이 주효하게 작용했다고 본다. 이를 계기로 지금도 건설 전문변호사로 활동하고 있고, 건축 공학 학사 학위도 취득했다. 최근에는 건설 회사 기술자들의 공학 지식을 풀어서 법원에 제출하는 일에 몰두하고 있다.

이 사례의 결정적 법 조항

민법 제217조(매연 등에 의한 인지에 대한 방해금지)

① 토지소유자는 매연, 열기체, 액체, 음향, 진동 기타 이에 유사한 것으로 이웃 토지의 사용을 방해하거나 이웃 거주자의 생활에 고통을 주지 아니하도록 적당한 조처를 할 의무가 있다.

민법 제221조(자연유수의 승수의무와 권리)

① 토지소유자는 이웃 토지로부터 자연히 흘러오는 물을 막지 못한다.

데이터 수집 방법 '크롤링' 법적으로 문제없을까?

"만약 모든 부와 권력이 소수 엘리트의 수중에 집중되는 것을 막고 싶다면, 그 열쇠는 데이터 소유를 규제하는 것이다."

역사학자 유발 하라리는 저서 『21세기를 위한 21가지 제언』에서 4차 산업혁명 시대의 가장 중요한 자산으로 데이터를 꼽았다. 그는 데이터를 가지는 자가 미래를 지배하게 될 것이라고 단언했다. 정치는 데이터 흐름을 지배하기 위한 투쟁이 될 것이라는 하라리의 말처럼 기업들도 각종 데이터를 확보하기 위한 '총성 없는 전쟁'을 벌이고 있다.

2019년 배달 플랫폼 배달의민족배민과 요기요는 데이터 확보를 위해 치열한 경쟁을 벌였다. 배민은 자사 애플리케이션앱을 이용하는 외식업주의 매출 장부 서비스 앱인 '배민장부'의 개인정보 처리 지침을 변경하면서 점주들에게 요기요의 아이디와 비밀번호를 요구했다.

해당 정보를 통해 접속 가능한 요기요의 '사장님 사이트'에는 요기요 앱을 통한 주문 건수와 매출이 담겨 있었다. 배달 플랫폼에서 매출 데이터는 활용 가치가 상당하다고 평가된다.

최근에는 '크롤링crawling'을 통한 데이터 수집 문제가 이슈로 떠오르고 있다. 크롤링은 검색 엔진 로봇을 이용해 웹이나 앱의 다양한 정보를 자동으로 검색하고 데이터를 추출하는 기술이다.

데이터가 필요한 기업들은 관행적으로 크롤링을 사용하고 있다. 통상 산업계 후발주자가 선두 기업을 따라잡기 위해 시도한다. 그러나 데이터의 가치가 높아진 지금도 '크롤링은 범죄'라는 인식이 부족한 상황이다.

수년 전부터 경쟁사 간 무단 크롤링 문제는 여러 번 발생했다. 국내 채용 정보 업체인 사람인은 2008년 잡코리아에 등록된 기업 채용공고를 통째로 긁어가 자사 웹사이트에 게재하면서 법적 책임을 물게 됐다.

2021년 미국에서도 링크드인의 공개 데이터를 수집해 알고리즘을 만든 하이큐 랩스 관련 대법원 판결이 나오면서 무단 크롤링 이슈가 주목받고 있다. 최근 국내에서는 명품 온라인 구매 플랫폼 간 크롤링 문제가 불거지기도 했다.

숙박 플랫폼 여기어때의 야놀자 데이터 수집
검찰과 법원도 인정한 불법적인 크롤링 행위

무단 크롤링 문제는 온라인에서 고객을 모집해 오프라인 판매로 연결하는 온·오프라인 연계(O2O) 플랫폼에서 두드러지게 나타난다. 데이터가 곧 자산이기 때문이다.
선두 기업은 직접 수집한 데이터를 활용해 사업 방식을 구상하고, 제품과 서비스를 개발한다. 업계에 뒤늦게 발을 들인 후발주자는 유혹에 빠지게 된다. 1위 업체의 정보를 분석해 불필요한 과정을 건너뛸 수 있어서다.

국내 숙박 플랫폼 시장을 양분하는 선두 업체 야놀자와 후발주자 여기어때의 크롤링 사건이 대표적인 예다. 야놀자는 2016년 자사 앱에서 통상적인 서비스 제공 과정에서 발생하는 트래픽 이상의 비정상적인 접속을 감지했다. 원인 분석에 나선 야놀자는 대량 호출 신호를 파악하고, 해당 IP컴퓨터 주소를 차단했다.
그러나 여기어때는 서버 전원을 차단한 뒤 다시 켜는 방식으로 IP를 변경해 응용프로그램 인터페이스API 서버에 접근을 시도했다.

야놀자는 다수의 불법 크롤링 사건에서 승소한 정보기술IT 전문 로펌 법무법인 민후에 도움을 요청했다. 민후는 기업의 핵심 자산인 데이터를 무단으로 크롤링하는 행위는 데이터베이스DB 제작자의 권리를 침해한다는 판결을 받아낸 최초의 로펌이다.

민후는 야놀자로부터 받은 접속 기록을 분석해 기계적인 방법을 통한 반복적 접속이라는 점을 알아낸 뒤, 형사 고소와 민사 소송을 진행했다. 고소장에는 유출된 데이터의 양과 질 모든 측면에서 DB 복제에 해당하고, 접속자가 동일인으로 추정된다는 내용을 담았다.

검찰 수사 결과 여기어때는 2015년부터 야놀자의 웹과 앱에 접속해 제휴 숙박업소 목록, 주소 정보, 가격 정보 등을 확인하고 이를 내부적으로 공유했다. 더구나 이듬해 1월 여기어때 직원은 야놀자 API 서버 모듈과 해당 서버의 인터넷 주소URL 등 정보를 호출하는 명령 구문을 알아내 크롤링 프로그램을 개발해 활용했다.

일반적인 야놀자 이용자는 현재 위치에서 7~30km 범위 내의 숙박업소만 검색할 수 있었다. 그러나 여기어때 직원들은 이 프로그램을 이용해 반경 1,000km 내의 제휴 숙박업소 업체명·주소·방 이름·원래 금액·할인 금액·입실 및 퇴실 시간 등을 무단으로 복제했다.

법원에 따르면 여기어때는 2016년 8월부터는 야놀자의 '마이룸' 서비스와 유사한 서비스 출시 여부를 검토하기 위해 크롤링 프로그램에 마이룸의 판매 개수를 확인할 수 있는 기능을 추가한 것으로 밝혀졌다.

검찰은 여기어때의 불법성이 인정된다고 판단하고 정보통신망법 위반과 저작권법 위반, 컴퓨터 등 장애 업무방해 혐의로 여기어때 당시 대표와 직원 4명을 재판에 넘겼다. 여기어때를 운영하는 위드이노베이션현 여기어때컴퍼니도 함께 기소됐다.
민후는 형사 소송 1심 공판에 피해자 변호인으로 참여했고, 1심은 여기어때 임직원들에게 유죄를 선고했다.

민사 소송에서는 야놀자와 여기어때의 치열한 공방이 이뤄졌다. 여기어때 측은 크롤링이 매우 일반적으로 당연히 이뤄지는 정상적인 행위라고 주장했다. 또 직원 1명이 수작업으로 충분히 할 수 있는 일을 다소 간편하게 한 것에 불과하다고 항변했다.

그러나 법원은 여기어때의 크롤링 행위를 불법적인 데이터 수집 행위라고 인정했다. 당시 대표이사의 주도로 직원들이 역할을 분담해 조직적이고 지속적으로 야놀자의 데이터를 무단 복제했다는 것이다.

재판부는 판결문에 여기어때의 행위를 조목조목 지적했다.
"여기어때가 1시간마다 크롤링하면서 자신들의 서버를 쓰는 게 발각될 위험이 있다고 생각해 프로그램을 이전해 설치했다. 자신들의 행위가 드러나면 문제가 된다는 사정을 잘 알고 있었던 것으로 보인다. 여기어때는 별도 프로그램까지 설치하고 당시 대표를 포함한 임직원들이 조직적으로 장기간에 걸쳐 반복해 무단 복제했다."

재판에 참여한 원준성 민후 변호사는 여기어때의 크롤링 행위를 이렇게 회상했다.
"데이터를 복제해 자신의 사이트에 그대로 등록하는 '데드카피' 형식의 다른 사건과 달리, 여기어때는 복제는 똑같이 하되 해당 데이터를 자신들의 영업 전략을 수립하는 데 사용했다. 내부적으로 사용하는 비공개 사이트에 접근하는 방식이 사실상 해킹에 가깝게 느껴졌다."

법리적으로 승리 확신한 민후, 쟁점은 손해배상 액수

민사 소송은 형사 1심 재판의 유죄 판결이 선고된 후 본격적으로 진행됐다. 형사 사건에서 여기어때 측의 불법성이 인정된 만큼 법리적인 문제는 없어 보였다.
그러나 민사 소송이 한창 진행되던 중 민후는 예상치 못한 소식을 듣게 됐다. 형사 재판 2심에서 여기어때 임직원들에게 무죄 판결이 선고된 것이다. 고소인 변호 업무에서 손을 떼고 민사 소송에 열중하던 민후 변호사들에게는 날벼락이나 다름없었다.

민후는 현재까지 자신들이 쌓아 올린 '크롤링 행위는 저작권법상 DB 제작자의 권리를 침해한다'는 판례를 믿었다. 과거 전례가 없던 DB권 침해를 주장해 법원을 설득한 경험이 있었기 때문이었다.

앞서 설명한 잡코리아와 사람인 소송이 대표적이다. 사람인이 2008년 잡코리아에 등록된 기업의 채용 공고를 크롤링하는 방식으로 무단 복제해 법적 분쟁이 시작됐는데, 민후가 대리한 잡코리아는 1·2·3심에서 모두 승소했다.

이외에도 온라인 백과사전으로 불리던 리그베다위키 사건도 있다. 엔하위키 미러라는 명칭의 인터넷 사이트는 리그베다위키 자료 전부를 그대로 복사해 자신들의 웹페이지에 게시하는 방식으로 광고 수익을 얻었다. 민후는 리그베다위키를 대리해 엔하위키 미러가 DB 제작자의 권리를 침해한다는 판결을 받아냈다.

바로 비트코인인데요

민사 소송을 진행 중이던 민후는 형사 사건의 선고 결과도 고려해야 했기 때문에 부정경쟁방지법상 영업비밀 보호에 관한 법률의 부정경쟁 행위도 강력하게 주장했다. 민사 법원이 형사 사건 결과와 배치되지 않는 선에서 자신들의 청구를 인용할 수 있는 환경을 조성한 것이다. 설령 형사 2심 판단과 같이 DB 제작자의 권리 침해를 인정할 수 없더라도 부정경쟁 행위에는 해당할 수 있다는 취지다.

문제는 손해배상 액수를 산정하는 일이었다. 저작권법과 부정경쟁방지법은 상대방의 이익을 권리자의 손해액으로 추정하는 규정을 마련해두고 있다. 보통 크롤링 사건은 무단으로 복제된 데이터를 직접 자신의 서비스에 포함해 영업하는 게 일반적인데, 이런 경우 크롤링과 인과관계를 따져 상대방의 이익을 쉽게 산정하는 것이 가능하다.
하지만 이번 사건은 여기어때가 야놀자의 데이터를 직접 서비스에 반영한 점을 증명하기엔 증거가 부족했다.

민후는 여기어때 크롤링 행위의 특이점을 찾아 정확히 추산하기 어려운 영업 이익을 드러내고자 했다. 먼저 여기어때가 만든 프로그램의 구조를 설명하면서 포문을 열었다. 일반적인 크롤링 프로그램은 공개된 웹페이지를 단지 기계적으로 수집하는 방법에 그치지만, 여기어때는 야놀자의 API 서버에 들어가 직접 명령을 전달하는 방식으로 데이터를 송출 받는다는 것이다.

다음으로 여기어때의 크롤링 행위가 반나절 동안 약 24만 회가 넘게 반복되는 등 실시간으로 작업이 지속됐다는 점을 강조했다. 단지 데이터의 일회적인 내용 확보가 목적이 아니라, 경쟁사인 야놀자의 영업 상황을 실시간으로 확인하기 위한 목적이라는 것을 알리기 위해서다.
이에 따라 여기어때가 실시간 크롤링으로 맞춤형 영업 전략을 수립했고, 업계를 양분하고 있는 야놀자와 여기어때 사이에서 해당 정보의 가치는 단순히 데이터의 양적 가치를 훨씬 상회한다고 주장했다.

김경환 민후 대표변호사는 손해액 확장에 공을 들인 이유에 대해 이렇게 설명했다.
"당시 여기어때의 매출이 굉장히 올라 야놀자를 잠시 추월하기도 했는데, 야놀자의 데이터 가치를 거의 다 빼앗아 간 것이라고 생각한다. 이 때문에 데이터가 기업 성장과 발전에 현실적으로 크게 기여한다는 점을 입증해야 했다. 손해배상 액수가 1억~2억원 수준으로 끝난다면 큰 이익을 누린 회사에 사실상 크롤링을 허용하는 것이나 마찬가지기 때문이다."

민사 소송 재판부는 여기어때의 크롤링 행위가 부정경쟁 행위에 해당한다고 보고 크롤링 사건 역사상 최대의 손해배상 액수인 10억원을 물어내라고 판결했다. 이는 사람인이 잡코리아에 배상하게 된 4억 5,000만원의 두 배가 넘는 금액이다.

재판부는 판결문에서 여기어때의 크롤링 행위의 문제점을 조목조목 지적했다.

"야놀자의 제휴 숙박업소 정보는 상당한 투자나 노력을 기울인 성과에 해당한다고 보는 것이 타당하다. 이런 정보를 정상적인 앱 이용을 통해 수집할 수 있다거나 숙박업소와의 개별 접촉 등을 통해 확인할 가능성이 있다고 하더라도 방대한 정보를 모아 체계적으로 분류하고 정리한 내용까지 누구나 자유롭게 이용할 수 있는 이른바 공공영역에 속한 것이라고 볼 수는 없다. 여기어때는 크롤링 프로그램을 개발해 야놀자의 데이터를 수집하고 이를 자신들의 영업을 위해 사용함으로써 야놀자의 성과를 공정한 상거래 관행이나 경쟁 질서에 반하는 방법으로 무단 사용한 것으로, 그 결과 야놀자의 경제적 이익을 침해한 것이라고 보는 게 타당하다."

원 변호사는 이번 판결을 두고 데이터 보호에 한 걸음 더 다가설 수 있는 계기라고 평가했다.

"사물인터넷IoT, 메타버스 등 현대 사회에서 데이터의 가치는 과거와는 비교할 수 없을 만큼 현저히 증가했고, 데이터베이스는 모든 기업의 요체이자 핵심 자산으로 자리 잡았다. 반면 과거 우리 법원은 데이터의 보호를 그 가치만큼 보장해 주지 못하는 면이 있었다고 보는데, 이번 판결로 데이터베이스 제작자의 권리를 더욱 강하게 보호할 수 있을 것이라고 생각한다."

야놀자와 여기어때의 민사 소송은 현재 항소심(2심)이 진행 중이고, 형사 재판은 대법원이 심리하고 있다.

법무법인 민후

김경환 변호사
(36기)

IP, IT 분야와 가상화폐, 블록체인 분야에 대한 전문성을 가지고 있다. 지금까지 상어가족 저작권 침해 소송, 네이트·싸이월드 개인정보 유출 소송, 잡코리아 크롤링 소송, 코인레일 가상자산 거래소 해킹 사건 등 다수의 사건에서 이겼다. 최근에는 기술과 지식재산권이 결합된 메타버스 분야에 대한 연구를 하고 있다.

원준성 변호사
(47기)

IP, IT 분야와 가상화폐 분야에 대한 전문적인 역량을 기반으로 영업비밀 침해와 관련된 다수의 사건을 처리했다. 특히 코인레일 가상자산 거래소 해킹 사건 피해자의 손해배상 청구 소송, 영화 '명량'의 저작권침해금지소송, 가상화폐 거래와 관련한 외국환거래법 위반 형사·행정사건 등 다수의 사건에서 성과를 이뤄내고 있다.

이 사례의 결정적 법 조항

정보통신망법 제48조(정보통신망 침해행위 등의 금지)

① 누구든지 정당한 접근 권한 없이 또는 허용된 접근 권한을 넘어 정보통신망에 침입하여서는 아니 된다.

저작권법 제93조(데이터베이스 제작자의 권리)

① 데이터베이스 제작자는 그의 데이터베이스의 전부 또는 상당한 부분을 복제·배포·방송 또는 전송(이하 이 조에서 "복제 등"이라 한다)할 권리를 가진다.

부정경쟁방지법 제5조(부정경쟁행위 등에 대한 손해배상책임)

① 고의 또는 과실에 의한 부정경쟁행위로 타인의 영업상 이익을 침해하여 손해를 입힌 자는 그 손해를 배상할 책임을 진다. 〈개정 2011. 6. 30.〉

국내 처음 도입된 펌핑치약 최초 개발 회사가 독점권 쥘 수 있을까

튜브에 담긴 치약을 쥐어짜 쓰는 치약이 아닌 손으로 펌프를 누르는 방식으로 사용하는 치약을 '펌핑치약'이라고 부른다. 치약의 뚜껑을 열고 사용할 만큼의 양을 짜내는 방식이 아니라, 플라스틱 용기 상단 부분의 펌프만 눌러 일정량의 치약을 쓸 수 있어 소비자들의 사랑을 받았다.

펌핑치약을 국내에서 처음으로 선보인 건 LG생활건강이다. LG생활건강은 2013년 7월 '페리오 펌핑치약'을 출시했다. 시장에 새로 등장한 치약에 대한 관심이 쏠리면서 출시 6년 동안 누적 판매 2,500만개를 기록했다. LG생활건강의 '효자 상품'이었던 셈이다.

LG생활건강은 펌핑치약을 내놓기 전까지 개발에 힘을 쏟았다. 짜서 쓰는 치약은 점성이 있어 끈적하지만, 눌러쓰는 치약은 그보다 묽어야 치약이 아래에서 위로 올라올 수 있기 때문이다. 개발 끝에 시장에 내놓은 상품인 만큼 LG생활건강은 홍보모델로 배우 송중기와 개그우먼 박나래 등을 발탁하고 광고비에 총 103억원을 쓰면서 판매에 공을 들였다.

그러나 LG생활건강이 파죽지세를 이어가던 펌핑치약 시장에 후발주자가 등장하면서 상황이 달라졌다. 애경산업이 2018년 '2080 펌핑치약'을 시장에 내놓은 것이다. LG생활건강은 즉각 "애경산업이 상표권을 침해했다"며 반발했다.

LG생활건강 측은 '펌핑'이라는 단어가 심장이 콩콩 뛰는 감성적인 느낌을 담은 자신들만의 브랜드라고 주장했다. LG생활건강은 이미 자사가 점유하던 펌핑 외에 애경산업이 '펌프'나 '디스펜서' 등의 단어를 사용할 수 있었음에도 펌핑을 사용한 것은 상표권을 침해한 것이라고 주장했다.
이에 애경산업은 펌핑은 기능을 나타내는 것일 뿐, 보통명사이기 때문에 독점권이 인정되지 않아 누구나 사용할 수 있다고 반박했다.

까다로운 상표권 인정 요건

치약 업계 1위 LG생활건강과 2위 애경산업이 맞붙은 '치약 업계 대전'은 펌핑이라는 단어를 들었을 때 한 상품이 특정될 수 있는지가 관건이 됐다. LG생활건강은 먼저 특허청에 상표등록을 신청했다가 거절당하자 특허심판원에 이의신청했다.

특허심판원은 LG생활건강의 손을 들어줬다. 펌핑치약을 시장에 먼저 내놓고 5년간 광고와 홍보에 힘을 쏟은 LG생활건강의 상표권이 인정됐다고 본 것이다. 상표법 제6조 제2항의 '사용에 의한 식별력인정'을 이유로 꼽았다. 특허심판원의 판단을 받은 LG생활건강 측은 애경산업에 상표 사용을 금지하고 손해배상을 하라는 민사소송을 제기했다.

그러나 1심인 서울중앙지방법원 민사 재판부에 이어 2심 격인 특허법원 재판부도 모두 애경산업의 손을 들어줬다. 특허법원은 대부분의 사용자가 펌핑을 독자적인 브랜드로서 인식하기보다는, 제품 용기의 사용 방법을 지칭하는 용어로 인식하고 있다고 판단했다.
또한 펌핑 용기가 치약뿐만 아니라 샴푸, 주방세제 용기 등으로도 널리 쓰이는 점도 펌핑이라는 단어를 LG생활건강만의 치약 브랜드로 인정하기 어렵다고 봤다.

특허법원 제22부는 LG생활건강이 애경산업을 상대로 제기한 '부정경쟁 행위 금지소송 항소심'에서 원고 패소 판결했다.
재판부는 "펌핑이 국내에서 LG생활건강 상품에 대한 출처를 표시하는 것으로 널리 인식됐다고 볼 수 없다. 일반 수요자나 거래자들이 LG생활건강 제품과 애경산업 제품을 혼동해 구매했다고 볼 만한 사정도 찾아보기 어렵다"고 판단했다.

애경산업을 대리한 법무법인 지평 성창익·최정규·허종 변호사는 "펌핑이라는 단어는 고유명사가 아닌 일반명사로, 눌러쓰는 방식의 제품 용기 사용 방법으로 통한다"면서 "후발주자들의 사용에 대해 엄격하게 대응해선 안 된다"고 반박했다.

성창익 변호사는 "변론 중 LG생활건강이 펌핑이라는 단어를 독점할 경우 '홍길동이 아버지를 아버지라 부르지 못하는 것과 같을 수 있다'고 말하기도 했다. 우리나라 언어습관엔 펌핑이라는 단어가 익숙한데, 더는 펌핑을 사용하지 못하게 될 경우 공익적으로도 문제가 된다고 봤다"고 말했다.

허종 변호사는 "화장품 토너와 에센스뿐만 아니라 손 세정제 등을 사용하고 '1회 펌핑만으로도 충분해요'라고 표현하는 등 어디에서나 펌핑이란 단어를 사용하고 있다. 네이버나 인스타그램에 올라온 후기 글들을 모아 재판부에 제출하기도 했다"고 밝혔다.

이때 강조된 법 조항은 상표법 제33조 제1항 제3호이다. 상품의 산지·품질·원재료·효능·용도·수량·형상·가격·생산 방법·가공 방법·사용 방법 또는 시기를 보통으로 사용하는 방법으로 표시한 표장만으로 된 상표는 상표로 등록될 수 없다는 조항이다.
즉, LG생활건강의 펌핑치약은 상품의 사용 방법을 표시한 것이어서 상표로 인정하기 어렵다는 것이다.

상표법 제33조는 상표등록의 요건을 명시했다. 지리적 명칭이나 약어 또는 지도만으로 된 상표, 흔히 있는 성姓 또는 명칭을 보통으로 사용

하는 방법으로 표시한 표장만으로 된 상표, 간단하고 흔히 있는 표장만으로 된 상표 등에 해당할 경우는 상표등록을 받을 수 없다.

이에 재판부도 지평 변호인단의 주장을 받아들였다. 재판부는 "펌핑은 '펌프 사용', '펌프 작용'을 의미하는 것으로, 일반적으로 펌프를 눌러 용기 안에 있는 액체, 거품 또는 젤 형태의 제품을 인출시켜 사용하는 방법"이라며 "화장품이나 샴푸 등 욕실 제품, 주방 세제 등에 일반적으로 사용되고 있어 눌러 쓰는 치약에 있어 사용된다고 해서 다르게 볼 수 없다"고 판단했다.

특허심판원 심결 뒤집은 비결은 설문조사

지평이 재판부를 설득한 '결정적 한 방'은 설문조사였다. 최근 법조계에서는 상표소송에서 수요자 인식을 나타내는 데 설문조사를 이용하는 경우가 늘어나고 있다. 객관적 타당성과 신뢰성을 바탕으로 설문조사를 진행할 경우 기업의 광고비나 매출액보다 직접적으로 수요자 인식을 파악할 수 있기 때문이다. 상표소송에서 설문조사 결과를 증거로 채택해 판단 근거로 삼는 경우도 늘어나는 추세다.

LG생활건강과 애경산업도 소송을 준비하면서 설문조사를 진행했다. 펌핑치약에 대해 먼저 설문 조사한 건 LG생활건강 측이었다. 1심에서 LG생활건강 측은 펌핑이 어떤 뜻으로 와닿는지 조사했다. 그 결과, 펌핑치약 브랜드를 LG생활건강 제품이라고 답한 응답자가 61.4%로

집계됐다. LG생활건강 측은 펌핑을 제품의 브랜드 이름이라고 응답한 경우도 51.9%에 달한다고 강조했다.

하지만 재판부는 설문조사 결과를 인정하지 않았다. 설문조사 결과의 객관적 타당성과 신뢰성이 떨어진다고 본 것이다.
LG생활건강의 설문조사는 온라인 조사로 만 20~59세 여성 1,000명을 대상으로 실시된 것인데, 치약은 생필품으로서 일반 수요자가 여성으로 제한되지 않음에도 합리적 이유 없이 남성 수요자를 배제했다는 점에서 대표성이 부족하다고 판단했다.

또 LG생활건강의 설문조사 결과는 유도성 질문들이 포함돼 응답자에게 선입견을 주는 문항들로 구성돼 타당성이 떨어진다고 봤다.
이들이 진행한 설문조사에 따르면 "귀하께서는 '펌핑' 치약 브랜드를 어느 회사의 제품으로 알고 계십니까"라는 질문을 넣었다. 재판부는 해당 질문이 펌핑을 치약 브랜드라고 인지하도록 이끈 다음 '사진 속에서 제품의 브랜드 이름을 나타낸 부분이 어디라고 생각하십니까?'라는 질문으로 답변을 유도했다고 지적했다.

이에 애경산업 측은 항소심에서 자체 설문조사로 '맞불 전략'을 썼다.
앞서 LG생활건강이 재판부로부터 지적받았던 부분들을 참고해 전국 대도시에 거주하는 만 20~59세 남녀 500명을 대상으로 더 객관적인 설문조사를 시행했다.
설문조사 결과 일반 수요자의 92%는 펌핑이 '위에서 아래로 (되풀이해)

누름'을 뜻한다고 답변했다. 또 애경산업의 '2080 펌핑치약' 제품 이미지를 제시했을 때 89%가 해당 제품의 상표를 '2080'으로 인식하고 0.2%만이 '펌핑치약'을 상표로 인식했다는 결과가 나왔다.
이를 통해 지평은 소비자들이 펌핑 문구를 보고 제품을 구매하는 것이 아니라 펌핑 앞에 붙은 '페리오'나 '2080'을 보고 제품을 선택했다고 강조했다.

결국 항소심 재판부도 두 상표가 유사하지 않다고 봤다. 재판부는 "LG생활건강과 애경산업 치약은 '펌핑' 부분이 공통되지만, 펌핑은 '용기 상단의 펌프 부분을 눌러 사용하는 펌핑형 치약'임을 의미하는 것"이라며 "펌핑은 상품의 사용 방법을 표시한 것으로, 특허 판단에 중요한 부분이라고 볼 수 없다"고 판시했다.

최정규 변호사는 "설문조사를 의뢰할 때 객관적인 질문들로 구성한 만큼 결과를 전혀 예측할 수 없는 상태였다"면서 "리스크를 부담하고서라도 공정한 조항을 넣었던 것이 법원에서 증거로 채택된 이유"라고 설명했다.

고질적 베끼기 논란, 두 회사의 질긴 악연

LG생활건강과 애경산업의 신경전은 이번이 처음이 아니다. 두 업체의 악연은 약 30년 전부터 시작됐다. 1990년 애경산업이 '울샴푸'를 출시해 중성세제 시장을 새롭게 창출하자 LG생활건강은 같은 해에

'울센스'를 출시했고 이후에는 '실크샴푸'를 내놨다.
LG생활건강은 2005년 '울센스' 제품을 리뉴얼 하면서 울샴푸 디자인과 유사하게 시장에 내놨다. 애경산업의 '울' 글씨체와 비슷하게 디자인하고, '울마크' 표시도 동일한 위치에 찍었다.

LG생활건강의 '테크 아웃도어 웨어'도 애경산업의 '울샴푸 아웃도어'를 베낀 것이 아니냐는 논란이 일기도 했다.
애경산업은 2008년 아웃도어가 유행하자 아웃도어 전용 중성세제 '울샴푸 아웃도어'를 처음으로 출시했다. LG생활건강은 약 4년 뒤 '테크 아웃도어 웨어'라는 제품을 내놨다. 이 제품은 원통 모형과 크기가 애경의 제품과 거의 비슷했고 '아웃도어'를 강조한 디자인과 '발수·투습·흡한·속건' 등 기능을 안내하는 문구도 동일한 위치에 표시됐다.

이뿐만 아니라 LG생활건강이 '99세까지 28개의 건강한 치아를 갖자'는 문구를 담아 2013년 출시한 '9928' 치약도 1998년에 출시된 애경산업의 '2080' 치약을 모방한 제품이라는 지적이 나왔다.
애경산업은 '20개의 건강한 치아를 80세까지'라는 메시지를 내세운 '2080' 치약은 숫자마케팅의 대표적인 성공사례로 꼽혔다. 이에 애경산업은 LG생활건강이 문장의 앞뒤만 바꾸고 동일한 메시지를 표방하고 있다고 반발했다.

두 업체의 악연은 여기서 끝나지 않는다. LG생활건강의 '엘라스틴 퍼퓸샴푸'도 애경산업의 '케라시스 퍼퓸샴푸' 제품을 베꼈다는 논란에

휩싸였다.

2012년 애경산업이 '케라시스' 브랜드 탄생 10주년을 기념해 출시한 '케라시스 퍼퓸샴푸'로 큰 인기를 얻자, LG생활건강이 약 6개월 뒤 '엘라스틴 퍼퓸샴푸'를 내놨다는 것이다. 후발주자인 LG생활건강 제품이 '퍼퓸'이라는 제품 콘셉트를 그대로 차용해 제품 뒷면의 탑 노트, 미들 노트, 베이스 노트 등 퍼퓸의 발향 단계도 동일하게 디자인했다고 지적했다.

생활용품 업계 '큰형님'들의 싸움은 아직 끝나지 않았다. LG생활건강이 여전히 펌핑치약에 대한 상표권을 주장하면서 양측의 '법리 싸움'은 대법원까지 이어지게 됐다.

JIPYONG 법무법인[유] 지평

성창익 변호사
(24기)

특허법원 판사 출신으로서 특허, 상표, 영업비밀 등과 같은 지식재산권 분야가 주된 업무 분야다. 최근 야놀자와 여기어때 사이의 '마이룸' 특허침해금지소송에서 여기어때를 대리해 승소했고, 엘지생활건강과 애경 사이의 '펌핑치약' 상표권 침해금지소송에서 애경을 대리해 승소했다. 한국특허법학회 회원으로도 활동하고 있다.

최정규 변호사
(36기)

지평의 IP팀과 TMT팀을 이끌고 있는 지식재산권, 정보통신 분야 전문가다. "저작권 침해 게시물은 URL 등을 구체적으로 특정해서 삭제 요청해야 한다"는 대법원 파기환송 판결을 이끌어 내는 등 IP 영역의 리딩 케이스에 다수 참여했다. 개별 사건의 승패에 집착하기보다는 비즈니스의 본질과 지속 가능성에 방점을 두고 소통하는 변호사다.

허종 변호사
(변시 1회)

IP팀과 TMT팀의 허리 역할을 하면서 지식재산권·정보통신 및 엔터테인먼트 분야에 걸쳐 두루 활약하고 있다. 동국제약 '마데카' 상표 소송에서 승소를 이끌었다. 지금은 하이트진로 두꺼비 캐릭터 인형 디자인권 분쟁 등을 수행하고 있다. 고객이 만족하는 결과를 내기 전까지는 절대로 포기하지 않는 근성이 강점인 변호사다.

이 사례의 결정적 법 조항

상표법 제90조(상표권의 효력이 미치지 아니하는 범위)

① 상표권(지리적 표시 단체표장권은 제외한다)은 다음 각 호의 어느 하나에 해당하는 경우에는 그 효력이 미치지 아니한다.

2. 등록상표의 지정상품과 동일·유사한 상품의 보통명칭·산지·품질·원재료·효능·용도·수량·형상·가격 또는 생산 방법·가공 방법·사용 방법 및 시기를 보통으로 사용하는 방법으로 표시하는 상표

부정경쟁방지 및 영업비밀보호에 관한 법률 제2조(정의)

이 법에서 사용하는 용어의 뜻은 다음과 같다.

1. "부정경쟁행위"란 다음 각 목의 어느 하나에 해당하는 행위를 말한다.

가. 국내에 널리 인식된 타인의 성명, 상호, 상표, 상품의 용기·포장, 그 밖에 타인의 상품임을 표시한 표지標識와 동일하거나 유사한 것을 사용하거나 이러한 것을 사용한 상품을 판매·반포頒布 또는 수입·수출하여 타인의 상품과 혼동하게 하는 행위

'망 사용료 大戰'에서 넷플릭스 꺾은 한국 통신사, 넷플릭스 부사장의 7년 전 진술을 찾아라

드라마 '오징어 게임'은 전 세계에 K-드라마 열풍을 일으켰다. 2021년 9월 17일 첫 공개 후 단 5일 만에 한국 드라마 최초로 글로벌 온라인동영상서비스OTT인 '넷플릭스'에서 세계 1위를 차지했다. 넷플릭스가 서비스되는 세계 83개국에서 모두 1위에 오르기도 했다. 오징어 게임의 주역인 황동혁 감독, 배우 이정재, 정호연의 인기도 덩달아 치솟았다.

넷플릭스의 최고경영자CEO인 리드 헤이스팅스는 2021년 3분기 실적 발표회에 오징어 게임의 상징인 초록색 트레이닝복을 입고 나타나기도 했다. 국내 방송국이나 드라마 제작사가 알아보지 못한 오징어 게임의 잠재력을 알아보고 투자를 결정한 넷플릭스의 선구안에 대한 상찬도 이어졌다.

그런데 오징어 게임이 전 세계에서 큰 인기를 끌고 있던 2021년 10월

초. 대한민국 국회에서는 사뭇 다른 분위기에서 오징어 게임이 소환됐다. 2021년 10월 5일 열린 국회 과학기술정보방송통신위원회 국정감사장의 발언들이다.

> "오징어 게임이 히트를 했는데 넷플릭스는 제작비의 110% 정도만 지급한다. 이게 합리적인 배분인지 의문이다. 수익이 더 나오면 제작사에 대한 배려가 더 필요하지 않느냐."
>
> 김영식 국민의힘 의원

> "오징어 게임 관련 초과 수익은 인정하지 않고 약정 금액만 배분하고 있다."
>
> 홍석준 국민의힘 의원

> "넷플릭스가 한국에서 돈을 많이 벌어가면서 데이터 사용량에 대한 의무를 지지 않는다는 지적이 있고, SK브로드밴드와의 재판에서도 패소했다. 통신 3사와 합의해 망 사용료를 낼 의향은 없느냐."
>
> 양정숙 무소속 의원

넷플릭스를 대표해 이날 국감장에 나온 연주환 넷플릭스서비시스코리아 팀장은 "창작자들에게 정당하고 충분한 수익을 배분하는 데 노력하고 있다"고 해명하느라 바빴다.

국감장이 넷플릭스에 대한 성토장으로 바뀌고 한 달 뒤, 넷플릭스 본사의 고위 임원이 한국을 방문해 국회를 찾았다. 2021년 11월 3일, 딘 가필드 넷플릭스 공공정책 부사장은 국회를 방문해 국정감사에서 나온 수익 배분과 망 사용료 문제에 대한 자신들의 입장을 밝혔다.

오징어 게임이 전 세계에서 흥행 대박을 한 와중에 도리어 넷플릭스는 진땀을 흘리고 있었던 것이다. 도대체 무슨 일이 있었길래 넷플릭스는 오징어 게임의 흥행에도 마냥 웃을 수만은 없었던 걸까. 이 상황을 이해하려면 2021년 6월 25일로 시곗바늘을 돌려야 한다.

넷플릭스 대신 SK브로드밴드 손 들어준 한국 법원

2021년 6월 25일, 서울 서초동 서울중앙지법에 전 세계의 이목이 집중됐다. 넷플릭스가 망 사용료를 낼 수 없다며 국내 2위 초고속인터넷 사업자인 SK브로드밴드를 상대로 낸 소송의 첫 결과가 나왔기 때문이다. 망 사용료를 둘러싸고 콘텐츠사업자(CP, 이 경우 넷플릭스)와 인터넷서비스제공업체(ISP, 이 경우 SK브로드밴드)가 갈등을 빚은 적은 많았지만, 법원에서 구체적인 판결이 나온 것은 전 세계에서 이번이 처음이었다.

결과는 SK브로드밴드의 완승이었다. 이번 재판은 넷플릭스가 SK브로드밴드에 줘야 할 돈(채무)이 없다며 채무부존재 확인 소송을 내면서 시작됐다. 하지만 법원은 SK브로드밴드의 손을 들어줬다.

재판부는 판결문에서 "원고들(넷플릭스)이 피고(SK브로드밴드)에게 '연결에 관한 대가'를 지급할 채무를 부담하는 것으로 인정되는 이상 그 범위가 확정되지 않았다고 하더라도 원고들의 이 부분 부존재 확인 청구는 전부 이유 없다고 보아야 한다"고 밝혔다.

얼마를 어떤 식으로 지불해야 할지에 대해서는 구체적으로 명시하지 않았지만, 채무의 존재 자체를 법원이 인정한 것이다. SK브로드밴드가 넷플릭스에게 받아야 한다고 주장했던 망 사용료에 대해 법원이 존재 자체를 인정한 첫 번째 판결이었다.

망 사용료가 도대체 뭐길래 넷플릭스와 SK브로드밴드가 소송까지 진행하며 싸운 걸까. 망 사용료는 쉽게 말해서 고속도로 통행료를 생각하면 된다. 고속도로를 이용할 때 일정 수준의 통행료를 한국도로공사에 내야 한다. 한국도로공사는 통행료를 이용해 도로를 복구하거나 수리하고, 교통 흐름이 원활하게 이어질 수 있도록 관리한다.

마찬가지로 ISP도 인터넷망 사고가 생기지 않도록 관리하고 유지하는데 많은 돈을 쓴다. 이때 필요한 돈을 인터넷망 가입자에게 받기도 하지만, 동시에 콘텐츠를 만들어서 인터넷망을 통해 전송하는 CP에게도 사용료를 받는다.

국내 CP인 네이버나 카카오 같은 회사들은 이미 국내 ISP에 망 사용료를 일정 정도 내고 있다. 그런데 넷플릭스는 전 세계 어디서도 망 사용료를 낸 적이 없다고 버티며 '줄 돈이 없다'고 소송을 낸 것이다.

넷플릭스는 2016년 1월 국내에서 처음 서비스를 시작했다. 그때만 해도 넷플릭스 이용자가 많지 않았기 때문에 망 사용료는 중요한 이슈가 아니었다. 하지만 시간이 지나면서 상황이 달라졌다. 넷플릭스가 2016년 6월 봉준호 감독의 '옥자'를 오리지널 콘텐츠로 만들고, 2019년 1월에는 또 다른 오리지널 콘텐츠인 '킹덤'이 큰 인기를 끌면서 이용자가 빠르게 늘었다.

넷플릭스 콘텐츠가 국내에서 인기를 끌면서 넷플릭스를 보기 위해 인터넷망을 이용하는 사람이 늘기 시작했고, 국내 ISP는 트래픽 증가에 따른 망 사용료를 받아야 한다고 결정했다.

SK브로드밴드는 2018년 10월 22일 넷플릭스에 보낸 이메일에서 처음으로 망 사용료를 지급하라고 했다. 이후 양측은 수차례에 걸쳐 이메일을 주고받으며 사용료 문제를 협의했지만 진전은 없었다.
결국 SK브로드밴드는 이듬해 11월 12일 방송통신위원회에 넷플릭스를 상대로 재정신청을 했다. 인터넷망 증설비용 협상에 넷플릭스가 적극적으로 임하라는 취지였다.

그러자 넷플릭스는 2020년 4월 중재를 거부하며 망 사용료를 낼 의무가 없다는 것을 확인해달라는 소송을 냈다. 법원이 SK브로드밴드의 손을 들어준 바로 그 소송이다.

그렇다면 SK브로드밴드가 받아야 할 망 사용료는 얼마나 됐길래 소송까지 벌이며 양측이 치열하게 싸운 걸까.
판결문에 따르면 SK브로드밴드 인터넷망에서 넷플릭스로 인한 트래픽은 2018년 5월 50Gbps에서 2020년 6월 600Gbps로 불과 2년 만에 12배가 늘었다. 그러다보니 인터넷망에 투자하는 비용도 덩달아 늘었다. SK브로드밴드의 추산에 따르면 넷플릭스에서 받아야 할 망 사용료는 2017년 15억원에 불과했지만, 2020년에는 272억원으로 늘었다.

오징어 게임 이후 2021년에는 넷플릭스로 인한 트래픽이 더 늘었을

테고, 이로 인한 망 사용료도 더 많아졌을 것으로 보인다. SK브로드밴드가 망 사용료 협상을 빨리 매듭지어야겠다고 결심한 이유다.

망 사용료 낸 적 없다는 넷플릭스 하지만 2014년에 미국에선 냈다?

넷플릭스는 1심에서 세계 어디에서도 ISP에게 망 사용료를 내고 있지 않다는 주장을 펼쳤다. 망중립성의 원칙에 따라 CP가 만든 콘텐츠 전송을 위한 인터넷망 이용은 돈을 낼 필요가 없다는 것이다. 또 SK브로드밴드는 이미 자신들의 인터넷서비스 가입자에게 돈을 받고 있는 만큼 넷플릭스 콘텐츠를 전송하는 것은 인터넷서비스 가입자에 대한 계약상 전송의무를 이행하는 것에 불과하다는 주장도 함께 펼쳤다.

이때 SK브로드밴드를 대신해 SK텔레콤의 법률 자문을 맡고 있던 법무법인 세종이 나섰다. 세종은 넷플릭스의 주장을 조목조목 반박했다. 특히 어려운 IT·통신 용어가 아니라 판사들이 이해하기 쉬운 비유를 들어 논리를 강화한 것이 주효했다.

첫 번째 쟁점은 '망중립성'이었다. 망중립성은 통신사가 자사망에 흐르는 합법적인 트래픽을 불합리하게 차별하는 것을 금지하는 원칙이다. 넷플릭스는 망 사용료를 받겠다는 SK브로드밴드의 행동이 망중립성을 위배한다고 주장했다.

세종은 이를 '의료법'에 비유해 반박했다. 의료법 12조는 의사로 하여금 환자를 피부색이나 성별, 연령에 따라 차별하지 않도록 규정하고 있다. 차별하지 말라는 것이지 의료행위를 무상으로 제공하라는 뜻이 아니다.

이를 망중립성에 적용해보면 망중립성은 통신사가 자사망에 흐르는 합법적인 트래픽을 불합리하게 차별하는 것을 금지하는 원칙이지, 받아야 할 돈을 받지 말라는 의미가 아니라는 게 세종의 논리였다. 재판부는 세종의 주장을 모두 받아들였다.

또 넷플릭스는 SK브로드밴드가 이미 가입자에게 돈을 받고 있기 때문에 넷플릭스가 별도의 망 사용료를 낼 필요가 없다는 주장도 했다. 세종은 이를 신용카드사의 수수료 부과방식을 비유해 반박했다. 신용카드사는 소비자에게 연회비를 받는 동시에 가맹점에서 수수료를 받는다. 넷플릭스는 SK브로드밴드가 가입자와 CP에게 모두 돈을 받는 건 이중과금이라고 주장했지만, 재판부는 세종이 꺼낸 신용카드사의 사례를 언급하며 다면적 법률관계는 합법이라고 인정했다.

결정타는 따로 있었다. 넷플릭스는 재판 과정에서 끊임없이 전 세계 어디서도 망 사용료를 내지 않는다는 일관된 입장을 고수했다. 넷플릭스 콘텐츠 전송 부문의 켄 플로렌스Ken Florance 부사장은 전 세계 어디서도 망 사용료를 내고 있지 않다는 내용의 진술서를 직접 작성해 한국 법원에 제출하기도 했다.

그런데 법무법인 세종은 넷플릭스의 이 주장을 무너뜨릴 수 있는 결정적인 증거를 찾아냈다. 2014년 8월 켄 플로렌스 부사장이 컴캐스트와 타임워너케이블TWC의 합병에 반대한다는 의견서를 미국 연방통신위원회FCC에 제출하면서 "컴캐스트에 착신망 이용대가terminating access fee를 내고 있다"고 언급했다는 사실을 찾아 낸 것이다.
재판 과정에서 이 의견서가 제출됐고, 망 사용료를 내지 않고 있다는 넷플릭스의 주장이 궁색해졌다.

재판에서 세종의 송무팀을 이끈 강신섭 대표변호사는 "망중립성과 관련, 재판부가 의료법을 근거로 설명한 우리의 주장을 받아들인 셈"이라고 강조했다. 정은영 변호사도 "넷플릭스가 컴캐스트에 낸 착신망 이용 대가는 SK브로드밴드가 요구하는 망 사용료와 같은 개념"이라며 "미국에서 이미 망 사용료를 지급한 적이 있다는 사실을 우리가 지적했고 재판부가 이를 받아들였다"고 설명했다.

법무법인 대표까지 나선 세종 드림팀으로 글로벌 기업에 맞섰다

세종은 이번 재판에 TMT방송정보통신팀과 송무팀을 '원팀'처럼 꾸려서 대응했다. 강신섭 대표변호사가 직접 법정에 출석하면서 소송팀을 이끌고, ICT그룹장인 강신욱 변호사가 TMT팀을 이끌며 협업했다.
강 변호사는 "승소를 위해서는 OTT 시장의 전문성을 이해하는 것도 중요했고, 송무의 기술적인 부분도 중요했기 때문에 두 팀이 매주 정기회의를 가지면서 지식을 공유했다"고 말했다.

57. Netflix reached an agreement with Comcast in February 2014. Under the terms of the agreement, Comcast agreed to interconnect with Netflix via Open Connect and to provide sufficient capacity for Netflix to deliver streaming video requested by Comcast customers at bitrates that allowed for an acceptable viewing experience. Also included under the terms of the interconnection agreement is Netflix's agreement to pay Comcast's terminating access fee. Netflix does not pay Comcast for transit or CDN services. As Netflix always has, it will continue to internalize all of those transit and storage costs to deliver Netflix traffic to the edge of Comcast's network, or if Comcast ever so chooses, to whichever location within Comcast's network that Comcast likes.

60. Only the four largest terminating access networks in the United States – Comcast, AT&T, Verizon, and Time Warner Cable – charge Netflix terminating access fees. Comcast, TWC, Verizon, and AT&T are the exception to Netflix's rule of not paying terminating access fees. Those four networks are able to extract terminating access fees from Netflix and others because of their market power in local broadband markets, and their share of the national market for the broadband distribution of content. A content provider like an OVD that faces high fixed costs and, therefore must have national access to consumers to maintain financial viability, has no ability to switch away from one of these four networks.

'넷플릭스 켄 플로렌스 부사장의 의견서' 중에서 발췌한 결정적인 증거 내용

강 대표변호사는 TMT팀이 찾아낸 각종 해외 판례가 송무팀이 변론 전략을 짤 때 요긴하게 쓰였다고 밝혔다. TMT팀이 찾은 자료에는 미국 워싱턴DC 연방항소법원 판결문, 프랑스 파리 항소법원 판결문 등이 있다. 이들 해외 판례에는 ISP가 CP로부터 인터넷망 이용의 대가를 받을 수 있다는 내용이 담겨 있다.

이번 소송처럼 직접 ISP와 CP가 망 사용료를 놓고 다툰 것은 아니지만, 망 사용료의 법적 근거를 인정한 해외 판례는 여럿 있었다.

정 변호사는 "소송 전략을 수립하는 과정에서 여러 팀이 원팀이 돼서 협업을 했다는 점이 뜻깊었다"고 말했다.

강 대표변호사는 이번 승소가 넷플릭스나 유튜브(구글) 같은 글로벌 CP로부터 국내 인터넷서비스제공업체의 권리를 지켜낸 중요한 분기점이 될 것이라고 평가했다. 이번 소송에서 SK브로드밴드가 졌다면 넷플릭스뿐 아니라 국내 시장에 뒤따라 들어온 디즈니 플러스나 이미 국내에서 사업을 하고 있던 유튜브, 페이스북 같은 글로벌 업체들이 망 사용료를 내지 않고 국내에서 사업을 할 법적 근거가 생긴다.

또 현재 망 사용료를 내고 있는 국내 CP들도 ISP에 망 사용료를 내지 않겠다며 버틸 가능성이 크다. 이렇게 되면 통신사들은 폭증하는 트래픽을 감당하기 위해 증설 비용을 가입자들에게 부담시킬 수밖에 없었을 것이라는 설명이다.

강 대표변호사는 "네이버나 카카오, 왓챠 같은 국내 CP들은 정당한 망 사용료를 내고 있는데 해외 CP들 중 일부만 망 사용료를 내지 않고 있었다"며 "법원에서 망 사용료를 내야 한다고 분명하게 판단한 것은 큰 승리"라고 말했다.

2021년 6월 25일 1심 재판이 끝났지만 이 소송은 아직 현재진행형이다. 넷플릭스가 항소를 결정하면서 2라운드가 시작됐다. 2021년 12월

23일 서울고등법원 제19-1민사부에서 항소심 첫 변론준비기일이 열렸다. 민사 재판의 변론준비기일은 보통 큰 관심을 받지 못하는 경우가 많지만 이날 재판은 달랐다. 오징어 게임 흥행으로 넷플릭스와 SK브로드밴드의 싸움도 판 돈이 더 커졌기 때문이다.

이날 넷플릭스 측이 제출한 항소이유서에 따르면, 넷플릭스는 1심 소송 전략을 전면 수정했다. 넷플릭스는 2심에서 자체 콘텐츠전송네트워크CDN 기술을 통해 트래픽 절감에 기여하고 있기 때문에 망 사용료를 낼 필요가 주장을 꺼내 들었다.
반면 세종은 이 같은 방식은 ISP와 CP 간에는 성립되지 않는다는 주장을 펼치고 있다. 2심이 이제 막 시작된 가운데 망 사용료 지급을 의무화한 법안도 국회에서 발의된 상태다.

강 대표변호사는 "입법이 어떻게 될지 좀 두고 봐야 되겠지만, CP의 망 사용료 지급에 대한 국민적 공감대가 형성된 것"이라며 "재판부가 직접적인 영향을 받지는 않겠지만 일종의 국민의 법감정으로 이해하지 않을까 생각한다"고 말했다.

규정집
신탁법
신신탁법
信託法
신탁법연구
자본시장법
자본시장법
자본시장법

SHIN&KIM
법무법인(유) 세종

강신섭 변호사
(13기)

후배들에게 "뜨거운 승부사"라고 불리는 선배다. 30여 년간의 법조 생활 동안 수많은 사건을 처리하면서 최초의 판례를 만들기도 했다. 지금도 여전히 새로운 사건을 만나 치열하게 고민하는 순간이 즐겁고, 승리할 때마다 가슴이 뜨거워지는 것을 느낀다. 법정에서 진실이 밝혀지고 정의가 실현되기를 바라는 변호사다.

강신욱 변호사
(33기)

인터넷 시장의 해결사이자 길잡이로 불린다. 인터넷 생태계 내에서 발생하는 각종 분쟁 및 규제 대응 업무를 주도하면서, 의뢰인들의 막힌 길을 뚫고 방향을 제시해 주는 나침반 역할을 하고 있다고 한다. 가장 중요하게 생각하는 것은 의뢰인과의 소통과 성공적인 업무 결과다. 최근 SKB-넷플릭스 소송에서 승소라는 결과를 얻게 된 이유다.

정은영 변호사
(변시 1회)

정은영 변호사는 주로 금융 소송과 규제 업무를 담당하고 있다. 좋은 기회로 이번 SKB-넷플릭스 사건을 비롯해 세종이 맡은 다양한 분야의 굵직한 송무 사건에도 참여해 왔다. 의뢰인과 변호사가 신뢰를 쌓고 적극적으로 소통하면서 좋은 결과를 만들어 가는 과정이 항상 즐겁다고 한다.

백상현 변호사
(변시 3회)

승소의 즐거움은 백 변호사를 소송에 더욱 집중하고 매진하게 만든다. 소송에서 좋은 결과를 가져오는 최선의 길은, 의뢰인과 변호사가 한 팀이 되어 뛰는 것이라고 믿는다. 의뢰인의 말을 경청하고, 함께 문제를 해결하는 변호사로 기억되고 싶다고 한다. 늘 초심을 갖고 최선을 다해 호사 업무에 임하고 있다.

이 사례의 결정적 법 조항

전기통신사업법 제2조(정의)

11. "기간통신 역무"란, 전화·인터넷 접속 등과 같이 음성·데이터·영상 등을 그 내용이나 형태의 변경 없이 송신 또는 수신하게 하는 전기통신 역무 및 음성·데이터·영상 등의 송신 또는 수신이 가능하도록 전기통신 회선 설비를 임대하는 전기통신 역무를 말한다. 다만, 과학기술정보통신부 장관이 정하여 고시하는 전기통신 서비스(제6호의 전기통신 역무의 세부적인 개별 서비스를 말한다. 이하 같다)는 제외한다.

12. "부가통신 역무"란 기간 통신 역무 외의 전기통신 역무를 말한다.

민법 제741조(부당 이득의 내용)

법률상 원인 없이 타인의 재산 또는 노무로 인하여 이익을 얻고 이로 인하여 타인에게 손해를 가한 자는 그 이익을 반환하여야 한다.

불법 유통 피해 본 웹툰 작가 손해배상액은 어떻게 따질까?

웹툰Webtoon은 인터넷의 웹Web과 만화를 의미하는 카툰Cartoon의 합성어다. 웹툰은 철저히 스마트폰을 기반으로 진행된 콘텐츠 사업이다. 국내에선 카카오가 인수한 포털사이트 다음의 웹툰이 2003년 서비스를 시작했고, 이듬해 네이버 웹툰이 문을 열었다.

최근에는 웹툰이 드라마나 영화로 만들어지며 큰 성공을 거두고 있다. 국외에서도 한국형 웹툰이 인기 얻는 등 새로운 문화 산업의 갈래로 떠오르고 있다.

한국콘텐츠진흥원에 따르면 한국 웹툰 시장 규모는 2013년 1,500억원에서 2021년 1조원으로 7배 가까이 성장했다. 세계 웹툰 시장 규모는 약 7조원으로, 지적재산권IP를 활용한 영화, 드라마 시장까지 고려하면 시장 규모가 100조원에 달하는 것으로 추정된다. 웹툰은 이처럼 성장성과 확장성이 높은 사업이지만, 그만큼 불법 유통도 더욱 빈번해지는 추세다.

만약 개인의 창작물인 '유료 웹툰'을 무단으로 복제해 무료 사이트를 만들고 이를 성인 도박사이트로 유인하는 통로로 삼아 수익을 거둬들였다면, 불법 웹툰 사이트에 대한 손해배상액은 얼마나 또 어떻게 산정해야 할까?

웹툰계의 원조 격인 다음 웹툰을 제공하는 플랫폼인 카카오페이지현 카카오엔터테인먼트가 불법 웹툰 유통사이트를 상대로 총 10억원의 손해배상액을 인정받았다. 콘텐츠 산업 중 성장세가 가장 가파른 웹툰 시장에서는 "창작자 권리를 민사상으로도 인정받았다"며 환영하는 분위기다.

어른아이닷컴 운영자 정모·이모·신모씨는 2017년 6월 10일부터 2019년 5월 3일까지 웹툰 업체로부터 허락을 받지 않고 웹툰 4,901편 26만785회차를 임의로 다운로드 받았다. 이후 어른아이닷컴에 무단으로 업로드해 복제·배포하고 광고수익금을 취득했다.

웹툰 통계 사이트 웹툰인사이트Webtoon Insight에 따르면 이 기간 어른아이닷컴 사이트의 총 페이지뷰PV는 23억건에 달했다. 카카오페이지에 따르면 2018년 폐쇄된 불법 웹툰 공유사이트 '밤토끼' 이후 국내 최대 규모 피해다. 웹툰 업계는 불법복제 사이트 범람으로 인한 업계 피해 규모는 2018년 기준 2조3,425억원으로 추정한다.

부산경찰청 사이버안전과는 2019년 5월 '어른아이닷컴' 사이트 운영자들을 검거하고 사이트를 폐쇄했다. 이들은 영리를 목적으로 저작권자들의 저작재산권을 침해했다는 저작권위반 등의 공소사실로 기소됐다.

카카오페이지는 소장에서 "어른아이닷컴은 다음웹툰과 카카오페이지에서 총 413개 작품 2만7,000건에 달하는 방대한 분량의 웹툰 콘텐츠를 대량으로 불법 복제하고, 사이트에 무단 게재해 막대한 손해를 입혔다. 우선 손해액의 일부로서 10억원을 청구하며, 소송 진행 중 추가적인 자료를 확인하는 대로 구체적인 손해액을 확정할 것이다"라고 밝혔다.

부산지방법원은 2019년 10월 28일 이들을 모두 유죄로 인정해 징역형 집행유예를 선고했다.

문제는 카카오페이지에 작품을 제공하는 개별 창작자들의 권리 침해에 대해 배상받을 길이 없었다는 점이었다. 이에 카카오페이지는 개별 창작자의 권리를 침해하는 불법 유통에 대해 단호하게 대응키로 하고 민사소송 절차를 밟았다.

'창작자 권리' 민사상 인정받은 법무법인 광장

앞서 피고인들에 대한 유죄는 확정됐지만, 정작 민사소송 과정은 쉽지 않았다. 피고인들은 중국 조선족 프로그래머 박모씨로 하여금 불법 사이트 운영을 위한 근거지를 마련하고 해외에 서버를 둔 어른아이닷컴 도메인을 개설했다. 또 이 사이트에 불법 도박 사이트를 배너 광고로 게재하고 해당 수익금을 취득했다.

이에 카카오페이지가 입은 손해 전부를 배상할 의무가 있다는 판단이 나왔지만, 과연 얼마를 보상할 것이냐(손해배상책임의 범위)가 쟁점이 됐다.

재판부는 손해가 발생한 사실은 인정되지만 저작권법 제125조 제2항의 규정에 따른 손해액을 산정하기 어려운 때에 해당된다고 판단했다. 피고인들이 운영했던 만화 사이트 자체가 무료였기 때문이다.

즉, 도박 사이트를 통해 얻은 이익은 존재할지라도 만화 자체는 무료 제공이라는 점에서 손해를 재판부가 인정할지 또 손해액을 어떻게 구할 수 있는지가 관건이었다.

이에 카카오페이지를 대리한 법무법인 광장의 박환성·이은우·강수정 변호사는, 피해액을 구체적으로 산출하기 어려운 측면이 있기에 실제 피해 규모는 훨씬 더 큰 것으로 예측되는 만큼 실질적 보상을 해줘야 한다고 주장했다.

이 변호사는 "콘텐츠는 개인의 창작물로 엄연한 권리가 있는 자산이라는 것과 최근 불법 웹툰 유통 사이트가 성행하면서 창작자와 웹툰 시장이 막대한 피해를 보고 있다는 점을 강조했다"고 말했다. 그러면서 재판부의 실질적인 '손배액 산정'이 필요하다는 점을 피력했다.

우선 재판부는 이용자가 웹툰 1회차를 열람하기 위해 거쳐 가는 웹페이지 수에 주목했다. 대다수 이용자가 구독하던 작품의 최신 회차를 찾아 열람하는 형태를 취한다는 점에서 웹툰 1회에 평균 3.54개의 페이지를 거쳐 간다고 판단했다.

또 피고인들이 카카오페이지에서 웹툰을 다운로드 받은 기간 동안 발생한 어른아이닷컴의 페이지뷰 수(23억4,995만회)를 웹툰 1회차 거치는 평균 페이지 수(3.54개)로 나누고, 이를 다시 어른아이닷컴에 게시된 웹툰의 회차당 열람 횟수(평균 2,545회)로 나눠 카카오페이지의 웹툰이 회차당 적어도 200회 이상 열람된 것으로 인정됐다.

결국 웹툰 이용료 한 편당 200원이라는 점을 감안해 카카오페이지가 이득을 취할 수 있었던 이용료는 적어도 10억6,472만원에 달할 거라는 계산이 나왔다.

재판부는 "피고들이 공동해 카카오페이지에 손해배상금 10억원을 지불하라"면서 "소장 부본 송달 다음 날인 2019년 12월 10일부터 다 갚는 날까지 연 12%의 비율로 계산한 지연손해금을 지급할 의무가 있다"고 판시했다.

이 변호사는 이번 카카오페이지 승소 건과 관련해 "피고인들에 대한 형사처벌이 이뤄졌다 하더라도 웹툰 불법 복제가 '수단'으로 쓰인 부분을 어떻게 손해배상을 받을 것인지가 쟁점이었다. 법원이 형사처벌

뿐만 아니라 불법 콘텐츠 복제·배포에 대해 민사상 손배도 실질적으로 받을 수 있도록 길을 열어줬다는 점에서 콘텐츠 제공자와 콘텐츠 권리를 갖고 있는 당사자의 권리를 실질적으로 인정해줬다는 점에서 의미가 있다"고 평가했다.

특히 이번 손해배상 청구 소송은 카카오페이지가 주도적으로 진행했다는 점에서 의미가 있다고 강조했다.
카카오페이지는 그동안 단순 플랫폼에서 그치지 않고 대한민국을 대표하는 IP 기업으로서 웹툰, 웹소설 산업에 지속적인 투자를 통해 업계 리더십을 지켜왔다. 창작자들과 함께 성장하는 기업으로서 책임감을 갖고 웹툰 불법 유통 사이트를 근절하고, 건강한 산업 생태계를 구축하기 위한 노력을 체계적으로 진행해왔다는 점에서 '자부심'이 있었다.

카카오페이지는 저작권해외진흥협회COA와 협업해 검색엔진을 통해 노출되는 불법 웹툰 및 URL을 차단하고 있다. 또한 보다 효과적인 대응을 위해 불법 웹툰 유통을 감시 및 처리하는 전문 업체와 용역 계약을 맺고, 웹툰 저작물 침해 현황 조사, 저작권 침해 게시물에 대한 상시 모니터링 및 삭제를 통해 불법 사이트 이용자 유입 감소에도 힘을 쏟고 있다.

국내 웹툰 업체들과 '웹툰 불법유통 대응 협의체(이하 협의체)'를 구성해 불법 유통에 대한 공동 대응도 모색하고 있다. 향후 협의체는 필요시 공동 원고로 불법사이트 운영자 대상 손해 배상 청구 소송을 진행할 예정이다.

불법 유통 사이트 이용의 증가는 웹툰 작가들에게도 큰 고민 중 하나다. 잘못된 웹툰 소비 행태는 작가의 창작욕을 떨어뜨릴 뿐 아니라 작가가 정당한 수익을 받을 수 없도록 만든다.

문화체육관광부와 한국콘텐츠진흥원이 분석한 '2021 웹툰 사업체 실태조사'와 '2021 웹툰작가실태조사'에 따르면 2020년 웹툰 불법 유통으로 인한 피해 규모는 5,488억원으로 전년도에 비해 1.7배 늘었다. 웹툰 작가 710명을 대상으로 '웹툰이 불법 공유 사이트에 게재된 적이 있냐'고 물었을 때 응답자 중 74.6%가 '경험이 있다'고 답하기도 했다.

카카오페이지에서 웹툰 '이미테이션'을 연재한 박경란 작가는 "불법 웹툰 유통은 작가들이 어렵게 만든 창작물에 대한 정당한 대가를 지불하지 않는 것으로 일부 작가들에게는 수입에 큰 영향을 미칠 수 있다. 작가는 물론 정당한 방법으로 웹툰을 구매해서 감상하는 독자들까지 모두 피해자가 될 수 있다"고 밝혔다.

웹툰 '소녀샵'을 연재한 유기 작가 역시 "카카오페이지의 이번 승소 판결은 그동안 암묵적으로 성행해오던 불법 웹툰 유통 사이트 단속에 대한 좋은 본보기를 보여준 사례라고 생각한다. 카카오페이지에서 모범을 보여준 덕분에 작품이 유출된 작가는 물론 작품을 구매해서 보는 독자들, 나아가 웹툰 시장에도 긍정적인 영향을 줬다"고 말했다.

그럼에도 웹툰의 불법 유통은 끊임없이 이어지고 있는 실정이다. 최대 불법 유통업체 밤토끼가 2018년 폐쇄됐지만, 그와 유사한 성격의 사이트들이 해외 서버에 기반을 두고 증식하고 있다. 이들은 해외에 도메인을 설치하고 단속이 들어오면 인터넷 주소URL를 교묘하게 바꿔 사이트를 재개설하는 방식을 사용한다. SNS 등을 통해 새 도메인 주소를 알리고 기존 이용자들을 고스란히 다시 가져가는 탓에 피해가 줄지 않고 있다.

다만 카카오페이지 등 웹툰 업체들은 빅데이터 분석을 통해 불법 행위를 하는 것으로 의심되는 계정을 찾아 선제적으로 이용을 차단하고 있다. 또 AI기술을 활용해 불법 사이트에 웹툰을 업로드하는 유저를 특정, 형사 고소 등을 진행하고 있다.

불법 웹툰 유통 근절을 전담하고 있는 카카오페이지 CFO 황인호 부사장은 "끝없이 양산되는 불법 웹툰 유통으로 창작자들이 받는 고통에 가슴 깊이 공감하며 더는 묵과하지 않고 단호하게 대응하겠다"고 밝혔다.

이어 "대한민국 미래 먹거리 산업으로 K-스토리 산업이 지속적으로 성장할 수 있도록 정부 부처 및 관련 기관에서도 보다 적극적으로 힘을 모아주셨으면 좋겠다. 회사 차원의 대응에도 한계가 있기 때문에 불법 웹툰 유통 근절을 위해서는 기업 및 정부 간의 협업이 필수적이라고 생각한다"고 전했다.

★ 승소한 변호사는 누구?

Lee & Ko 법무법인(유) 광장

박환성 변호사
(27기)

세관에서의 국경 조치, 한국무역위원회에서의 구제 절차, 미국 연방법원과 무역위원회에서 벌어지는 특허 분쟁을 아우르는 다양한 형태의 지식재산권(IP) 분쟁을 전문으로 하고 있다. 전략적인 관점에서 어떻게 기업이 지식재산권 문제에 접근해야 할지 최적의 솔루션을 제공하는 게 강점이다.

이은우 변호사
(33기)

저작권·부정 경쟁 분야를 하다보면 콘텐츠 관련 업계 동향이나 판례 흐름·변화를 볼 수 있는데, 이은우 변호사는 담당 사건에서 향후 기준이 될 수 있는 선례가 되는 판결이 내려질 때 많은 보람을 느낀다고 한다. 상표, 부정 경쟁, 저작권 및 라이선싱 업무를 전문으로 하는 IP 스타로 선정되기도 하고, 2019년엔 최초로 게임 저작권침해 관련 대법원 판결을 이끌어 냈다.

강수정 변호사
(44기)

영업비밀, 상표, 저작권, 특허, 라이선스, 엔터테인먼트 등 지식재산권 소송 및 자문과 다양한 쟁점의 형사 사건들을 다수 수행하고 있다. 특히 기술과 지식재산권, 그리고 형사 쟁점이 복잡하게 얽힌 사건에서 탁월함이 있다고 자평한다. 늘 초심을 갖고 최선을 다하는 자세로 고객의 니즈에 맞는 전략과 자문을 하고 있다.

이 사례의 결정적 법 조항

저작권법 제126조(손해액의 인정)

법원은 손해가 발생한 사실은 인정되나 제125조의 규정에 따른 손해액을 산정하기 어려운 때에는 변론의 취지 및 증거조사의 결과를 참작하여 상당한 손해액을 인정할 수 있다.

"빌라 시세 산정, 사람이 합니까 AI가 합니까" 감평협회 공격에서 스타트업을 지켜라

2021년은 빌라 투자의 원년이라고 부를 정도로 빌라가 부동산 시장의 한 축으로 자리 잡은 해였다. 대출 규제 등 각종 규제가 집중된 아파트 거래가 뚝 끊긴 반면, 비교적 규제에서 자유로운 빌라는 아파트 거래량을 뛰어넘었다.

서울부동산정보광장에 따르면, 2021년 서울 아파트 거래량은 4만 1,713건이었다. 전년 대비 반 토막 수준이다. 반면 2021년 서울 빌라 거래량은 5만6,026건으로 아파트보다 34% 정도 많았다. 규제 때문에 아파트 거래가 막히자 '빌라라도 사자'는 사람이 많아진 것이다.

하지만 전문가들은 빌라 투자는 조심 또 조심해야 한다고 입을 모아 말한다. 가장 큰 이유는 빌라 가격 산정이 쉽지 않다는 것이다. 아파트의 경우 한국감정원이나 KB부동산시세를 통해 비교적 쉽게 가격을 산정할 수 있다. 부동산을 잘 모르는 사람이라도 아파트 가격을 모르거나 잘못 산정해서 손해를 볼 일은 없는 셈이다.

하지만 빌라는 다르다. 빌라는 한국감정원이나 KB부동산시세가 제공되지 않기 때문에 가격 산정이 까다롭다. 가격 산정을 잘못했다가 비싸게 살 수도 있고, 건물이 빠르게 노후화되면서 역전세 문제를 겪을 수도 있다. 역전세는 매매가보다 전세가가 높은 주택을 의미한다.

그런데 이런 빌라 투자의 어려움을 해결해줄 수 있는 서비스가 등장했다. 부동산 스타트업인 '빅밸류'가 개발한 '빌라 시세 자동산정 서비스'다. 2015년에 설립된 빅밸류는 국내 대표적인 프롭테크 기업이다. 프롭테크는 부동산과 기술을 합친 용어로 인공지능, 빅데이터, 블록체인 등 첨단 기술을 결합한 부동산 서비스를 제공하는 회사를 말한다.

빅밸류는 빅데이터와 AI 알고리즘을 이용해 빌라나 다세대주택처럼 객관적인 시세를 매기기 어려운 주택의 시세 정보를 자동으로 산정하는 서비스를 만들었다. 한국감정원이나 KB부동산시세 등에서 제공되지 않는 주택의 시세를 자동으로 산정해 이를 금융기관에 제공하는 방식이다. 50세대 미만 아파트나 연립주택, 다세대주택의 시세와 담보가치를 AI를 통해 산정한다.
빌라나 다세대주택은 시세 산정이 어려워서 주택담보대출 등 금융서비스 사각지대에 있었는데 빅밸류의 서비스가 이런 문제를 해결했다는 평가를 받았다.

금융위원회는 2019년 6월 빅밸류의 '빌라 시세 자동산정 서비스'를 혁신금융서비스에 지정하고 각종 규제로부터 자유롭게 풀어줬다. 혁신금융서비스는 기존 금융서비스의 제공 내용·방식·형태 등 차별성이 인정되는 금융업 또는 이와 관련된 업무를 수행하는 과정에서 제공되는 서비스에 대해 규제 적용 특례를 인정하는 제도다. 한 마디로 정부에서 혁신적인 서비스로 인정하고 규제를 풀어줬다는 의미다.

금융위원회는 빅밸류의 빌라 시세 자동산정 서비스에 대해 "실거래가 빅데이터에 기반한 시세 적용으로 부동산 가격 투명성을 제고하고 객관적·과학적인 데이터 분석 자료를 기반으로 소비자 편익이 향상될 수 있는 다양한 상품개발에도 활용이 가능할 것으로 기대한다"고 밝히기도 했다.

밥 그릇을 지켜라! 감정평가사협회의 반격

정부가 나서서 혁신적인 서비스라며 규제까지 풀어줬지만 정작 더 큰 문제는 따로 있었다. 감정평가사협회가 2020년 5월 빅밸류를 서울중앙지검에 고발한 것이다. 혐의는 감정평가 및 감정평가사에 관한 법률감평법 위반이었다.

감정평가사협회는 빅밸류의 '빌라 시세 자동산정 서비스'가 무자격자에 의한 감정평가에 해당한다고 주장했다. 감평법에 따르면 감정평가는 국토교통부장관에게 신고를 한 감정평가사 또는 인가를 받은 감정평가법인만 할 수 있다.

빅밸류와 빅밸류 대표이사가 감정평가사나 감정평가법인이 아닌데도 빌라 시세를 산정하는 건 유사감정행위로 법 위반이라고 주장한 것이다.

하지만 빅밸류는 기존 통계와 빅데이터를 이용해 담보가치를 자동으로 평가해주는 서비스이기 때문에 감정평가 행위로 볼 수 없다고 맞섰다. 빅밸류 입장에서는 몇 년에 걸쳐 개발한 핵심 서비스가 위법으로 결정이 나면 사업 자체를 포기해야 하는 상황이었다.
시리즈A 수준의 초기 투자를 받은 스타트업인 빅밸류에게는 사활이 걸린 문제였다. 이때 빅밸류를 도운 곳이 법무법인 세움이다.

세움은 빅밸류가 빌라 시세 자동산정 서비스를 개발하는 단계부터 법률 자문으로 참여했다. 세움은 여러 분야를 두루하는 대형 로펌과 달리 스타트업·IT 분야에 집중하는 부티크 로펌이다. 스타트업이나 IT 기업의 투자 및 자문, 대기업의 스타트업 투자 자문이 주된 업무였다. 빅밸류도 세움이 법률 자문을 맡은 고객사 중 하나였다.

세움의 이병일 변호사는 빌라 시세 자동산정 서비스를 만들 때부터 감정평가사협회의 공격을 예상했다고 밝혔다. 금융위원회에 혁신금융서비스를 신청했을 때도 감정평가사협회가 감평법 위반 소지가 있다고 주장하면서 심사가 보류되는 일이 있었기 때문이다.
세움은 그때도 법 위반 문제가 없다는 법률 검토 의견서를 썼고, 감정평가 주무 부서인 국토교통부가 이를 받아들이면서 빅밸류가 혁신금융서비스를 받을 수 있었다.

이 변호사는 전문직 협회가 스타트업의 사업 진출을 막기 위해 지연 전략을 펼쳤다고 분석했다.

"감정평가사협회는 이익단체이기 때문에 회원들의 이익을 보호하기 위해 고발이라는 액션을 취할 수밖에 없었다고 본다. 동시에 자신들이 유리하지 않다고 하더라도 빅밸류 사업을 지연하기 위해 시간을 끌기 위한 목적도 있었다고 생각한다"고 설명했다.

사람의 판단이 들어갔는지가 핵심

서울중앙지검에 접수된 고발 사건은 서초경찰서로 넘겨졌다. 세움도 이때부터 본격적으로 빅밸류를 대신해 경찰 수사에 대응하기 시작했다. 서너 차례에 걸쳐서 고발인과 피고발인의 대질 신문이 이어졌다.

세움이 세운 전략은 빅밸류의 서비스가 감평법상 대상 자체가 아니라는 걸 입증하는 것이었다. 이 변호사는 "감정평가는 의뢰를 받아야 성립하는데 빅밸류의 빌라 시세 자동산정 서비스는 의뢰를 받지 않고 데이터를 먼저 만든 다음에 은행이나 금융기관에 데이터를 제공하는 식으로 서비스가 이뤄진다. 감정평가와는 다른 방식으로 이뤄지기 때문에 감평법상 대상이 아니라고 주장했다"고 말했다.

빅밸류 서비스는 AI 알고리즘으로 시세를 자동으로 산정한다는 것도 감정평가사협회의 공격을 막는 중요한 방어 논리였다. 감평법은 감정평가 행위를 감정평가업자, 즉 사람이 수행하는 것으로 규정하고 있다.

바꿔서 말하면 사람이 아닌 AI가 정해진 알고리즘에 따라 자동으로 시세를 산정하는 것은 감평법상 감정평가 행위가 아니라는 뜻이다.

세움의 이현섭 변호사는 "빅밸류의 서비스는 사람의 판단이 개입하지 않고 오로지 빅데이터를 기반으로 시세가 자동산정된다는 걸 입증하는 데 주력했다. 일반적인 감정평가 행위는 사람이 수행하기 때문에 감정평가업자가 누구냐에 따라 같은 토지나 건물에 대해서도 평가액이 달라질 수 있는데, 빅밸류는 항상 결과가 같다는 걸 보여줬고 감평법상 감정평가와는 다른 서비스라는 걸 입증했다"고 말했다.

감정평가사협회는 AI 알고리즘도 결국 사람이 만들기 때문에 사람의 행위로 볼 수 있다고 반박했지만, 세움의 논리가 더 탄탄했다. 결국 서초경찰서는 2021년 5월 빅밸류에 대해 '혐의 없음' 결정을 내렸다. 세움의 도움 덕분에 정식 재판까지 가지 않고 경찰 조사 단계에서 법적 분쟁이 마무리된 것이다.

이현섭 변호사는 "죄형법정주의에 근거해 범죄혐의가 명백히 소명되지 않는다면 피고발인에게 유리한 법적 판단이 내려지는 게 당연하다"고 설명했다.

스타트업을 지켜라

세움과 빅밸류의 승리는 최근 잇따르는 전문직 협회와 스타트업의 갈

등에서 중요한 분기점이 됐다는 평가를 받았다. 로톡과 대한변호사협회, 강남언니와 대한의사협회, 자비스앤빌런즈와 한국세무사고시회 등 전문직 협회와 스타트업의 갈등은 분야를 가리지 않고 계속되고 있다. 전문직 협회는 스타트업이 자신들의 영역을 침범한다며 법적 분쟁을 제기하고 사업을 막으려 하고 있다.

하지만 세움이 빅밸류를 대리해 감정평가사협회의 공격을 방어해낸 이후 스타트업이 전문직 협회와의 법적 분쟁에서 우위에 서는 경우가 많아지고 있다. 변호사 단체인 직역수호변호사단이 법률 플랫폼 '로톡'을 운영하는 로앤컴퍼니를 변호사법 및 개인정보보호법 위반 혐의로 고발한 사건도 2021년 12월 '혐의 없음' 결정이 내려졌다.

이병일 변호사는 "정보나 지식을 독점하고 접근성을 제한하는 방식으로 전문가 집단이 추가적인 이익을 얻는 건 더 이상 유효하지 않다고 생각한다"며 "이런 벽을 허물고 독점을 푸는 새로운 산업을 기존의 법률로 막는 건 유효하지 않은 것 같다"고 말했다.
이 변호사는 "전문가 집단은 머신러닝(인간의 학습 능력과 같은 기능을 컴퓨터에서 실현하고자 하는 기술) 같은 새로운 기술이 대체할 수 없는 판단의 영역에서 가치를 창출해야 할 것 같다"고 설명했다.

세움이 스타트업의 동반자 역할을 할 수 있었던 건 자신들도 변호사업계의 '스타트업' 같은 위치였기 때문에 가능한 일이었다. 세움은 1세대 '부티크 로펌'으로 불린다. 부티크 로펌은 규모는 작지만 특정 분야에 전문성을 가지는 로펌을 일컫는 말이다. 2012년 설립돼 역사는 10년에 불과하지만 이공계 출신 변호사가 두루 포진한 덕분에 IT나 스타트업 분야에서 대형 로펌 못지 않은 전문성을 보이고 있다.

빅밸류에 대한 감정평가사협회의 고발을 무사히 방어한 것뿐만 아니라 당근마켓, 퓨리오사 AI, 직방, 오늘회, 해시드 같이 주목받는 스타트업의 투자 자문을 모두 세움이 담당했다. 코인데스크코리아가 '이세돌 9단과 알파고 제4대국'의 대체 불가능한 토큰NFT을 발행할 때도 법률 자문으로 참여했고 블록체인, NFT 등 복잡한 테크 이슈에 적극적으로 대응하고 있다.

★ 승소한 변호사는 누구?

SEUM

법 무 법 인 세 움

이병일 변호사
(35기)

주로 스타트업을 포함한 IT 기업 혹은 일반 제조업의 지식재산권 분쟁, 경영권, 인사 및 노무 등 기업 관련 민·형사 송무 등을 수행하고 있다. 태평양을 나와 2012년 세종에서 근무하던 정호석 변호사와 함께 세움을 설립했다. 10년째 모든 소송을 총괄하고 있고, 스타트업을 포함한 중소·중견 기업의 크고 작은 분쟁을 해결하는 데 앞장서고 있다.

이현섭 변호사
(변시 1회)

법무법인 세움의 파트너 변호사로, 주로 스타트업을 포함한 IT 기업의 분쟁 자문, 운영 자문, 민·형사 송무 등의 업무를 수행하고 있다. 이른바 '공대 나온 변호사'로, 서울과학고와 KAIST를 거쳐서 변호사가 됐다. 이현섭 변호사의 모토는 '법만 아는 변호사'가 되기보다 '기술과 산업을 모두 이해하는 변호사'가 되는 것이다.

이 사례의 결정적 법 조항

감정평가 및 감정평가사에 관한 법률 제2조(정의)

이 법에서 사용하는 용어의 뜻은 다음과 같다.

2. "감정평가"란 토지 등의 경제적 가치를 판정하여 그 결과를 가액價額으로 표시하는 것을 말한다.
3. "감정평가업"이란 타인의 의뢰에 따라 일정한 보수를 받고 토지 등의 감정평가를 업業으로 행하는 것을 말한다.

감정평가 및 감정평가사에 관한 법률 제49조(벌칙)

다음 각 호의 어느 하나에 해당하는 자는 3년 이하의 징역 또는 3천만원 이하의 벌금에 처한다.

2. 감정평가법인 등이 아닌 자로서 감정평가업을 한 자

K-게임, 원천 기술 탈취해 간 외국기업으로부터 우리 기업을 지키는 방법

인공지능AI, 빅데이터, 로봇, 블록체인 등을 주축으로 한 '4차 산업혁명'이라는 거대한 흐름에서 기업의 원천 기술 확보에 대한 중요성은 날로 더해지고 있다. 특히 비즈니스의 영역이 국경을 넘어 전 세계로 확대되면서 분쟁이나 다툼도 증가하고 있는 추세다.

원천 기술을 개발하는 것도 중요하지만 그 자체를 법률적으로 '지키는 것'에 대한 기업들의 고민도 깊어지는 상황이다. 국가와 국가, 기업과 기업 간 소송이 늘면서 원천 기술을 보유한 기업이 오히려 소유권을 의심받아 로열티 지급을 거부당하거나 또는 기술을 뺏기는 상황이 펼쳐지고 있다.

지우링을 상대로 한 '라이선스 계약 위반 및 로열티 미지급 중재 사건' 이야말로 이러한 '적반하장'의 대표적 사례다.
위메이드가 개발한 미르의전설2는 2000년대 초부터 중국 온라인게임 시장에서 동양적인 색채와 스토리, 단단한 밸런싱으로 수십 년간 선풍적인 인기를 끌었다.
그러자 중국 게임 개발자들이 이를 바탕으로 한 게임들을 연이어 출시했는데, 이를 중국 현지 게이머들에게 불법으로 판매했다. 또 위메이드에게 정당한 로열티를 지불하는 것을 거부하면서 크고 작은 소송들이 계속됐다.

이 과정에서 위메이드는 중국 내 게임개발업체인 지우링과 미르의 전설2의 HTML 버전인 '추안치라이러(전기래료)'의 중국 내 서비스를 허용하는 대가로 라이선스 계약을 체결했다.
그런데 지우링은 게임 출시 후 매출의 상당부분을 조작·축소해 보고했고, 급기야는 위메이드의 권리 자체를 부정하면서 실시료 지급을 거부했다.

이에 위메이드는 2018년 6월, 싱가포르 국제상공회의소ICC에 중재를 제기했다.
국제중재는 양측이 상호 합의 하에 소송을 하지 않고, 제3자를 통해 분쟁을 해결하는 대체적 수단이다. 소송과 달리 단심제로 이뤄지고 비공개 절차로 진행할 수 있는 등 효율적이고 신속한 분쟁 해결이 가능해 기업들이 선호한다. 중재에서 판정이 내려지면 법원의 판결문과 동등한 효력 및 강제력이 발생한다.

국제중재 전문성으로 中 지우링 무릎 꿇린 김앤장

위메이드 측 대리를 맡은 김앤장법률사무소는 중재판정부에 '지우링이 매출을 축소했다는 사실을 어떻게 입증할지'부터 고민했다. 게임개발회사인 지우링도 매출 장부를 온라인 형태로만 관리하고 있었다. '데이터 조작'이 너무나 의심되는 상황이었지만, 위메이드 입장에서 이를 증명할 길이 없었다.

오프라인 매장이 있다면 조사를 통해 증거 확보를 하면 되는데 실제 매장도 없는 상황이었다. 또 지우링 서버가 중국에 있다 보니 법 집행 당국으로부터 위메이드에 유리한 자료를 확보한다는 것은 거의 불가능에 가까웠다. 심증은 있지만 물증 확보가 쉽지 않았다.

실제 최근 IT기업들 간 거래가 급증하면서 이러한 위험에 노출될 확률은 매우 높은 상황이다. 기업들의 매출 자료는 온라인 플랫폼을 통해 수집되고, 고객사에 보고할 때도 굳이 이를 문서로 출력하지 않는다. 온라인상에서 실시간 매출을 공유하는 것이 통상적이고 편리한 거래방식이 된 셈이다.

따라서 상대방이 거래 편의성을 악용해 온라인 데이터를 조작하거나 매출을 낮게 보고하는 경우가 발생하면 한 마디로 '당할 수밖에' 없다. 조작 사실을 입증해 실제 매출액을 기준으로 손해배상을 받는 것은 지극히 어려운 일이다.

통상 그러한 기업들은 온라인 서버의 접근 권한이 제한돼 있고, 서버 위치가 외국에 있다. 설사 서버에 접속한다 하더라도 특정 정보, 사양, 환경의 설비가 요구되기 때문에 법원 집행이 곤란한 경우가 많다.
이에 김앤장은 중재판정부의 '증거조사권'에 승부를 걸었다. 김앤장은 당사자들 간 계약상 '감사 권리' 행사가 아니라, 중재 절차에서 중재인이 일반적인 증거 수집 권한을 갖는다는 점에 착안했다.

통상 대륙법계 국가는 증거를 갖고 입증해야만 승소가 가능(증거가 부족하면 승산이 낮은 편)하지만, 영미계 국가는 '디스커버리 제도'를 통해 상대방에 불리한 증거라 해도 법원이 후견적으로 증거 절차를 허용해 준다. 이와 달리, 국제중재는 증거 관련 절차를 '절충형'으로 운영한다는 점에서 합리적인 의심 가능성이 있으면 얼마든지 '유리한(상대측엔 불리한) 문서'를 받아 볼 수 있다.

박은영 김앤장 국제중재·소송그룹 공동 팀장은 "계약서상 상대측 정보나 매출 자료가 제대로 제공되지 않으면 위메이드 측이 감사audit를 할 수 있다는 권한이 적시돼 있었다"면서 "지우링이 매출 자료를 주지 않으면 피해를 확인할 수 없으니 '증거조사권'을 발동해 증거를 개시해야 한다고 재판부에 요청했다"고 설명했다.

김앤장은 중재판정부의 권리발동 근거로 상대방이 데이터를 조작하였다는 합리적 의심을 할 수 있는 모든 정황을 상세히 제시했다. 그 결과 중재판정부는 이를 받아들여 증거 수집을 위한 명령을 발동했다.

이에 어쩔 수 없이 지우링은 매출 자료와 소스코드를 제출했다.
이렇게 매출 자료까지 받아냈지만, 정작 분석을 할 전문가가 없다는 게 문제였다. 김앤장은 해당 서버와 자료를 분석할 전문가를 수소문했지만, '하늘의 별 따기'와 같다는 답변만 받았다.
김혜성 김앤장 변호사는 "상대측이 중국에서 유명한 개발자로 통했던 만큼 문서 조작의 정도가 심각했다. '중국 게임 개발업체 서버 조작 사실을 밝혀달라'고 무수히 많은 곳에 알아봤지만 결국 전문가를 구할 수 없었다"고 했다.

그때 김 변호사의 머릿속에 떠오른 사람들이 있었다. 바로 위메이드 개발팀이었다. 업계에서 실력 있는 개발자들이 모여 있다는 것을 그 누구보다도 잘 알고 있었기 때문이다.
이에 김앤장 국제중재팀 변호사들과 개발자 5명은 매출과 소스코드 분석을 직접 하기로 결정했다. 정상적인 소스코드 형태와 지우링 측이 제출한 것이 얼마나 다른지, 코딩 기호 등을 수차례에 걸쳐 하나하나 비교·분석한 끝에 조작됐다는 사실을 알아냈다.

김 변호사는 "위메이드 개발자들과의 협공으로 결국 매출과 소스코드 등이 조작됐다는 사실을 밝혀냈다"면서 "국제중재 절차에 대한 이해도가 높은 법률 전문가들과 위메이드의 컴퓨터 프로그램 전문가들의 통합적·화학적 결합이 있었기에 가능했던 일"이라고 평가했다.

이제 중재판정부를 설득하는 것은 김앤장의 몫이었다. 김앤장은 상대방이 일부 제출하지 않은 매출 자료와 소스코드에 대해 '상세 검증 프로토콜'에도 불구, 제출 요청에 응하지 않았다는 점을 강조하면서 '불리한 추정adverse inference' 원칙에 따라야 한다고 강조했다.

중재판정부는 이를 수용, 위메이드 측에 불리한 사실이 인정돼야 한다고 판단했다.

특히 김앤장은 지우링 측이 자료 자체를 주지 않은 것도 위반이지만, 국제중재 절차 진행 과정에서 재판부의 명령에 어긋난 '조작된 증거'를 내는 것은 중재 절차 자체를 무시한 것이라고 설파했다. 즉 지우링 측이 중재법정의 권위를 완전히 무시했다고 피력한 셈이다.

결국 위메이드는 2020년 3월 27일 싱가포르 ICC로부터 지우링이 위메이드에게 계약 불이행에 따른 배상금 계약 불이행에 따른 이자 비용 포함, 배상금 약 4억8,000만 위안(한화 약 825억원)을 지급하라는 판정을 받았다. 이는 지우링이 제출한 매출 데이터의 3배에 달하는 보상액이다.

또 중재 기일이 진행된 2019년 11월 12일 이후에도 배상금 지급시점까지 5.33%의 이자를 지급하고, 변호사비용과 소송비용의 75%도 상대방이 부담하라고 했다.

한편 지우링 측은 재판 진행 과정에서 자국 내 경쟁업체인 셩취게임

즈전 샨다게임즈와 소송이 진행 중인 상황을 감안해 위메이드와 당초 '진정성 있는' 계약을 맺었지만, 실제 (원천 기술) 권리자는 샨다라는 점에서 위메이드가 자신을 속였다고 반박했다.

이를 탄핵하기 위해 김앤장은 이들의 카톡과 위챗을 통한 대화 목록 2년치를 확보하고, 증인 진술을 통해 보강하는 등의 노력도 기울였다. 김 변호사는 "한마디로 더 큰 싸움을 끌고 들어와 본질을 해치는 '연막작전'을 펼쳤다"면서 "이들 사업이 예상을 뛰어넘어 크게 성공하면서 태도가 바뀐 것으로 보고 그에 맞게 방어했다"고 했다.

김앤장 국제중재팀은 위메이드의 개발팀과 긴밀한 협력을 통해 여러 단계에 걸쳐서 접근이 불가능한 상대방 영역에 있는 온라인 데이터와 소스코드의 조작 사실을 밝혀냈다. 그 결과, 지우링이 제출한 데이터에 따른 매출의 3배에 달하는 추정 매출액을 손배해상의 근거로 인정받는데 성공했다.

김앤장은 향후 이와 비슷한 '원천 기술, 라이센스 계약 위반' 관련 사례들이 더 많아질 것으로 전망했다.
박 변호사는 "원천 기술은 우리가 만들었지만 글로벌 비즈니스 과정에서 피해를 입지 않으려면 '법적 보호'가 확보돼야 한다. 지금까지 기업들은 '법률분쟁 관련 비용'은 줄여야 할 대상으로 봤다. 하지만 오히려 자신의 근본적 권리를 지킬 수 있는, 필수적인 울타리로 인식해야 한다"고 밝혔다.

그러면서 "특히 중재 절차의 장점을 십분 활용한 '중재 수행 기술'은 향후 4차 산업혁명 시대에 증가할 온라인 기술거래 중 거래의 편의성을 악용한 데이터 조작이나 권리침해가 발생할 때, 입증이 곤란한 사건에서 절차적 권리를 활용해 권리구제를 받을 수 있는 방안으로 고려할 수 있다"고 강조했다.

한편 위메이드는 중재 과정에서 문서 제출 절차를 진행하면서 지우링이 출시한 미르의 전설 2의 다른 HTML5 버전 게임인 용성전가에 대한 매출 자료도 확보했다. 이를 토대로 대한상사중재원KCAB International 중재를 새로 제기해 지우링으로부터 2,946억원을 추가로 지급받으라는 판정을 받았다.

위메이드 장현국 대표는 "중국 주요 게임 회사의 미르 IP 권리를 침해하는 불법행위나, 계약 위반 행위에 대해서는 예외 없이 책임을 물을 계획"이라며 "판결 받은 손해배상금은 강제집행, 민사 소송, 형사 고발 등 가능한 모든 방법을 강구해 끝까지 받아내겠다"라고 밝혔다.

이처럼 소송 관련 긍정적 전망들이 하나씩 현실로 이뤄지면서 증권가 역시 위메이드 기업가치를 올려잡고 있다. 위메이드 밸류는 2020년 6,250억원을 달성, 이 가운데 전기(미르) IP 전체 가치는 1조1,300억원으로 평가됐다. 여기에 80% 수준의 할인율이 적용된 회사 측 보유 IP 가치는 2,260억원이다.

이 사례의 결정적 법 조항

KIM & CHANG

박은영 변호사
(20기)

김앤장의 국제중재·해외소송 그룹을 이끌고 있다. 런던과 싱가포르, 서울을 잇는 축을 활용해 한국을 국제중재 허브로 만드는 원대한 꿈을 갖고 있다. 한국인 최초로 런던 국제중재법원 상임 위원과 부원장을 역임했고, 세계적인 중재 전문지 유로머니에 아태지역 국제중재 분야 '분쟁 해결 스타'로 이름을 올리기도 했다.

조엘리차드슨
(외국변호사)

2006년부터 김앤장에서 국제중재 변호사로 활동하고 있다. 그 전엔 미국 일리노이주 연방지방법원 사법 보좌관을 거쳐 글로벌 로펌인 아놀드 앤 포터(Arnold&Porter)에서 근무했다. 위메이드 사건에서 한국 당사자를 대리해 3일에 걸친 장시간의 구두 변론을 진행했고, 그 결과 중재 판정부를 설득하는 데 성공했다.

김혜성 변호사
(39기)

2010년부터 김앤장에서 근무하면서 국제중재팀에서 활동하고 있다. 최근에는 보험, 기술, 공정거래, ESG 등 새롭게 떠오르는 중재 분야에서 열심히 뛰고 있다. 위메이드 사건에서는 중재 판정부의 증거 채택 권한에 착안해 한국 당사자의 입장을 설득하는 데 주력했다. 위메이드 개발자들과 함께 '증거 수집'을 직접 하기도 했다.

이 사례의 결정적 법 조항

싱가포르 국제중재법 12장

중재판정부는 당사자에게 아래와 같은 명령을 내릴 권한이 있다.
(e) 분쟁의 대상 또는 그 일부를 이루는 자산에 대한 샘플 채취, 관찰, 실험 수행

국제상업회의소(ICC)의 중재 규칙 제25조(사안의 사실관계 확정)

제4항 절차의 어느 단계에서나 중재판정부는 당사자로 하여금 추가 증거를 제출하도록 소환할 수 있다.

해외 스타 이름 딴 그 상표명 우리 동네에서 봤는데…

젤 레졸루션 7 노박GEL-RESOLUTION 7 NOVAK, 코트 에프에프 노박COURT FF NOVAK. 테니스 애호가라면 한 번쯤은 들어봤을 듯한 이 상표명은 글로벌 스포츠 브랜드 아식스코리아아식스가 2018년 3월 출시한 남성용 '노박 테니스화' 시리즈다. 2019년 US오픈 때 노박 조코비치가 직접 젤 레솔루션 시리즈를 신어 화제가 됐고, 아식스 역시 노박의 활동적인 느낌을 담아 상품을 적극 홍보했다.

그런데 NOVAK과 동일한 명칭의 운동화 상표권을 보유한 A씨가 나타났다. 그는 2011년 3월, 이미 NOVAK이라는 상표명에 대한 출원을 마친 상태였다. 상표권자이자 스포츠 용품 제조판매업자인 A씨는 2019년 8월 아식스사를 상대로 "NOVAK 표시 사용은 (자신의) 상표권 침해"라며 손해배상청구 소송을 제기했다.

이처럼 타인의 등록상표와 유사한 표장을 이용한 경우, 상표권 침해에 해당될까 안 될까.

상표권 침해로 피소
'아식스 노박 테니스화' 방어한 김앤장법률사무소

김앤장법률사무소김앤장는 주식회사 아식스를 대리해 A씨의 침해소송방어에 성공하였다. 타인의 상표권과 유사한 상표를 사용하더라도 단지 유명인과의 협업계약에 따른 설명적 문구로서의 사용이라면 침해가 될 수 없다는 판결을 처음으로 이끌어낸 것이다.

'상표권 침해'가 성립되려면 상표의 사용자가 출처 표시로서 해당 상표를 사용해야 한다. 출처 표시는 상표를 봤을 때 '이게 어디 제품이구나'라고 인지하는 것을 뜻한다.

그렇다면 실제 출처 표시로서 사용되고 있는지 여부를 따지려면 단순히 상표가 유사하거나 동일하다는 외양만 봐서는 안 된다. 표장과 상품과의 관계, 해당 표장의 사용 태양(상품 등에 표시된 위치나 크기 등), 상표의 주지, 저명성, 사용자 의도와 사용 경위 등을 종합적으로 고려해 실질적으로 판단해야 한다.

이 사건에서의 핵심 쟁점은 NOVAK 표시가 출처 표시가 아닌 설명적 표시로서 인정될지 여부였다. 기존 상표권 침해소송에서는 '상표로서의 사용이 아니라고 인정된' 사례가 많지 않았기 때문이다.

특히 '유명인과의 협업계약에 따른 유명인 성명의 사용이 상표적 사용인지 여부'에 관해 국내외에서 선례를 찾기 힘든 상황에서, 아식스사가 NOVAK 표시를 오직 노박 조코비치 선수와의 협업에 의한 리미티드 에디션 제품임을 가리키기 위한 설명적 문구로서 사용하였다는 점을 증명해야 했다.

이에 김앤장은 해당 제품의 실제 '사용 태양'과 관련된 구체적인 증거 자료를 모으기 시작했다. 단순히 NOVAK이라는 이름만 사용한 것이 아니라, 실질적인 상품 홍보 과정이 노박 조코비치 선수와의 협약 하에 이뤄졌고, 소비자들에게도 이 점을 적극 알렸다는 점을 강조하기 위해서였다.

구체적으로는 노박 조코비치 선수와 아식스 간 맺은 협업계약서, 그 무렵 배포된 기사 등을 모았다. 아식스가 당시 오프라인 매장과 인스타그램 등 온라인에서 해당 제품을 홍보한 자료도 최대한 수집했다. 또 나이키 등 다른 제품을 예로 들며, 아식스가 조코비치 선수와 맺은 계약이 스포츠용품 업계 거래 관행상 글로벌 스포츠 스타들과 일반적으로 이뤄지는 계약 행태라는 점을 부각했다.
이번 사건을 맡은 박민정 변호사는 "매장에 노박 선수 사진이 크게 걸려있는 모습 등 증거를 통해 소비자들이 딱 봤을 때 '아 노박 조코비치 선수 이름 걸고 하는구나'를 알아볼 수 있었다는 점을 강조했다"고 말했다.
그러면서 "해당 상표를 아식스가 출처 표시로 사용하지 않고 상호 간 협업 하에 이뤄진 마케팅 차원의 일환이었다는 우리 측 주장을 1심 재판부가 받아들였다"고 덧붙였다.

1심 재판부는 "아식스사 제품명에 포함된 NOVAK은 유명 스포츠 선수들이 스포츠용품 업체들과 협업계약 등으로 그 선수들의 이름을 사용할 수 있도록 하는 마케팅 방식의 일환으로 보일 뿐, 아식스사 제품의 출처 표시를 위한 것이 아니라고 판단된다"고 밝혀 아식스의 손을 들어주었다.

반면 항소심은 만만치 않았다. A씨는 1심 판결에 불복해 특허법원에 항소했다. A씨 측은 "1심 판단대로라면 특정 상품과 동일한 이름을 가진 사람과 협업계약을 체결하기만 한다면 그 어떤 상표도 상표권 침해 가능성을 회피할 수 있게 되는 것이냐"라며 "대기업이기만 하면 아무나 유명한 사람의 이름을 가져다 써도 되냐"고 따졌다.

이에 김앤장은 2심에서도 추가적인 증거자료와 참고자료의 제출을 통해 원고의 침해 주장을 더 강하게 반박했다. 우선 '상표적 사용이 아니다'라고 판단된 거의 모든 선례들을 제출했다. 또 각 선례들의 사안과 이 사건의 구체적 대비를 통해 이 사건의 사용 역시, 상표적 사용이 아니라는 점을 논리적으로 치밀하게 입증했다.

이른바 대장금 헬로키티 사건과 EBS 교재 사건이 대표적이다. 헬로키티 사건은 국내에서 헬로키티 캐릭터를 상품화할 수 있는 독점권을 부여받은 회사가 자신이 운영하는 홈페이지에 헬로키티 캐릭터가 부착·표시된 상품의 이미지 바로 아래에 있는 상품 이름 앞에 대장금, 주몽이라는 표장을 표시한 사건이다.
등록상표인 대장금과 주몽의 상표권자인 방송사 등의 상표권을 침해하는 행위에 해당하는지 문제가 됐는데, 대법은 해당 표장이 "상표로서 사용됐다고 볼 수 없다"고 봤다. 부착된 표식은 '대장금', '주몽'을 형상화한 것임을 안내·설명하기 위한 것일 뿐 상품의 식별표지로서 사용됐다고 볼 수는 없다고 판단한 셈이다.

EBS 교재 사건은 학원 교재에 EBS 상표를 임의로 부착한 것에 대해 대법이 "전체적으로 교재의 출처가 학원으로 인식된다면 학원 교재에 EBS 표시를 한다고 해도 상표법 위반에 해당하지 않는다"고 판단한 사건이다.

두 사건 모두 해당 표장이 상표로서 사용됐다고 볼 수 없고, 이에 따라 출처표시로 사용됐다고 볼 수 없는 사례들이다.

아식스의 여러 광고물을 제출하면서 제품명이 GEL-RESOLUTION™ NOVAK, COURT FF™ NOVAK과 같이 NOVAK 이외의 부분에만 TM(Trade Mark의 약자)표시를 기재하고 NOVAK 부분에는 TM 표시를 하지 않았다는 점을 근거로 들었다. 또 사용 출처표시는 NOVAK이 아닌 GEL-RESOLUTION, COURT FF 라는 점도 강하게 주장했다.
김앤장은 또한 아식스 제품에 사용된 NOVAK 부분을 노박 조코비치 선수를 지칭하는 관념 내지 명칭으로서 사용하고 있는 국내 수요자들의 인식을 보여주는 블로그 게시글, 댓글, 기사 등을 최대한 수집해 제출했다. 실제 소비자들이 노박 조코비치 선수와의 협업에 의한 제품이라는 것을 인지하고 있었다는 사실을 입증하기 위해서다.

설사 아식스가 사용한 NOVAK이 출처표시로서 인식된다고 하더라도 원고 등록상표와 오인·혼동의 우려가 없다는 점을 구체적으로 증명하였다. 즉 김앤장은 무엇보다 소비자들이 NOVAK 테니스화를 A씨 측 제품이라고 생각하지 않는다는 점을 피력한 셈이다.

박 변호사는 "당시 아식스 뿐만 아니라 아디다스도 노박 선수와의 협업 제품을 홍보하고 있었다. A씨 측 주장대로라면 NOVAK이라는 동일한 상표에 따라 혼동이 돼야 하는데, 실제 소비자들은 너무나 확연하게 '이건 아디다스 운동화, 이건 아식스 운동화'를 구분하고 있었다"고 말했다.

결국 항소심 재판부도 "보통 운동화가 아니라 테니스화를 구매하려는 수요자라면 NOVAK이라는 표시에서 당연히 노박 조코비치를 떠올릴 것으로 보이는 점 등 여러 사정을 종합하면 상품 출처에 관해 오인·혼동을 일으킬 우려가 있다고 볼 수 없다"고 판시했다.
A씨는 항소심 판결에 대해 대법원에 상고했지만 상고 기각돼 원심판결이 확정됐다. A씨는 기간 내 상고이유서를 제출하지 않아 사실상 상고를 포기했다.

박 변호사는 "우리나라에 굉장히 많은 부정경쟁법 상표사건이 있지만 '상표로 사용되지 않았다' '상표적 사용이 아니다'라고 판례로 인정된

케이스가 손에 꼽힐 정도로 매우 적다. 특히 유명인과의 협업 계약 하에 사용된 상표가 과연 상표적 사용인지 아닌지 판단한 사례는 거의 없다. 영미계통 뿐만 아니라 일본 측 판례도 거의 없다"고 말했다.

그는 "글로벌 기업의 경우 유명인과 계약 시 말 그대로 전 세계에 걸쳐 계약한다. 즉, 특정 국가의 어떤 상표가 있고 그것이 동일한지 등을 일일이 검색하고 계약하지 않는다"라고 말했다.

그러면서 "이러한 '상표권 리스크'가 늘 있기 마련인데 이번 판결로 인해 상표권 침해 판단에 대한 기준을 다시 한번 확인했다는 점에서 기업 입장에서 관련 리스크가 상당히 줄었다고 봐야 한다"고 의의를 부여했다.

★ 승소한 변호사는 누구?

KIM & CHANG

박민정 변호사
(29기)

특허법원 판사로 지내다 현재 상표·특허 등 지식재산 사건을 담당하고 있다. 법원에서 일한 실무 경험과 '특유의 꼼꼼함'이 강점이다. 그룹 H.O.T의 전 매니저가 상표 등록을 먼저 해놓고 뒤늦게 멤버들 상대로 침해를 주장한 사건에서 무효를 이끈 바 있다. "보톡스 상표가 보통명칭화 됐다"라는 주장을 방어해 '보톡스 상표'를 지켜내기도 했다.

이 사례의 결정적 법 조항

상표법 제2조(정의)

① 이 법에서 사용하는 용어의 뜻은 다음과 같다.

1. "상표"란 자기의 상품과 타인의 상품을 식별하기 위하여 사용하는 표장을 말한다.
2. "표장"이란 기호, 문자, 도형, 소리, 냄새, 입체적 형상, 홀로그램·동작 또는 색채 등으로서 그 구성이나 표현 방식에 상관없이 상품의 출처를 나타내기 위하여 사용하는 모든 표시를 말한다.

상표법 제108조(침해로 보는 행위)

① 다음 각 호의 어느 하나에 해당하는 행위는 상표권 또는 전용사용권을 침해한 것으로 본다.

1. 타인의 등록상표와 동일한 상표를 그 지정상품과 유사한 상품에 사용하거나 타인의 등록상표와 유사한 상표를 그 지정상품과 동일·유사한 상품에 사용하는 행위

상표법 제109조(손해배상의 청구)

상표권자 또는 전용사용권자는 자기의 상표권 또는 전용사용권을 고의 또는 과실로 침해한 자에 대하여 그 침해에 의하여 자기가 받은 손해의 배상을 청구할 수 있다.

Chapter 2

- 시각장애인도 편하게 온라인 쇼핑하게 해주세요
- 괴롭힘 시달리던 현대차 내부고발자, 미국에서 280억대 포상금 받기까지
- 연예인 '마유크림 사기' 사건 뒤집기 한판
- "광역버스 휠체어 전용석 확장하라" 대법원이 장애인 이동권에 손든 이유
- "변심한 거 아냐?" 부당계약이라며 '역공' '적반하장 소송'에 대처하는 방법
- "고액 연봉자도 근로자인데요" 밀린 퇴직금 받아내는 노하우
- 대한항공 · 아시아나 초대형 항공사 탄생, 그 뒤엔 '한진의 눈물' 있었다
- 영국 세법 개정안 위기에서 탈출한 대한해운
- 고정 시간 외 수당은 통상임금? 이건희 '프랑크프루트 선언' 변수로 떠올라
- '초단타' 매매계약 거래 현장, 상호 간 약속 어떻게 증명할까?

누구에게나
필요한 권리

시각장애인도 편하게 온라인쇼핑하게 해주세요

요즘은 스마트폰만 있다면 언제 어디서나 원하는 상품을 살 수 있다. 온라인 쇼핑몰에 들어가 클릭 몇 번이면 된다. 어제 고른 상품이 오늘 집에 도착하기도 한다. 매장보다 상품의 가짓수도 다양해 소비자 입장에선 당연히 이득이다. 여기에 코로나19로 비대면 문화가 확산하면서 온라인 쇼핑은 이제 삶의 일부가 됐다.

그러나 일부 소비자는 이에 동의하지 않는다. 오히려 온라인 쇼핑몰이 불편하다며 소송을 내기도 했다. 바로 시각장애인들이다. 시각장애인에게 온라인 쇼핑은 거의 불가능하다. 온라인 쇼핑몰에 올라온 상품의 사진과 정보 대부분이 이미지 파일이기 때문이다. 온라인 쇼핑몰에서 뭘 파는지 볼 수 없으니 원하는 걸 고를 수도, 살 수도 없는 셈이다.

물론 '대체 텍스트'만 있다면 시각장애인도 온라인 쇼핑몰에서 원하는 상품을 살 수 있다. 대체 텍스트는 웹사이트에 있는 이미지, 동영상 등 파일을 글로 풀어서 설명해주는 기능이다. 콘텐츠를 볼 수 없는 시각장애인들의 웹 접근성을 돕기 위해 만들어졌다. 대체 텍스트는 alt="(이미지에 대한 설명)"과 같은 형식으로 쓰인다. 큰따옴표 속 텍스트는 화면낭독기가 읽어준다.

사용 방법은 단순하다. 온라인 쇼핑몰에서 판매 중인 옷을 예로 들어보자. 시각장애가 없는 소비자는 쇼핑몰에 올라온 옷의 사진을 보는 것만으로 무슨 색인지, 어떤 특징이 있는지 등을 바로 알아차릴 수 있다. 시각장애인은 화면낭독기가 alt="검정색 줄무늬 티셔츠, 오른쪽 가슴에 하트 모양 장식"이라고 적힌 대체 텍스트를 들려주면 옷에 대한 정보를 얻을 수 있다.

문제는 국내 대형 온라인 쇼핑몰(이하 쇼핑몰)들이 시각장애인을 위한 대체 텍스트를 제공하지 않는다는 것이다. 이에 시각장애인 963명은 "쇼핑몰 이용에 차별을 받고 있다"며 롯데쇼핑, 이마트, 이베이코리아를 상대로 각각 소송을 냈다. 그리고 지난 2021년 2월 18일, 법원은 시각장애인 측의 손을 들어줬다.

첫 판결이 나오기까지 무려 3년 5개월이 걸렸지만 법원의 결정은 상징적이었다. 법원은 쇼핑몰들에게 시각장애인을 위한 편의를 제공하라고 명령했다. 이는 우리나라 사법 역사상 처음 있는 판결이다. 이번 판결이 시각장애인들의 편의 증진에 미칠 영향은 상당했다. 어찌 보면 '돈이 안 되는' 이 싸움에 법무법인 바른이 시각장애인들을 대리하고 나섰다.

"시각장애 없는 소비자와 같은 정보 얻게 해달라" vs "과도한 시간·비용 소요, 이행불가"

시각장애인들은 지난 2017년 7월 장애인차별금지법 제4조, 제20조, 제21조 등을 근거로 소를 제기했다. 즉 시각장애인은 장애가 없는 사람과 동등하게 쇼핑몰을 이용할 수 있어야 하며, 쇼핑몰은 대체 텍스트, 화면낭독기 등 편의를 제공할 의무가 있다는 것이다.

그러나 시각장애인을 위해 제대로 된 편의를 제공하는 쇼핑몰은 없었다. 대체 텍스트가 있다 하더라도 대부분 정보를 인식할 수 없는 내용이 형식적으로만 입력돼 있다.
쇼핑몰에 올라온 상품 사진의 대체 텍스트를 보면 대개 alt="상품이미지" 또는 alt="사진"이다. 마스크를 검색한 뒤 화면낭독기로 상품 정보를 읽어도 "사진, 사진, 사진"과 같은 말만 반복적으로 나오는 식이다.

이미지 파일에 나와 있는 상품의 브랜드나 사이즈, 디자인 역시 알 방법이 없다. 이미지 파일에 문구가 적혀있다 하더라도 화면낭독기는 이를 인식하지 못하기 때문이다. 화면낭독기로 들은 정보에 의지해 상품을 주문했다가 엉뚱한 상품을 받을 가능성도 있다.

바른은 위와 같은 내용을 토대로 쇼핑몰들이 시각장애인을 차별하고 있다고 지적했다. 시각장애인이 형식적으로 입력된 대체 텍스트만으로 일반인과 동일하게 쇼핑몰을 이용하는 건 불가능에 가깝기 때문이다. 동시에 코로나19로 외출이 어려워 온라인 쇼핑이 필수적으로 변한 상황을 강조해 적극적 조치도 함께 요구했다. 적극적 조치는 피해자의 청구에 따라 법원이 차별적 행위의 중지와 시정을 판결하는 것으로, 장애인차별금지법 제48조 제2항에 의거한다.

쇼핑몰 측의 주장도 만만찮았다. 쇼핑몰 측은 시각장애인에게 불리하게 웹사이트를 운영하는 등 차별행위를 한 적이 없다고 했다. 또 자신들이 아닌 협력업체가 상품을 직접 등록하고 관리한다는 내용으로 맞섰다.

쉽게 말해 쇼핑몰은 판매자와 소비자를 위한 거래 창구를 제공할 뿐, 실제 팔고 있는 상품에 대한 책임은 협력업체 또는 개인 판매자에게 있다는 것이다. 이어 상품 정보·할인·이벤트 내용 등이 담긴 이미지 파일을 올리는 것 역시 협력업체와 개인 판매자이기 때문에 대체 텍스트도 이들이 입력해야 한다고 주장했다.

쇼핑몰이 직접 대체 텍스트를 제공해야 한다는 요구에 대해 쇼핑몰 측은 이행할 수 없다고 했다. 쇼핑몰 측 인력이 셀 수 없이 많은 상품과 이미지 파일에 직접 대체 텍스트를 입력하기에는 과도한 시간 비용 등 부담이 따른다는 게 이유였다.

ONLINE
BLUE NAVY JEANS
$49
ADD TO CART

3년 만에 시각장애인 승소
법원, 시정 위한 '적극적 조치'도 명령

선례가 없는 사건이었던 만큼 1심 재판은 오랜 시간 진행됐다. 쇼핑몰이 시각장애인에게 대체 텍스트를 제공하지 않은 게 차별행위에 해당하는지, 해당한다면 어느 범위까지 조치하도록 해야 할지 등 재판부 입장에서도 고심할 내용이 상당했다.

법원은 결국 쇼핑몰이 시각장애인을 차별했다고 판단했다. 특히 시각장애인이 제대로 된 대체 텍스트 없이 쇼핑몰을 이용하는 게 불가능하다고 인정해 눈길을 끌었다.

재판부는 "시각장애인이 아닌 사람은 시각을 통해 정보를 인지할 수 있으나, 시각을 통해 정보를 인지할 수 없는 시각장애인의 경우에는 주로 또는 오로지 듣는 것만으로 웹사이트에 접근·이용할 수 있다. 따라서 웹사이트에 텍스트 아닌 콘텐츠, 즉 이미지 파일 등이 사용됨에도 대체 텍스트가 제공되지 않을 경우, 시각장애인이 장애인 아닌 사람과 동등한 수준으로 웹사이트에 접근하고 이를 이용하는 것은 거의 불가능하거나 많은 제약이 따르게 된다"고 했다.

이어 "피고가 텍스트를 제공하지 않거나 미흡하게 제공한 것은 장애인이 장애인이 아닌 사람과 동등하게 접근·이용할 수 있도록 접근성이 보장된 웹사이트를 제공하지 못한 것으로서 장애인차별금지법 제21조 제1항, 제4조 제1항 제3호에서 금지하는 차별행위에 해당한다"

고 했다.

재판부는 또 고의로 시각장애인을 차별한 게 아니라는 쇼핑몰 측의 주장에 대해 "피고가 웹사이트를 운영함에 있어 시각장애인인 원고 등을 형식상으로는 불리하게 대한 것이 아니라 하더라도, 전자정보에 접근함에 있어서 실질적으로는 불리한 결과를 초래한 것"이라며 쇼핑몰 측이 장애인차별금지법 제20조 제1항, 제4조 제1항 제2호에서 금지하는 차별행위를 했다고 판단했다.

대체 텍스트를 제공할 경우 '과도한 비용'이 부담될 수 있다는 쇼핑몰 측의 우려에 대해서는 "피고의 매출액, 사업 규모 등에 비춰 볼 때 그런 비용이 피고에게 과도한 비용이라거나 경제적으로 심각한 타격을 입힐 정도에 해당한다고 볼 객관적 자료는 제출되지 않았다"며 주장을 받아들이지 않았다.

시각장애인 측이 요청한 적극적 조치도 받아들여졌다. 재판부는 "모든 상품의 정보, 광고, 이벤트 안내, 이미지 링크, 이미지 버튼(각 기능과 용도)과 관련한 대체 텍스트를 제공하라"고 선고했다.
배상액와 관련해서는 쇼핑몰이 원고 963명에게 각 10만원을 지급하라고 했다. 시각장애인 측이 기존에 청구한 배상액(200만원)에 비하면 현저히 적은 금액이지만 내용상으론 시각장애인 측의 압승이었다.

두 눈 감고 '온라인 쇼핑' 고민하며 접근

승소를 이끈 바른의 변호사들은 시각장애인의 입장에서 사건을 바라봐야 했던 만큼 자료 준비, 증거 채집 등에서 어려움을 겪었고 입을 모았다.

김재환 변호사는 "시각장애가 있을 때 도대체 어떻게 인터넷에 접속하는지 경험해본 적이 없어서 두 눈을 감은 상태에서 고민하면서 접근했다. 특히 재판부에게 대체 텍스트의 중요성을 입증하는 게 관건이었는데, 시각장애인들의 진술서와 전문가 증인신문이 도움이 됐다"고 했다.
또 "PPT를 통해 이미지 파일에 대한 대체 텍스트만 제대로 있으면 시각장애인도 시각장애가 없는 사람과 똑같이 온라인 쇼핑몰을 이용할 수 있다는 것을 보여주는 등 노력을 했다"고 덧붙였다.

바른 측은 시각장애인에 대한 온라인 쇼핑몰의 차별 정황과 증거가 확실했던 만큼 재판 시작 이후 빠른 시일 내에 결론 낼 수 있을 것이라 확신했다. 그럼에도 재판이 3년 넘게 늘어진 건 이번 사건이 '최초'라는 의미를 가졌기 때문이라고 봤다.

김 변호사는 "선례가 없는 사건이었던 만큼 재판부에서 결론을 내리기 쉽지 않았을 것"이라며 "청구했던 배상액에 비해 적은 금액이 선고된 것도 최초 사건이라는 상징성 때문"이라고 했다.
적은 배상액에도 항소하지 않은 이유에 대해 "배상 금액보단 판결 내용에 더 의미를 뒀다. 특히 대체 텍스트를 제공하라는 재판부의 명령을 의뢰인들이 매우 환영했다"고 전했다.

그는 "시각장애인에게 온라인 쇼핑은 이동과 위험을 최소화할 수 있는 안전한 쇼핑 수단인 데다 코로나19 감염 위험이 커진 요즘 이들에게 온라인 쇼핑은 그 어느 때보다 간절해졌다. 재판을 신속하게 마무리하고 쇼핑몰들이 시각장애인에게 실질적인 편의 제공을 이행하길 바라는 마음으로 임했다. 부디 피고 쇼핑몰들을 시작으로 다른 쇼핑몰들도 적극적으로 시각장애인들을 위한 대체 텍스트를 제공하길 바란다"며 소회를 밝혔다.

롯데쇼핑과 이마트현 SSG닷컴, 이베이코리아는 1심 판결에 불복해 모두 항소했다. 세 재판 모두 항소심이 진행 중이다.

대한변협신문

스무살 바른
法典

BARUN LAW
법무법인(유한) 바른

김재환 변호사
(22기)

20여 년간의 판사 시절 경험이 몸에 밴 덕분인지 철저한 분석과 사건 장악이 특기다. 사건을 맡을 때는 "진심과 정성을 다하는 사건 처리만큼 중요한 비결은 없다."라는 일념하에 일하고 있다. 복잡한 민사 사건, 무죄 항변 사건을 쉽게 풀어나가는 것을 특히 좋아한다.

김지희 변호사
(변시 1기)

형사 분야 전문가다. 서울고등법원 재판 연구원을 거쳐 어쏘 시절부터 다방면으로 쌓은 실무 경험과 끊임없는 훈련의 결과, 이른바 '깡치' 사건(사안이 복잡하고 품이 많이 드는 사건을 뜻하는 법조계 은어)에 특화되었다. 길이 보이지 않는 사건도 특유의 기지와 집중력으로 해결의 실마리를 제시하는 것이 강점이다.

이 사례의 결정적 법 조항

장애인차별금지법 제4조(차별행위)

① 이 법에서 금지하는 차별이라 함은 다음 각 호의 어느 하나에 해당하는 경우를 말한다.

2. 장애인에 대하여 형식상으로는 제한·배제·분리·거부 등에 의하여 불리하게 대하지 아니하지만 정당한 사유 없이 장애를 고려하지 아니하는 기준을 적용함으로써 장애인에게 불리한 결과를 초래하는 경우

3. 정당한 사유 없이 장애인에 대하여 정당한 편의 제공을 거부하는 경우

장애인차별금지법 제20조(정보 접근에서의 차별금지)

① 개인·법인·공공기관(이하 이 조에서 "개인 등"이라 한다)은 장애인이 전자정보와 비전자정보를 이용하고 그에 접근함에 있어서 장애를 이유로 제4조 제1항 제1호 및 제2호에서 금지한 차별행위를 하여서는 아니 된다.

장애인차별금지법 제21조(차별행위)

① 제3조 제4호·제6호·제7호·제8호 가목 후단 및 나목·제11호·제18호·제19호에 규정된 행위자, 제12호·제14호부터 제16호까지의 규정에 관련된 행위자, 제10조 제1항의 사용자 및 같은 조 제2항의 노동조합 관계자(행위자가 속한 기관을 포함한다. 이하 이 조에서 "행위자 등"이라 한다)는 당해 행위자 등이 생산·배포하는 전자정보 및 비전자정보에 대하여 장애인이 장애인 아닌 사람과 동등하게 접근·이용할 수 있도록 한국수어, 문자 등 필요한 수단을 제공하여야 한다. 이 경우 제3조 제8호 가목 후단 및 나목에서 말하는 자연인은 행위자 등에 포함되지 아니한다.

괴롭힘 시달리던 현대차 내부고발자 미국에서 280억대 포상금 받기까지

한국에서는 성공한 공익 제보 사례를 찾아보기 힘들다. 미국과 달리 한국은 포상금에 상한을 두기 때문이다. 지난 2011년 공익신고자 보호법이 시행된 이래 지금까지 국가와 지자체 등의 수입 회복·증대액은 4,238억원에 달하는데, 신고자에게 지급한 보상금과 포상금은 367억원으로 평균 8%에 불과하다. 역대 최고 보상금은 11억원으로 비리 신고로 환수한 263억의 4% 수준이다.

내부고발자에 대한 회사의 끈질긴 보복도 공익 제보를 머뭇거리게 만드는 요인 중 하나다. 이른바 '선박왕'으로 불린 시도상선 권모 회장을 역외탈세범으로 잡는 데 도움을 준 안창용씨는 시도상선 회계책임자로 근무하면서 수상한 자금 흐름과 페이퍼컴퍼니 소유 관계를 정리해 국세청에 제보했다.

당시 국세청은 권 회장을 상대로 사상 최대 규모인 4,101억원을 추징하기로 했다. 그러나 안씨는 회사의 보복 소송에 시달렸고, 정부로부터 포상금을 받지도 못했다.

공익신고자를 기업의 괴롭힘으로부터 보호하고 포상금을 지급해 내부 고발을 장려하는 제도는 미국과 영국 등 세계 여러 나라에서 시행 중이다. 은폐된 위법 행위를 드러내고 부정부패를 척결해 사회 정의를 실현하는 데 가장 효과적인 수단으로 평가받고 있어서다.

최근 미국 상품선물거래위원회CFTC는 리보금리 조작 사건과 관련해 공개 조사 착수에 기여한 외국인 내부 고발자에게 역대 최대 규모인 2억달러의 포상금을 수여하기도 했다.

하지만 한국에서 내부고발자는 조직으로부터의 괴롭힘과 해고, 고소와 소송에 시달리고 있는 상황이다. 성공한 공익 제보의 사례로 남은 현대차 엔진 결함 내부고발자 김광호씨도 회사의 해고와 고소 등 불이익에 시달렸다.

내부고발자가 불이익에 맞서기 위해서는 공익 신고 과정에서의 복잡한 절차를 수행하는 것은 물론 수사와 소송에 대비하고 보호해 줄 변호사의 조력이 필수적이다.

해고에 소송까지 시달린 내부고발자

한누리의 기소 방어 전략은 공익신고자의 '형사 처벌 면책 조항'

현대·기아차 차량의 '세타Ⅱ 엔진'은 현대차가 독자 개발한 배기량 2L 전후의 직분사 가솔린 엔진이다. 성공작으로 꼽히던 세타 엔진의 개

량형이지만 지난 2015년 미국에서 이 엔진을 장착한 차량이 소음·진동을 일으키거나 주행 중 시동 꺼짐, 화재 등 사고 가능성이 제기되면서 논란이 시작됐다.

현대자동차 품질전략팀에서 리콜 담당자로 일하던 김씨는 2015년 세타2 엔진 제작 결함 사실을 인지하고 회사 감사실에 보고했다. 그러나 회사가 별다른 조치 없이 엔진 결함 문제를 은폐하자 이듬해 그는 한국 정부와 미국 도로교통안전국NHTSA에 제작 결함 사실을 신고하기로 결심했다.

"엔지니어의 자부심을 송두리째 빼앗긴 경험이었다. 고객의 생명을 위협하고 중대 결함을 축소·은폐하는 사실을 묵인하면 범죄 행위에 동참하는 것이라고 생각했다."

김씨는 딸과 함께 직접 미국으로 향했다. 공익 제보를 돕는 호루라기 재단의 지원이 있었지만, 말도 통하지 않는 현지에서 모든 절차를 홀로 감당하기엔 한계가 있었다. 결국 김씨는 미국 내부고발자 전문 로펌인 콘스탄틴 캐논Constantine Cannon LLP을 선임했다.

캐논은 2017년 한국에서의 법적 대응을 위해 '파트너 로펌' 물색에 나섰다. 미국 로펌은 이해 상충Conflict of interest 문제에 민감하다. 이런 이유로 미국에서는 대기업들을 자문하는 대형 로펌과 피해자들을 대리하는 원고 로펌을 명확하게 구분하고 있다.

캐논은 한국에서도 현대차그룹과 이해관계가 없을 뿐만 아니라 우리나라에서 드물게 피해자 대리에 특화된 로펌인 집단소송의 명가明家, 한누리를 선택했다.

김주영 대표변호사와 구현주 변호사는 캐논으로부터 연락이 왔던 때를 회상했다.
"우리와 함께 공익신고자인 김광호씨를 도웁시다."
한누리와 김씨의 인연은 이렇게 시작됐다.

김씨가 엔진 결함 문제를 신고한 2016년, 예상대로 김씨에게 시련이 닥쳤다. 현대차는 업무상 배임과 부정경쟁방지 및 영업비밀보호에 관한 법률상 영업비밀 누설 등 혐의로 검찰에 고소했다.
김씨가 현대차 내부 자료를 외부로 유출해 회사에 재산상 손해를 끼치고, 자신의 업무 분야인 품질 분야와 무관한 회사 내부 자료 등을 빼낸 것으로 의심된다고 주장했다. 회사 동료들에게는 배신자로 낙인찍히고, 회사에서는 영업비밀을 유출하는 등 사내 보안 규정을 위반했다며 해고까지 당했다.

검찰로부터 고소 사건을 넘겨받은 경기남부경찰청 국제범죄수사대는 곧바로 수사에 착수했다. 김씨는 두 차례의 자택 압수수색을 당해 노트북과 휴대전화를 빼앗겼다. 재취업을 시도했지만, 그를 받아주는 회사도 없었다.
김씨는 2017년부터 4년 동안 집 근처 죽전도서관으로 출근했다.

2018년 청렴교육 전문 강사 자격을 취득해 공무원을 상대로 강연을 했으나 신종 코로나바이러스 감염증코로나19이 퍼지면서 강연도 10% 수준으로 줄었다.

이 사이에 경찰은 김씨가 회사 내부 자료를 빼내 보관한 것은 법 위반에 해당한다고 판단했다. 경찰은 업무상 배임 혐의에 대해서는 기소 의견으로, 부정경쟁방지법상 영업비밀 누설 혐의에 대해선 불기소 의견으로 검찰에 송치했다.

한누리는 공익신고자에 대한 '형사 처벌 면책 조항'에 주목했다. 김씨가 자신의 컴퓨터와 하드디스크에 자료를 보관한 것은 '공공의 이익'을 위한 것으로 면책 대상에 해당한다는 취지다. 공익신고자 보호법 제14조 제1항은 공익신고자 등의 범죄 행위가 발견된 경우에는 그 형을 감경하거나 면제할 수 있다고 규정한다.

하지만 복병은 또 다른 곳에 있었다. 이번에는 법률상 공익 신고가 가능한 기관의 범위가 좁은 것이 문제가 됐다. 공익 신고는 공익 침해 행위에 대한 지도, 감독, 규제 또는 조사 등의 권한을 가진 행정기관 등에만 가능한데, 검찰에서는 김씨가 미국 정부와 언론에 제보한 것을 문제 삼았다.
이에 한누리는 국민권익위원회에서 김씨에 대한 보호 조치의 필요성을 인정한 점을 근거로 내세웠다. 미국 신고와 언론 제보 활동이 공익 신고의 일환이라는 주장이다. 검찰은 한누리의 주장을 인정해 모든 혐의에 대해 불기소 처분을 내렸다.

반대로 현대차·기아는 엔진 결함을 은폐하고 축소하는 등의 행위가 인정되면서 자동차관리법 위반 혐의로 재판에 넘겨졌다. 한누리는 김씨가 검찰에서 참고인 조사를 받을 때 수시로 소통하면서 수사에 도움을 줬다.

이 사건은 현재 1심 재판 중으로, 현대차 측이 자동차관리법 리콜 조항에 대해 위헌 심판을 신청하면서 헌법재판소로 넘어간 상태다.

미국 현지 동행한 한누리, 제보 자료 '신빙성' 입증이 핵심 사상 최대 포상금 2,430만달러 지급

한국에서의 업무를 마무리한 한누리 변호사들은 2017년 9월 김씨와 함께 미국으로 향했다. 미국 정부의 조사에 참여해 김씨의 제보가 공익 신고에 해당한다는 점을 설득하기 위해서다. 한누리는 먼저 증거자료를 영어로 번역하고, 공익 제보에 이르게 된 경위 등을 담은 소명서를 만들었다.

이 과정에 대해 김 변호사는 이렇게 설명했다.

"엔진 결함과 관련된 현대차 내부 자료를 미국 조사기관 관계자들이 이해할 수 있도록 만드는 과정이 필요했다. 한국과 미국의 언어와 문화 차이로 인해 김씨의 의사가 정확하게 전달되지 않을 수도 있기 때문이다. 그래서 단순 번역이 아니라 단어 하나하나의 의미를 적확하게 표현하는 데 집중했다."

미국에서의 조사는 김씨가 제출한 자료의 '신빙성'을 입증하는 것이 핵심이었다. 당시 현대차 측은 김씨의 제보 내용이 주관적이고, 김씨가 임의로 제출한 자료는 오염된 것이라는 주장을 펼쳤다.

한누리는 한국 자동차안전연구원KATRI의 세타2 엔진 결함 조사 보고서가 김씨의 제보 내용과 같다는 점과 현대차·기아의 리콜 조치 현황과 김씨가 제출한 자료의 차종 등이 일치한다는 점을 강조했다.

NHTSA는 이러한 김씨의 자료를 토대로 세타2 엔진을 장착한 차량의 리콜 적정성 조사를 진행했다. 당국은 현대차와 기아차의 세타2 엔진이 장착된 160만대의 차량에 대해 적기에 리콜하지 못하고, 엔진 결함 정보를 부정확하게 보고했다고 판단하고 2020년 11월 현대차그룹에 과징금 8,100만달러을 부과했다. 또 현대차 측은 총 2억1,000만달러의 민사 위약금을 내기로 합의했다.

하지만 여기서 끝이 아니었다. 한누리는 미 당국에 포상금 지급을 신청하고 제보의 가치를 설득하기 위한 작업에 착수했다.

미국 자동차 안전 공익신고자법은 공익신고자가 해당 자동차 제조사·부품 공급자 또는 딜러에게 내부적으로 정보를 보고하거나 보고하려는 시도가 있었는지, 은폐된 행위에 대한 합의 또는 결정을 내리는 데 있어서 공익신고자가 제보한 정보의 중요성이 있는지, 공익신고자와 대리인의 기여도 등을 포상금 결정 요소로 보고 있다.

한누리는 김씨가 엔진 결함 문제를 해결하기 위해 회사의 내부 보고 절차를 거쳤고, 회사 측의 은폐된 행위를 드러내는 데 김씨의 제보가 중요한 역할을 했다는 점을 당국에 강조했다.

당시 구 변호사는 조사 과정에서 이렇게 말했다.
"김씨가 공익 신고 과정에서 큰 고통을 겪으면서 용기와 희생정신을 바탕으로 문제를 바로잡겠다는 의지를 꺾지 않아 소비자들의 권익에 기여했다."

결국 NHTSA는 2021년 11월 9일 김씨 제보의 가치를 인정해 사상 최대의 포상금인 2,400만달러를 지급하기로 결정했다. 자동차 분야와 관련해 내부고발자에 대한 포상은 이번이 처음이다. 금액도 법상 최대 한도액인 30%에 달한다.

김씨는 2021년 10월 미국의 비영리단체인 '사기에 저항하는 납세자 교육펀드'로부터 올해의 공익제보자상도 수상했다. 매년 세금 낭비를 막는데 가장 크게 기여한 내부고발자에게 주는 상인데 외국인이 수상한 것은 이례적이다. 국내에서는 국민권익위원회로부터 2억원의 포상금과 국민훈장 목련장을 수훈했다.

김씨는 포상금 지급 결정이 나온 후 국내 보상 제도가 개선돼야 한다고 말했다.
"한국과 비교할 수 없을 정도로 보상 제도가 잘 갖춰진 미국의 공익제보자 보상 체계가 없었다면 내부 고발을 할 수 없었을 것이다. 공익 제보 뒤엔 불이익을 받을 수밖에 없는데 그런 현실 속에서 생활이 가능한 여건과 일자리를 만들어주는 등의 보상책이 필요하다. 저는 내부 고발 후 형사고소와 민사소송 등 내부고발자가 당할 수 있는 보복은 '풀세트'로 당했다."

김 변호사와 구 변호사는 김씨 사례를 두고 공익 신고의 패러다임을 바꾼 것이라고 평가한다.

"공익신고자는 결국 삶이 비참해지고 고생하는데 김씨는 내부 고발로 포상금을 받으면서 성공적인 사례가 됐다. 김씨가 그동안 힘든 시간을 보냈는데 합당한 포상을 받게 돼 다행이라고 생각한다. 변호사 입장에서는 공익 신고도 일종의 비즈니스로 발전시킬 책임이 있다고 생각한다. 시장에서 비즈니스로 성공하지 못하면 내부 고발에도 한계가 생긴다."

이 사례의 결정적 법 조항

법무법인 Hannuri Law
한누리

김주영 변호사
(18기)

복잡한 소송, 힘든 소송을 맡아 치밀하게 분석하고 연구해서 이기는 것을 즐긴다. 맡겨진 소송을 치른 경험을 바탕으로 여러 편의 논문을 쓰고 강의할 정도로 학구적이다. 약한 자를 들어 강한 자를 부끄럽게 하시는 기적을 믿으며, 늘 최선을 다한다고 한다.

구현주 변호사
(변시 4회)

분쟁을 풀어내는 최선의 방법을 고민하고 해결책을 찾아낸다. 의뢰인에게 먼저 다가가 처해있는 상황에 맞는 도움을 주기 때문에, 고객과의 진솔한 소통을 중요하게 생각한다. 집단 소송, 지배 구조, 증권 금융, 공익 신고 소송 및 자문 업무에 자신 있다.

이 사례의 결정적 법 조항

공익신고자보호법 제14조(책임의 감면 등)

① 공익신고등과 관련하여 공익신고자등의 범죄행위가 발견된 경우에는 그 형을 감경하거나 면제할 수 있다.

공익신고자보호법 제15조(불이익 조치 등의 금지)

① 누구든지 공익신고자등에게 공익신고등을 이유로 불이익조치를 하여서는 아니 된다.

연예인 '마유크림 사기' 사건 뒤집기 한판

2014년 한 유명 뷰티 프로그램에 소개되면서 선풍적인 인기를 끈 화장품이 있다. 바로 마유크림이다. 마유크림은 말 그대로 말기름馬油으로 만든 크림을 말한다. 그때만 해도 중국에서 한류 열풍이 이어지던 시기였다. 한국에서 시작된 마유크림 열풍은 중국으로 이어지면서 화장품 한류 열풍을 이끌었다.

당시 마유크림을 판매한 화장품 제조사 중 한 곳이 비앤비코리아였다. 비앤비코리아는 마유크림 인기에 힘입어 2015년 매출액이 전년 대비 100% 넘게 증가하기도 했다.

돈이 모이는 곳에 투자업계도 관심을 가지는 법이다. 한류 열풍을 타고 중국에서도 마유크림의 인기가 확산하자 투자업계에서도 마유크림에 주목하기 시작했다.

소수의 투자자로부터 모은 자금을 운용하는 펀드는 사모펀드PEF라고 한다. 사모펀드는 자산가치가 저평가된 기업이나 성장가능성이 큰 기업에 미리 투자해서 수익을 낸 뒤 투자자들에게 돌려주는 방식으로 운영되는데, 이 당시 많은 사모펀드가 마유크림을 만드는 화장품 제조사에 관심을 가졌다.

워터브릿지파트너스와 SK증권 PE도 그중 하나였다. 두 회사는 공동으로 사모펀드를 조성해 비앤비코리아를 인수하기로 했다. 2015년 7월 사모펀드가 결성됐고, 투자자로는 산은캐피탈, 하나금융투자, 미래에셋증권, 호반건설, 리노스 등이 참여했다.

이때 워터브릿지파트너스와 SK증권 PE처럼 사모펀드를 결성하고 운용하는 회사를 GP무한책임사원라고 부르고, 투자자들을 LP유한책임사원라고 부른다. LP가 투자금을 내면 GP가 책임을 지고 회사를 경영해 가치를 높인 뒤 되팔아서 투자수익을 LP에게 나눠주는 방식으로 사모펀드는 운영된다.

처음 사모펀드를 만들 때만 해도 장밋빛 미래였다. 워터브릿지파트너스와 SK증권 PE는 비앤비코리아를 주식시장에 상장하는 기업공개IPO를 진행해 투자금을 회수할 계획이었다.
그런데 이 계획은 바로 다음 해인 2016년 비앤비코리아가 어닝 쇼크에 가까운 실적을 기록하면서 수포로 돌아갔다.

예상치 못한 대외 변수가 컸다. 2016년 7월 당시 한국 정부는 주한미

군의 사드(THAAD · 고고도미사일방어체계) 배치를 결정했다. 그러자 중국 정부는 사드 배치에 강하게 반발해 한국 단체관광을 제한하고, 한국 대중문화를 금지하는 한한령을 발표했다. 중국에서 불던 화장품 한류 열풍도 하루아침에 연기처럼 사라져버렸다.

비앤비코리아의 2016년 매출액은 104억원으로 전년의 5분의 1로 줄었고, 영업이익은 커녕 48억원의 영업손실을 냈다. 여기에다 주요 발주처였던 클레어스코리아와의 계약도 끝났다. 클레어스코리아가 자체 생산공장을 만들어 직접 마유크림 생산에 나섰기 때문이다.
비앤비코리아는 OEM주문자 상표 부착 생산 업체로 주문자가 요구하는 제품과 상표명으로 완제품을 생산만 하는 업체였다.

마유크림 투자했다가 사기죄로 고소까지

큰돈을 벌 수 있다는 생각에 비앤비코리아 인수를 위해 모였던 금융회사들은 결국 책임 공방에 나섰다. 비앤비코리아를 통해서는 투자수익 회수가 힘들다고 보고 소송을 통해 투자금을 회수하려고 한 것이다. 사모펀드에 돈을 댄 몇몇 투자자가 워터브릿지파트너스 등을 사기 혐의로 고소하면서 본격적인 법률 분쟁이 시작됐다.

투자자의 고소로 수사에 착수한 경찰은 2019년 9월 워터브릿지파트너스의 문모 대표와 김모 이사를 사기 혐의로 불구속 기소했다. 워터브릿지파트너스가 투자자를 모으면서 비앤비코리아가 단순한 OEM

업체가 아니라 마유크림 레시피를 보유한 것처럼 속였다는 것이다. 투자유치 당시 클레어스코리아가 자체 생산공장을 설립할 계획이 있다는 걸 워터브릿지파트너스가 알고 있었지만, 이를 투자자들에게 알리지 않았다는 혐의도 있었다.
경찰이 워터브릿지파트너스 임직원을 재판에 넘기면서 이 사건이 알려졌고 언론에서는 '연예인 마유크림 사기 사건'이라는 타이틀을 붙였다.

워터브릿지파트너스의 임직원들은 신생 로펌인 '위어드바이즈'를 법률대리인으로 선임해 대응에 나섰다. 이 사건에서 핵심 쟁점은 워터브릿지파트너스 임직원들이 클레어스코리아가 마유크림 자체 생산에 나설 것이라는 사실을 미리 알고 있었는지, 그리고 이를 알고도 투자자들에게 속였는지였다.

사드 사태나 중국 정부의 한한령은 알 수도 없고, 대처할 수도 없는 노릇이었다. 하지만 비앤비코리아가 단순한 OEM 업체였는지나 클레어스코리아가 자체 생산에 나설 것인지는, 사모펀드를 만든 워터브릿지파트너스가 사전에 알았을 수 있다는 게 투자자들의 주장이었다.

하지만 법원은 투자자들의 주장을 모두 받아들이지 않았다. 2020년 9월 3일 서울남부지법 제11형사부는 사기죄로 고소된 워터브릿지파트너스 임직원 3명에 대해 모두 무죄를 선고했다.
재판부는 판결문에서 "검사가 제출한 증거들만으로는 피고인들이 이

사건 거래 당시 클레어스코리아가 공장을 신축해 마유 및 기미크림을 자체적으로 대량 생산한다는 사실을 알았음에도 편취의 범의로 피해자들에게 이를 알리지 아니하여 피해자들을 기망했다고 인정하기에 부족하고, 달리 이를 인정할 증거가 없다"고 밝혔다.

검찰은 1심 판결에 불복하고 항소했지만 항소심 재판부도 마찬가지 결론을 내렸다. 2021년 1월 서울고등법원 제9형사부가 1심과 마찬가지로 워터브릿지파트너스 임직원들에게 무죄를 선고했고, 검사가 상소를 포기하면서 2년에 걸친 '연예인 마유크림 사기 사건'은 마무리됐다.

수임료 포기하고 다른 로펌과 과감한 협업

워터브릿지파트너스 임직원들의 무죄를 입증하기 위해 위어드바이즈 변호사들은 탐정으로 변신하기까지 했다. 검찰 측은 워터브릿지파트너스 임직원의 이메일을 유죄의 핵심 증거로 제시했다. 이들이 주고받은 이메일에 클레어스코리아가 비앤비코리아를 마유크림 생산에서 배제하고 자체 생산에 나서려는 계획 등이 담겨 있다고 주장한 것이다.

하지만 위어드바이즈 변호사들은 검찰의 이런 주장이 전체 이메일의 일부만을 발췌해서 확대해석한 것이라고 반박했다. 피고인들은 클레어스코리아가 공장을 신축한다는 사실만 알고 있었을 뿐, 해당 공장에서 마유크림을 대량으로 생산해 비앤비코리아와 거래를 중단할 계획을 갖고 있다는 사실은 알지 못했다는 설명이다.

이 주장을 뒷받침하기 위해 위어드바이즈 변호사들은 검찰이 제시한 증거목록 속 이메일 기록만 본 게 아니라 직접 피고인 3명의 이메일 기록 전체를 들여다봤다.

김호준 위어드바이즈 변호사는 "3명의 이메일 아이디와 비밀번호를 받아서 3년치 이메일을 모두 살폈다. 피고인들이 주고받은 이메일 5만개를 열 번씩은 읽어본 것 같다. 검찰의 주장을 반박할 내용을 찾았고 1심에서 무죄 판결의 중요한 근거로 쓰였다"고 말했다.

아무리 변호사라고 해도 개인 기록이 담겨 있는 이메일의 아이디와 비밀번호까지 맡기는 게 가능했을까. 김남훈 변호사는 피고인과의 신뢰 관계가 확실했기 때문에 가능한 일이었다고 설명했다.

그는 "형사사건을 이기기 위해서는 변호사 구성의 삼박자가 중요하다. 열정 넘치고 체력이 좋은 어쏘 변호사(Associate Attorney · 실무를 주로 맡는 5~8년차 변호사)가 필요하고, 피고인과 허물없이 이야기할 수 있는 변호사들도 있어야 한다"고 말했다.

변론 전략을 정확하게 짜기 위해서는 피고인들이 사건과 관련한 모든 내용을 알려줘야 하는데 어지간한 신뢰 관계가 쌓이지 않고서는 피고인들이 그걸 이야기하지 않기 때문이다. 위어드바이즈 변호사들은 대형 로펌에서 근무할 때부터 피고인들과 관계를 쌓았고, 이번 사건도 검찰 수사가 시작되기 전부터 관련 내용을 전해 들었다고 한다. 워터브릿지파트너스 임직원들이 위어드바이즈 임직원들에게 이메일 아이디와 비밀번호까지 선뜻 건넬 수 있었던 이유다.

그렇다면 삼박자 중 마지막 하나는 뭘까. 김남훈 변호사는 연륜과 경험을 가지고 사건을 지휘할 수 있는 전관 변호사가 필수적이라고 했다. 전관 변호사는 검사나 판사 출신 변호사를 말한다.

김남훈 변호사는 "수사를 직접 진행했거나 공판을 진행해 본 경험이 없으면 변호사가 아무리 전략을 잘 짜도 결국에는 머릿속에서 나온 아이디어일 뿐이다. 능력 있는 전관 변호사가 사건을 이끄는 게 중요하다"고 말했다.

이번 사건에서는 서울중앙지법 부장판사 출신인 이상훈 법무법인 삼우 대표변호사가 전관 변호사의 역할을 맡았다. 애초에 사건을 수임한 건 위어드바이즈였다. 하지만 승소를 위해서는 능력 있는 전관 변호사가 필요하다고 봤고, 위어드바이즈는 자신들의 수임료를 일부 포기하면서까지 법무법인 삼우의 이상훈 대표변호사를 변호인단에 합류시켰다.

법무법인 삼우와 위어드바이즈가 앞에서 끌고 뒤에서 밀어주는 협업을 통해 검찰의 논리를 뒤집고 피고인들의 무죄를 이끌어내는 데 성공한 것이다.

이상훈 대표변호사는 2007년 사법연수원에서 학생들을 가르쳤는데 그때 가르친 학생들이 바로 위어드바이즈 변호사들이었다. 위어드바이즈의 박준용 대표변호사는 당장 큰돈은 벌지 못해도 의뢰인

WeAdvise

勤勞基準法

의 승소를 중심으로 전략을 짜고, 그걸 실제로 실행할 수 있는 유연함이 있기 때문에 이번 사건처럼 과감하게 다른 로펌과 협업이 가능하다고 말했다.

김남훈 변호사는 이런 위어드바이즈의 문화를 '유목민'에 비유했다. 빠르게 판단하고 결정하고 실행에 옮기는 유목민 같은 모습이 장점이라는 것이다.

김호준 변호사는 "대형 로펌은 관료화된 조직이다보니 오래 일하면 그 회사만의 조직문화에 녹아들게 되는데, 위어드바이즈는 여러 대형 로펌 출신들이 모였기 때문에 여러 회사의 장점만 취합해서 더 성장할 수 있는 것 같다"고 했다.

김남훈 변호사는 "기동성과 간소화를 잃지 않는 문화를 만들고 싶다"며 "로펌계의 유목민이나 오랑캐가 되는 게 우리의 목표"라고 말했다.

WeAdvise

김호준 변호사
(39기)

연세대학교 법과 대학을 졸업했다. 졸업 후 15년 이상 지났음에도 아직도 파란 피가 흐르고 있다고 믿고 있다. 직접 경험해 보지 못하면 모른다는 일념하에 대형 로펌을 때려치고 블록체인 스타트업에서 비즈니스 현장을 경험하기도 했다. 그 덕분에 신사업 분야에 대한 폭넓은 자문을 제공하고 있다.

최연석 변호사
(36기)

서울대학교 법학부와 Columbia Law School(LL.M.)을 졸업했다. 율촌에서 공정거래 변호사로, 미국 Litigation 로펌 Kobre&Kim에서 근무한 경험으로 분쟁 사건에 관심이 많다. 머리를 쥐어뜯으며 고뇌한 서면으로 고객이 처한 어려움이 해결될 때 느끼는 희열을 즐긴다.

김남훈 변호사
(38기)

서울대학교 법학부와 칭화대학교 법학원(상법, 석사)을 졸업했다. 법무법인 세종, 북경 King&Wood Mallesons에서는 기업인수 자문 업무를 주로 하였지만, 천성이 호전적이라 기업인수 관련 소송도 찾아다닌다. 사건에서 주로 의뢰인측의 진술·논리를 공격하고 몰아세우는 역할만 해서 고객의 미움을 받을 때도 있지만, 악역을 숙명으로 받아들이고 있다.

이 사례의 결정적 법 조항

자본시장과 금융투자업에 관한 법률 제174조(미공개 중요정보 이용행위 금지)

① 다음 각 호의 어느 하나에 해당하는 자(제1호부터 제5호까지의 어느 하나의 자에 해당하지 아니하게 된 날부터 1년이 경과하지 아니한 자를 포함한다)는 상장법인[6개월 이내에 상장하는 법인 또는 6개월 이내에 상장법인과의 합병, 주식의 포괄적 교환, 그 밖에 대통령령으로 정하는 기업결합 방법에 따라 상장되는 효과가 있는 비상장법인(이하 이 항에서 "상장 예정 법인 등"이라 한다)을 포함한다. 이하 이 항 및 제443조 제1항 제1호에서 같다]의 업무 등과 관련된 미공개 중요정보(투자자의 투자 판단에 중대한 영향을 미칠 수 있는 정보로서 대통령령으로 정하는 방법에 따라 불특정 다수인이 알 수 있도록 공개되기 전의 것을 말한다. 이하 이 항에서 같다)를 특정 증권 등(상장 예정 법인 등이 발행한 해당 특정 증권 등을 포함한다. 이하 제443조 제1항 제1호에서 같다)의 매매, 그 밖의 거래에 이용하거나 타인에게 이용하게 하여서는 아니 된다.

자본시장 및 금융투자업에 관한 법률 시행령 제201조(정보의 공개 등)

② 법 제174조 제1항 각 호 외의 부분에서 "대통령령으로 정하는 방법"이란 해당 법인(해당 법인으로부터 공개 권한을 위임받은 자를 포함한다) 또는 그 법인의 자회사(「상법」 제342조의2 제1항에 따른 자회사를 말하며, 그 자회사로부터 공개 권한을 위임받은 자를 포함한다)가 다음 각 호의 어느 하나에 해당하는 방법으로 정보를 공개하고 해당 호에서 정한 기간이나 시간이 지나는 것을 말한다.

3. 「신문 등의 진흥에 관한 법률」에 따른 일반 일간신문 또는 경제 분야의 특수 일간신문 중 전국을 보급지역으로 하는 둘 이상의 신문에 그 내용이 게재된 정보: 게재된 날의 다음 날 0시부터 6시간. 다만, 해당 법률에 따른 전자간행물의 형태로 게재된 경우에는 게재된 때부터 6시간으로 한다.

“광역버스 휠체어 전용석 확장하라” 대법원이 장애인 이동권에 손든 이유

버스는 현대사회에서 가장 보편적으로 사용되는 대중교통 중 하나다. 지하로 내려가야 하는 지하철보다 접근성이 좋은 데다 정거장도 훨씬 많다. 장거리를 이동해야 한다면 좌석에 앉아서 편하게 갈 수 있고, 한두 정거장만 타야 할 땐 손잡이를 잡고 서 있어도 된다. 내려야 할 정거장을 놓쳤다면 기사님께 양해를 구하고 빠르게 내릴 수도 있다.
그런데 만약 이러한 장점을 아예 누릴 수 없다면 버스는 과연 편리한 이동수단일까.

휠체어를 이용하는 승객에게 버스는 결코 편리한 이동수단이 아니다. 한 평도 안 되는 비좁은 휠체어석은 오히려 이들의 이동을 불편하게 만든다. 휠체어를 타는 지체장애인 A씨의 사례가 대표적이다.

김포에 거주하는 A씨는 지난 2015년 12월 김포-서울역을 다니는 2층 광역버스에 처음 탔다. 이 광역버스는 좌석 부족에 따른 입석 운행 문제를 해결하기 위해 국토교통부가 추진한 사업에 따라 도입된 1단계 2층 광역버스다. 경기도와 김포시, 남양주시 등이 공동으로 버스 설계와 제작 과정을 검토했다. 그만큼 휠체어 탑승객의 편리함도 증진될 거란 기대도 있었다.

그런데 버스는 A씨의 기대와는 많이 달랐다. 휠체어석의 길이는 1m를 조금 넘는 정도에 불과했다. 전동휠체어가 방향을 틀기에는 턱없이 부족한 공간이었다. 결국 뒷문을 바라본 상태로 휠체어석에 고정되어 있어야 했다. 발끝이 휠체어석에서 튀어나와 버스 복도를 좁게 만들기도 했다.
안전설계도 미흡했다. 버스의 정면이 아닌 측면을 보고 서 있다 보니, 버스가 급정거할 때마다 A씨의 몸은 좌우로 흔들렸다. 휠체어 오른쪽 바퀴가 들릴 정도로 흔들릴 때면 생명의 위협을 느끼기도 했다.

A씨를 가장 불편하게 한 건 '시선'이었다. 버스 뒷문이 열릴 때마다 A씨는 밖에 있는 승객들을 정면으로 마주할 수밖에 없었다. 또 휠체어석이 일반 좌석 바로 앞에 마련돼 있어 원하지 않아도 A씨의 옆얼굴이 다른 승객들에게 보이게 됐다.

결국 부당함을 느낀 A씨는 지난 2016년 김포운수 주식회사가 장애인차별금지법을 위반했다며 위자료 및 적극적 시정명령 조치 청구를 제기했다. 이후 5년간의 법정 다툼 끝에 A씨는 대법원에서 승소했다. 그의 뒤엔 '무료 변론'을 자처한 법무법인 태평양이 있었다.

현장검증 나서, 역전승으로 최초 판례 이끌어낸 법무법인 태평양

이번 재판의 쟁점은 교통약자법이 규정한 휠체어 전용공간 넓이가 김포운수의 광역버스에도 적용되는지 여부였다. 교통약자법은 일부 교통수단에 휠체어를 위한 승강설비와 교통약자용 좌석 등을 설치하도록 규정하고 있다. 대상시설은 시내버스와 농어촌버스, 시외버스다.

특히 휠체어 승강설비가 설치된 버스에는 휠체어 탑승객을 위한 별도의 전용공간을 마련하도록 했는데, 길이 1.3m 이상, 폭 0.75m 이상 확보하도록 규정했다. 또 지지대 등 휠체어를 고정할 수 있는 설비를 갖춰야 한다고도 했다.

문제는 김포운수의 버스가 '광역버스'라는 점이었다. 교통약자법이 규정한 시내버스 종류는 저상형과 일반형, 좌석형 세 가지뿐이었다. 실제 김포운수 측은 1심에서 광역버스가 저상버스 표준모델 기준에 따른 저상버스가 아니기 때문에 휠체어 승강설비 및 교통약자용 좌석을 설치할 의무가 없다는 논리를 펼쳤다.

김포운수 측은 또 "버스에 교통약자 전용 하차벨, 교통약자용 안전벨트가 있으며 버스기사의 운전석 계기판에는 휠체어 탑승 여부가 표시된다"며 장애인에 정당한 편의 제공을 거부하는 등 차별행위를 한 적이 없다고 주장했다.

여기에 1심 재판 전체가 서면 공방만으로 진행되는 바람에 A씨 측이 불리한 상황이었다. 결과는 A씨의 패소였다. 1심 재판부는 결국 김포운수의 광역버스가 저상버스가 아니라고 봤다. 휠체어 전용공간 확보 의무가 인정되지 않기 때문에 차별행위가 성립되지 않는다고 판단했다. 차별행위와 관련해서는 "차별행위가 있었다 하더라도 2층 광역버스 도입과정에서 발생한 불가피한 현상"이라며 김포운수 측의 주장을 전부 받아들였다.

1심에서 A씨를 대리한 경기장애우권익연구소 경기도지부는 고심 끝에 태평양이 설립한 공익법인인 재단법인 동천을 찾아갔다. 재단법인 동천은 태평양과 전담팀을 꾸려 항소심을 맡았다. 공익활동 차원에서 대리했던 만큼 수임료는 받지 않았다.

태평양이 투입되자 재판 분위기는 180도 달라졌다. 태평양은 항소심에서 다뤄진 모든 쟁점에서 김포운수 측의 논리를 눌렀다.
1심과 마찬가지로 김포운수의 광역버스가 저상형인지 여부가 첫 번째 쟁점이었다. 김포운수 측은 항소심에서도 광역버스는 저상형버스가 아니라며 휠체어 전용공간을 확보할 의무가 없다는 논리를 펼쳤다.

이에 태평양은 교통약자법 시행규칙이 저상형 등 특정 버스 종류가 아닌 '휠체어 승강설비가 설치된 버스'에 설치 의무를 부과한 점을 강조했다. 실제 교통약자법 시행규칙 별표1은 "휠체어 승강설비가 설치된 버스에는 휠체어 사용자를 위한 전용공간을 길이 1.3m 이상, 폭 0.75m 이상 확보하여야 하며, 지지대 등 휠체어를 고정할 수 있는 설

비를 갖추어야 한다"고 명시하고 있다. 만일 김포운수의 광역버스에 휠체어 승강설비가 설치되어 있다면 휠체어 전용공간을 확보할 의무도 생기는 것이다.

여기서 휠체어 승강설비 기준과 관련된 쟁점이 또 파생됐다. 김포운수의 버스에는 '수동식 경사로'가 있었는데, 과연 이것을 휠체어 승강장비로 봐야 하는지를 놓고 다퉜다. 수동식 경사로는 휠체어 탑승객을 위한 장비로, 버스 뒤쪽 출입문에 설치돼있다. 휠체어 탑승객이 있으면 버스 운전사가 버스를 세운 뒤 직접 경사로를 내려 휠체어 탑승을 도와야 한다.

태평양은 이번 쟁점에서도 교통약자법 시행규칙을 내세웠다. 휠체어 승강설비와 관련해 교통약자법은 "저상형 시내버스의 경우 휠체어 및 유모차를 이용하는 교통약자가 승차할 수 있도록 자동경사판 등의 승강설비를 갖추어야 하고, 계단이 있는 버스는 휠체어 및 유모차를 이용하는 교통약자가 승차할 수 있도록 승강설비를 갖춰야 한다"고 규정하고 있다.

태평양은 규정의 문언과 체계, 입법 취지를 종합하면 수동식 경사로 역시 휠체어와 유모차의 승차를 돕는 장비라고 설명했다.

이와 반대로 김포운수 측은 자동경사판과 수동식 경사로는 명백히 다르다며 휠체어 전용공간 확보 의무가 없다고 했다.

가장 치열했던 쟁점은 바로 휠체어 전용공간의 '길이'와 '폭'의 방향이었다. 교통약자법 시행규칙에서 나와 있는 휠체어 전용공간은 '길이 1.3m 이상, 폭 0.75m'였는데, 김포운수 측은 길이가 반드시 버스의 긴 방향과 평행한 면이어야 한다고 볼 수 없다고 했다.
광역버스 내 마련된 휠체어 전용공간의 긴 쪽을 시행규칙의 길이로, 짧은 쪽을 폭으로 보면 전용공간의 기준을 충족한다고 설명했다.

태평양의 의견은 달랐다. 길이는 버스의 긴 방향과 평행한 면을, 폭은 버스의 짧은 방향과 평행한 면을 의미한다고 주장했다. 이를 뒤받쳐줄 근거는 탄탄했다. 우선 장애인 전용 주차구역을 예시로 들었다. 통상적인 자동차의 외관 및 주차 방향에 비춰볼 때 주차구역 크기에서 '길이'는 자동차의 긴 면을, '폭'은 자동차의 짧은 면을 의미하는 것이 명백하다고 설명했다.
또 현 상태가 규정을 충족한다고 볼 경우, 휠체어 전용공간이 버스 통로를 침범해 충돌 위험을 높인다고도 강조했다.

외국의 관련 법령도 비교했다. 영국의 경우 휠체어 전용공간의 긴 면이 버스의 세로면the longitudinal plane of the vehicle일 것과 휠체어 전용공간의 짧은 면이 버스의 가로면the transverse plane of the vehicle일 것을 구체적으로 명시하고 있는 점, 뉴질랜드 법령은 휠체어와 다른 승객들간의 충돌사고를 우려해 휠체어 전용공간이 버스 통로를 침범하지 않도록 규정하고 있는 점 등을 내세웠다.

광역버스에 있는 휠체어 전용공간과 관련된 판례가 없었던 만큼 재판부의 고심은 깊었다. 버스 내부를 실제로 보지 않는 이상 제대로 된 판단은 어려울 수밖에 없었다. 여기서 태평양이 요청한 '현장검증'이 결정적이었다.

당시 서울고법 민사26부 주심판사였던 서경환 판사와 양측 대리인 모두 김포에 있는 김포운수의 차고지를 방문했다. 광역버스를 교통약자법이 규정한 저상형버스로 봐도 될지, 수동식 경사로가 승강설비에 해당하는지, 현 상태에서 휠체어 탑승자가 어느 방향을 바라보는지, 일반 승객들의 통행을 방해하는 등 안전에 문제가 없는지 등을 꼼꼼하게 점검하기 위해서였다.

여기서 태평양은 휠체어 전용공간에 휠체어 탑승자를 위치시켜 실제와 같은 상황을 연출했다. 버스 내부는 판사와 변호사, 활동가들로 북적였다. 모든 사람의 발끝에 튀어나온 휠체어가 걸리적거렸다. 발이 걸리면 달갑지 않은 표정으로 고개를 들기 일쑤였다. 시선은 자연스럽게 휠체어 탑승자의 얼굴로 향했다.

재판부는 버스에서 꼼짝도 할 수 없는 휠체어 탑승자의 심정을 이해한 듯했다. 결과는 태평양과 A씨의 역전승이었다. 항소심 재판부는 태평양 측의 주장을 모두 받아들이고 원심판결을 파기했다. 또 김포운수가 A씨에게 위자료 30만원을 지급하라고 했다. 김포운수의 광역버스에 휠체어 탑승자를 위한 전용공간을 시행령 기준에 맞게 확보하라고도 지시했다.

주목할 만한 점은 항소심 재판부가 김포운수 측의 차별행위로 A씨가 입은 정신적 고통을 인정했다는 점이다. 재판부는 "휠체어 탑승자의 모습이 일반 승객의 정면 시선에 위치하게 되는 건 장애인으로서 상당한 모멸감, 불쾌감 또는 소외감을 느낄 수 있다. 이는 모든 생활영역에서 장애를 이유로 한 차별을 금지하는 장애인차별금지법의 입법 취지에 반하는 것으로 보인다"고 했다.

A씨가 요구한 적극적 조치도 받아들였다. 재판부는 "피고가 운행하는 버스 중 적어도 6대의 2층 광역버스가 교통약자법 시행규칙에 따른 휠체어 전용공간을 확보하지 않은 채로 운행되고 있다. 휠체어 사용자를 위한 전용공간 확보를 시정하지 않는 한 장애인 차별행위가 계속될 가능성이 있다"고 했다.

버스 구조를 변경할 경우 상당한 비용이 들어 사업에 타격이 생길 수 있다는 김포운수 측의 주장에 대해선 "피고에게 막대한 비용을 요한다거나 사업을 유지하기 어려울 만큼 심각한 타격을 입힌다고 보기 어렵고, 상당한 비용이 소요된다고 하더라도 그러한 사유가 피고의 위법행위를 용인할 만큼 중대한 사유라고 보기 힘들다"고 지적했다.

대법원 역시 항소심 재판부의 판결을 받아들였다. 대법원이 장애인차별금지법 제48조 제2항의 구제조치청구권을 받아들인 건 이번이 처음이다. 다만 김포운수가 버스를 매수할 당시 경기도, 김포시, 남양주시 등이 휠체어 전용공간 관련 기준에 대해 지적한 적이 없는 점을 들어 위자료 부분은 파기했다.

이번 사건을 맡은 강용현, 윤정노, 황용현 변호사 모두 태평양 내 공익활동 그룹인 장애인팀에서 활동하고 있다. 점자명함을 따로 제작해 쓴다는 점에서 장애인 권익·사회적 약자 대하는 이들의 태도를 엿볼 수 있었다.

윤 변호사는 "재판부 입장에서 현장 검증이 굉장히 귀찮게 느껴질 수도 있었는데도 불구하고 흔쾌히 검증 요청을 받아들였고 결국 승소했다. 장애인 이동권에 관심과 의지를 보인 재판부를 만나 운이 좋았다고 생각한다. 매우 뿌듯하다"고 소감을 밝혔다.
이어 "과거 휠체어 리프트 사건에서도 의뢰인들이 '동물원에 있는 동물이 된 것 같다'는 감정을 이야기했었는데, 그때의 경험이 떠올라 이번 사건에서도 비슷한 주장을 펼쳤고 재판부가 이를 받아들였다"고 덧붙였다.

황 변호사 역시 "장애인 권익 관련한 상징적인 사건에서 승소해 기쁘다. 앞으로도 장애인 권익에 실질적 도움을 주고 제도개선에 영향을 미치는 다양한 사례를 발굴하도록 노력하겠다"고 했다.

bkl

법무법인(유한)태평양

강용현 변호사
(10기)

기업 민사 소송을 주로 담당하는 변호사이지만, 시간이 허락하는 한 공익 소송에도 적극적으로 참여하고 있다. 동천의 이사장으로서 다양한 공익 활동을 기획하고 공익위원회 변호사들과 공익 소송을 수행하면서 변호사로서 큰 보람을 느꼈고, 우리 사회의 다양한 이슈에 관하여 많이 배웠다고 한다.

윤정노 변호사
(36기)

스스로는 때때로 선량하다고 한다. 부지불식간에 선량한 차별주의자가 되진 않을까 걱정도 한다. 15년 차 기업 소송 전문 변호사로 의뢰인의 만족을 위해 최선을 다하면서도, 장애인권 분야에서 계속 활동하게 되는 이유이기도 하다. 무엇보다 이번 소송을 통해 한 걸음 진전하는 성과를 거두어 보람을 느꼈다.

황용현 변호사
(44기)

기업 형사 소송과 컴플라이언스 업무를 주로 수행하는 변호사다. 황용현 변호사에게 공익 소송은, 바쁘고 정신없는 업무 속에서 우리 사회의 따뜻함과 작은 보람을 느낄 수 있는 기회가 되어 준다고 한다. 훌륭한 선배들과 의미 있는 사건을 수행했던 것이 특히 보람 있었고, 앞으로도 다양한 분야에서 뜻깊은 사건들을 수행하도록 노력하고 싶다고 한다.

권영실 변호사
(변시 6회)

공익 전담 변호사를 꿈꾸다 처음으로 맡은 사건이 2층 광역버스 휠체어 전용 공간 확보 사건이었다. 사건에 대해 계속 생각하고, 해외 사례를 찾아보고, 장애 단체들과 함께 버스에 시승하며 소송 전략을 세웠던 기억이 소중하게 남아 있다. 우리 사회에서 당연히 누려야 할 권리를 보장받지 못한 이들을 위한 제도 개선에 힘쓰고 싶다고 한다.

이 사례의 결정적 법 조항

장애인차별금지 및 권리구제 등에 관한 법률 제19조(이동 및 교통수단 등에서의 차별금지)

④ 교통사업자 및 교통행정기관은 장애인이 이동 및 교통수단 등을 장애인 아닌 사람과 동등하게 이용하여 안전하고 편리하게 보행 및 이동을 할 수 있도록 하는 데 필요한 정당한 편의를 제공하여야 한다.

⑧ 제4항 및 제7항을 적용함에 있어서 그 적용대상의 단계적 범위 및 정당한 편의의 내용 등 필요한 사항은 대통령령으로 정한다.

장애인차별금지법 및 권리구제 등에 관한 법률 제46조(손해배상)

① 누구든지 이 법의 규정을 위반하여 타인에게 손해를 가한 자는 그로 인하여 피해를 입은 사람에 대하여 손해배상책임을 진다. 다만, 차별행위를 한 자가 고의 또는 과실이 없음을 증명한 경우에는 그러하지 아니하다.

장애인차별금지 및 권리구제 등에 관한 법률 시행령 제13조(이동·교통수단 등 정당한 편의 제공 적용대상 및 정당한 편의의 내용)

② 법 제19조 제8항에 따른 정당한 편의의 내용은 「교통약자의 이동편의 증진법 시행령」 별표2에 따른다.

교통약자의 이동편의 증진법 시행규칙 제2호 제1항 〔별표1〕

1.가. 5) 교통약자용 좌석 라) 휠체어 승강 설비가 설치된 버스에는 휠체어 사용자를 위한 전용공간을 길이 1.3미터 이상, 폭 0.75미터 이상 확보하여야 하며, 지지대 등 휠체어를 고정할 수 있는 설비를 갖추어야 한다.

"변심한 거 아냐?" 부당계약이라며 '역공' '적반하장 소송'에 대처하는 방법

"무조건 이겨야 합니다. 7조원이 걸린 소송이에요."

2020년 어린이날 황금연휴를 하루 앞둔 5월 4일 밤 8시, 서울 삼성동 무역센터 빌딩 38층 사무실 한켠이 환하게 불을 밝히고 있었다.

조금 전까지 다급하게 사무실로 전화를 걸었던 미래에셋자산운용이하 미래에셋 측 임원단이 상기된 표정으로 숨을 고르며 말했다. 테이블 반대편에는 '이머전시 콜긴급 전화'을 받고 헐레벌떡 뛰어온 김갑유 피터앤김 대표와 파트너변호사들이 자리했다. 뷰가 좋은 창밖으로 서울 강남의 도심 야경이 파노라마처럼 펼쳐졌다.

통상 미국 소송의 경우, 미국 현지에서 사건을 대리할 미국 로펌을 찾는 것이 일반적이라고 알려져 있다. 하지만 미래에셋은 사건 전체를 진두지휘하고 전략적으로 이끌어 나갈 장수가 필요하다고 생각하고 한국의 국제분쟁 전문가를 먼저 찾아 나선 것이다.

피터앤김 김 대표와 변호사들은 속전속결로 대응 로드맵을 짜고 5월 4일 밤에 미래에셋 주요 임원 앞에서 프리젠테이션PT을 했다. PT가 끝나자 미래에셋 측이 흡족한 표정으로 김 대표에게 악수를 건넸다.

"피터앤김Peter & Kim과 가겠습니다."

이들의 '역사적 만남'은 이렇게 성사됐다. 명실상부한 국내 최대 증권사의 명운이 출범한 지 6개월 된 신생 로펌의 손에 맡겨진 셈이다. 미래에셋은 100% 승소가 필요했고, 이를 위해 피터앤김 김 대표의 경험과 실력을 전적으로 신뢰한 것이다.

이후 중국 안방보험을 상대로 한 소송 준비는 급박하게 흘러갔다. 피터앤김은 이날 즉시 공동 대응에 나설 미국 현지 로펌들을 접촉해서 여러 차례 밤을 새어가며 비디오콜을 진행했고, 그 중 퀸 엠마뉴엘 Quinn Emanuel을 미국대리인으로 선정했다.

퀸 엠마뉴엘은 삼성전자와 애플사 소송에서 삼성을 대리한 이력이 있는 소송 전문 글로펌 로펌이다. 델라웨어 법원에서의 변론기일이 8월 말로 잡히면서 퀸 엠마뉴엘와 피터앤김은 압축적이고 밀도 있는 '소송 준비' 작업에 본격 돌입했다.

법무법인 피터앤김, 미래에셋 대리해 7조원 돌려받은 사연

사건 수임부터 첫 심리기일까지 불과 3개월이 조금 넘는 기간 동안, 피터앤김의 모든 변호사가 이 사건에 매달렸다. 6월 한 달간 디스커버리(Discovery · 미국 등 영미법 기반 사건을 중심으로 운영되는 증거개시 절차)에서 문서 수십만 건을 분석하고, 변론 전 증거조사 방식인 증언녹취deposition 40개를 분석하는 작업도 7월 한 달 만에 전부 끝냈다. 이어 8월에 5일간의 변론기일이 진행되었다.

미래에셋이 중국 안방보험의 해외 자산매각 입찰에 참여한 2019년 8월은 증권업계에서 해외대체투자 딜이 급증하던 시기다. 저금리 기조가 유지되면서 채권운용 수익성이 떨어지고 국내 부동산 프로젝트 파이낸싱PF도 정부규제로 위축되면서 증권사들이 먹거리를 찾아 나섰다.

하지만 정보 비대칭에 따른 불확실성 등 '리스크 관리' 문제가 수면 위로 떠올랐다. 딜 규모 자체가 큰 만큼 리스크 발생 시 원금 회수를 하지 못하면 회사가 입는 타격도 클 수밖에 없는 상황이었다.

입찰에 참여한 미래에셋은 경합 끝에 최종 우선협상대상자가 됐다. 그런데 호텔 소유권 증서가 다른 곳으로 이전한 정황이 포착됐다. 매도인인 안방보험 측에 따져 묻자 "캘리포니아 쪽 20대 러시아계 우버 운전사가 소유권 증서로 장난을 쳤다. 즉시 말소 처리 하겠다"는 답변이 돌아왔다.

GARY B. BORN
INTERNATIONAL
COMMERCIAL
ARBITRATION
SECOND EDITION

이 문제를 해결하는 조건까지 계약서에 명시적으로 넣은 다음 같은 해 9월, 미래에셋은 안방보험이 소유한 미국 호텔 15곳을 총 58억달러(한화 6조4,000억원)에 인수하는 계약을 맺었다. 이에 따른 계약금 5억 8,000만달러(6,400억원)을 선지급했다. 매매계약 종결일은 2020년 4월 중순으로 잡혔다. 그때까지 매도인은 소유권 증서 문제를 전부 해결하고, 부동산 소유권에 아무런 문제가 없다는 내용의 권원보험 증서를 미래에셋에 제공하여야 했다.

그러던 중 2020년 2월, 미래에셋 대주단인 골드만삭스에서 갑자기 연락이 왔다. 15개 전체 매물에 대해 델라웨어에서 소유권을 주장하는 소송 90건이 무더기로 발견되었다는 것이다.

이에 미래에셋 측은 즉각 사실관계 확인에 돌입했다. 그런데 안방보험 측은 '별 문제 아니다'라고 변명만 늘어놓으며, 정확한 사실관계 설명을 피했다. 이후 상황은 악화일로였다. 권원보험(title insurance, 부동산 소유권을 보증하는 보험)사에서 위 사태를 알고 매도대상 부동산에 대한 소유권 권리를 보증할 수 없다고 알려왔다.
미국에는 부동산 등기부 제도가 없기 때문에 소유권을 놓고 다툼이 있을 경우를 대비해 권원보험을 든다. 그러면 해당 보험사에서 소유자 대신 실사를 해주고 문제가 생기면 손해배상을 해주는 시스템이다.

이처럼 권원보험사에서 보험증서 발급을 못 하겠다고 하자, 대주단도 잔대금 파이낸싱을 못하겠다고 못 박았다. 상황이 심각하다는 것을 감지한 미래에셋은 안방보험 측에 따져 물었고, 안방보험 측에 필요하면 "3개월만 시간을 더 갖고 문제를 해결하자"고 했다.
하지만 안방보험은 협상 제안을 받아들이지 않았고, 결국 소유권 문제가 해결되지 않은 채 2020년 4월 중순 거래종결 예정일이 지나버렸다.

미래에셋 측은 강하게 반발을 하면서 매매계약을 해지하였다. 매도인이 권원보험을 확보하여야 하는데 보험사들이 모두 거부를 하니 매수인 입장에서는 당연한 수순이었다. 그런데 안방보험은 계약금을 반환하기는커녕 적반하장으로 매수인이 변심을 했다며 매매계약 부당해지라고 주장했다. 그러면서 미래에셋을 상대로 계약 이행 소송을 델라웨어주 법원에 제기했다.

흥미로운 점은 피터앤김이 디스커버리를 하다가 15개 호텔과 관련하여 매도인 측의 의심스러운 서류를 무더기로 발견한 것이다. 그 과정에서 호텔 15개와 관련된 안방보험 측의 '이면계약서'가 존재한다는 점, 그 이면계약서상 호텔 15개가 정체 불명의 당사자들에게 담보로 제공된 점, 그 이면계약서에 최종적으로 도장을 찍은 사람이 2017년 안방보험의 전 회장이었던 우 회장이라는 점 등을 알아냈다.

의문스러운 사정이 한 두 가지가 아니었다. 그 이면계약서가 위조된 것은 아닌지, 이면계약서의 상대방인 정체불명의 회사들은 실제로 존재하는 법인들인지, 그 이면계약서의 존재를 안방보험 측 실무자들도 알고 있었는지 등 파면 팔수록 의문투성이었다.

PETER&KIM

실제 재판 과정에서 이면계약서를 들고 나온 '가짜 인물'이 15개 호텔의 소유권이 우리에게 있다고 주장하면서, 이 계약서의 위조 여부가 논란이 되기도 했다.

사건을 맡은 한민오 변호사는 "미래에셋이 15개 호텔에 대한 매매계약을 해지할 때 마침 코로나가 발발한 직후였고 호텔업계가 혼란을 겪고 있던 때였다. 안방보험 측은 미래에셋의 매매계약 해지를 두고 '매수인의 변심'이라고 몰고 갔는데, 이 프레임을 180도 뒤집는 게 이 소송의 관건이었다"고 설명했다.

한 변호사는 "프레임을 바꾸기 위해서는 디스커버리를 통해 문서를 심도 있게 파고드는 수밖에 없었다. 모래사장에서 바늘을 찾는 기분이었다"면서 "사건을 파보니까 고구마 줄기처럼 엮여 있었고 상식 밖 내용들이 많아 매일 놀랄 정도였다"고 회고했다.

이처럼 디스커버리 과정에서 매도인에게 불리한 자료가 무더기로 발견되자, 결국 매도인이 백기를 들었다. '이면계약서'의 존재를 2019년 말부터 알고 있었다고 2020년 6월에 자인을 한 것이다. 결국 매도인은 호텔 소유권에 관한 핵심적인 사실을 매수인 측에도, 권원보험사에게도, 대주단에게도 알리지 않은 점을 인정할 수밖에 없었다.

매도인 측은 자기 잘못을 인정하면서도 신종 코로나바이러스 감염증 코로나19 사태가 터져서 미래에셋 측이 변심으로 계약 해지를 한 것이라는 주장을 계속 이어나갔다.

결국 델라웨어주 형평법원은 같은 해 12월 1일에 1심판결을 내렸는데, 안방보험에 대해 미래에셋 등에 계약금 전액을 반환하고 추가로 3,685만달러(한화 약 400억원)의 거래비용과 관련 소송비용 등을 전부 지급하라고 판결했다.
1심법원은 미래에셋이 소송에서 쓴 변호사 비용, 법원 소송 비용 및 전문가 비용을 안방보험이 물어내야 한다고 판시를 내린 것은 물론, 더 나아가 소송 제기 전 양측이 딜을 성사시키며 썼던 '자문거래 비용'까지 안방보험이 물어내라고 했다.

재판의 첫 번째 쟁점은 '미래에셋의 계약 해지가 정당했는지' 여부였다. 미래에셋은 매물(호텔)의 소유권이 매도인 측에 있다고 보장할 수 없다는 점을 들어 해지가 정당하다고 주장했다. 권원보험을 확보하는 것은 거래종결의 선행조건인데, 권원보험이 확보가 안 된 상태에서 거래종결 조건이 전혀 충족되지 않았다는 취지다.

또 다른 쟁점은 거래 조건에 들어있는 '확약 내용'을 안방보험이 위반했는지 여부였다. 해당 확약에는 매도인이 거래 종결까지 호텔사업을 '통상적 영업수준'으로 유지해야 한다고 명시되어 있었다.

특히 이 확약은 대규모 부동산 매매계약에 일반적으로 들어가는데, 말 그대로 사업 유지만 하면 되는 조건이라 평상시엔 이슈가 되지 않지만, '코로나 시기'라는 점에서 전 세계 법조계의 이목이 집중되었다. 안방보험 측은 코로나가 확산되면서 동의를 받지 않고 일부 호텔의 영업을 중단했는데 "코로나 정도의 심각한 상황에서 영업 중지는 불가항력적 사유고 확약 위반이 정당화된다"고 주장했다. 말하자면 코로나 환경에서는 이른바 '문을 닫는 게' 통상적 영업유지ordinary course of business에 해당된다는 취지다.

하지만 1심 법원은 "이 사건 통상적 영업수준 유지 조항의 문구를 보면 여기서 '통상적 유지'란 코로나가 아닌 상황에서의 통상적 유지에 준해야 한다"며 미래에셋의 손을 들어줬다.

이 쟁점은 코로나 팬데믹 시기라는 점에서 법원이 어떻게 판단할지를 놓고 미국 법조계뿐만 아니라 관련 비즈니스 시장에서도 주목을 받았다. 코로나 없는 상황에서 통상영업을 말하는 건지, 코로나 있는 상황에서 통상영업을 말하는 건지 법리적 해석의 다툼의 여지가 있었는데 델라웨어 법원이 기준을 마련한 셈이다.

피터앤김은 이 사건을 델라웨어 법원이 맡게 된 것도 돌이켜보면 '행운'이라고 전했다. 델라웨어주는 미국에서 가장 기업 친화적 법제를 운영하는 곳으로 통한다. 우리나라도 상법·회사법 개정과 경제 분야의 법률 도입을 추진할 때 델라웨어 회사법을 참조한다. 사법부도 델라웨어의 기업 분쟁 처리 방식과 판례를 연구해왔다.
한 변호사는 "델라웨어 법원은 기업분쟁 관련, 학식과 경험이 풍부한 판사들이 '신속하면서도 심도 있는 재판'을 하는 것으로 잘 알려져 있고 판결 결과에 대한 권위도 남다르다. 이 사건의 경우, 6개월 만에 300장짜리 판결문을 내놨다"고 설명했다.

사건을 진두지휘한 김 대표는 "안방보험의 청구를 100% 기각시키고, 미래에셋의 계약금 반환 청구 등 반대 청구를 인용 받은 것만으로도 보람이 크다. 그런데 거기에 더해 미래에셋이 지출한 거래비용까지 안방보험에게 배상하라고 판결한 것은 이례적이라고 평가한다"고 말했다.
안방보험이 거래를 진행하면서 솔직하고 투명하지 못한 점에 대해 델라웨어 형평법원이 일종의 강한 '경고 메시지'를 던진 것이라는 취지다.

김 대표는 "거래를 하다 (양측이) 틀어진 것이 아니라 한쪽의 잘못으로 처음부터 상대방 거래당사자가 불필요한 비용을 내게 됐으니 전부 다 배상하라고 한 셈이다. 미국 소송에서 소송비용 전액에 더해 거래비용 전액까지 반환하라고 판결이 내려진 것은 매우 드물기 때문에 현지에서도 화제가 됐다"고 의미를 부여했다.

델라웨어 형평법원에서 패소한 안방보험 측은 2021년 3월 미래에셋과 미래에셋생명을 상대로 항소를 제기했다. 미국 소송사건은 보통 3심제인데, 델라웨어 형평법원은 이례적으로 2심제로 운영된다. 항소를 하면 바로 델라웨어 주 대법원으로 가는 셈이다.

이후 델라웨어 주 대법원은 2021년 9월 15일 변론기일을 열고 사건을 재심리했다. 3개월간의 심리 끝에 같은 해 12월 9일(한국시간 기준), 안방보험의 항소를 전부 기각하고 1심 판결을 확정했다. 대법원은 1심 판단을 그대로 존중했다. 미래에셋이 계약 해지가 정당했을뿐더러 통상적 영업수준을 유지해야 한다는 조건을 안방보험 측이 위반했다고 못 박았다.

미래에셋이 최종 완승한 셈이다. 이에 따라 미래에셋은 이미 지급했던 계약금과 이자 등 7,000억원과 소송비용, 거래비용 등도 모두 돌려받게 됐다.

김 대표는 "2심 재판부가 1심에서 우리가 주장한 내용을 그대로 인정했다"면서 "무엇보다 통상적 영업수준에 대한 법적 판단 기준을 제시했다는 점에서 미국 내 '리딩 케이스'를 제시한 것"이라고 평가했다.

PETER&KIM
ATTORNEYS AT LAW

김갑유 변호사
(17기)

20년 넘게 국제중재 한 우물만 파 온 '대한민국 대표' 국제분쟁 전문가다. 실제로 일 년의 절반을 해외에서 활동한다. 국제중재 및 국제 소송이 생긴 기업에게 산업 유형이나 분쟁 규모를 막론하고 전략을 자문하고 영어로 진행되는 절차에서 이익을 대변하고 있다. 인천 경제 자유구역청을 대리해 276억 원을 지켰고, 론스타 사건의 대한민국 자문단도 이끌고 있다.

한민오 변호사
(38기)

주변으로부터 '유머러스한 완벽주의자'로 불린다. 어릴 적 독일에서 10년간 산 영향으로, 언제나 한결같고 약속을 잘 지키는 것을 중요하게 생각한다. 다양한 국제중재 사건을 맡고 있지만, 주로 건설과 엔지니어링 분쟁을 다룬다. 누구에게나 믿음을 줄 수 있는 국제중재 변호사가 되려고 매일 노력하고 있다.

이 사례의 결정적 법 조항

본건 부동산 매매계약 조항 中 통상영업 유지 확약 조항*

[원문]

Section 5.1

Except as otherwise contemplated by this Agreement or as set forth in Section 5.1 of the Disclosure Schedules, between the date of this Agreement and the Closing Date, unless the Buyer shall otherwise provide its prior written consent (which consent shall not be unreasonably withheld, conditioned or delayed), the business of the Company and its Subsidiaries shall be conducted only in the ordinary course of business consistent with past practice in all material respects, including using commercially reasonable efforts to maintain commercially reasonable levels of Supplies, F&B, Retail Inventory, Liquor Assets and FF&E consistent with past practice, and in accordance with the Company Management Agreements. (…)

[국문 번역본]

제5.1조

매도인은, 본건 계약에서 달리 정하거나 공개목록(Disclosure Schedules) 제5.1조에 규정된 경우를 제외하면, 매수인의 사전 서면 동의서(불합리하게 보류, 조건부 또는 지연되지 아니한 경우)가 제공되지 않는 한, 이 계약일부터 거래종결일까지 본건 회사와 자회사의 사업을 과거 관행에 부합하고 회사관리계약에 따라 상업적으로 합리적인 수준의 소모품, 식음료, 소매품, 주류 및 장비 등 자산을 상업적으로 합리적인 노력을 다하여 유지하는 것을 포함하여 모든 중대한 국면에서 과거 관행에 부합하는 통상적인 영업방식에만 부합하도록 운영하여야 한다. (후략)

* 본건 1심 판결문에서 발췌하였음

"고액 연봉자도 근로자인데요" 밀린 퇴직금 받아내는 노하우

'하이 리스크 하이 리턴(고위험 고수익)' 상품을 운용·판매하는 증권사 금융투자 영업직원들은 대부분 계약직 근로자이다. 이들의 정년은 보장되지 않지만 반대급부로 영업 실적에 대한 성과급을 받는데, 보상체계가 단기 성과 위주로 돼 있다 보니 더욱더 고위험 상품에 열을 올릴 수밖에 없는 구조다.

이는 2008년 글로벌 금융위기 당시에 국내 금융회사가 휘청인 원인이기도 했다. 당시 신용부도스와프CDS 등 장외파생상품 거래가 난무하면서 국내 금융회사들이 위기에 빠지기도 했다. 이에 금융감독원은 증권사들의 재무적 리스크를 줄이는 동시에, 단기에 수익을 벌고 이동하는 고액 연봉자들의 '도덕적 해이'를 방지하기 위한 대책을 내놨다.

금융감독원은 2010년 '금융투자회사 성과보상체계 모범규준'을 마련했다. 2015년 법으로 도입돼 지금까지 시행되고 있는 '성과급 이연

제도'의 모태다. 성과급을 한 번에 지급하지 않고 여러 해에 걸쳐 분할 지급하는 것이다. 증권사 입장에서는 임직원의 퇴사나 이직을 막는 강력한 수단이 되고 있다.

그러나 도입 취지와 달리 일부에선 사측이 임직원 퇴사 및 이직을 막거나 지급을 거절 내지 미루는 수단으로 악용하면서 근로자 권리를 침해한다는 비판을 받는다. 직원들 사이에서는 성과를 올려 정당하게 받을 돈인데, 지급을 미루면서 자유로운 이직 등의 근로자 권리를 침해한다는 볼멘소리가 나온다.

실제 이연성과급 제도가 도입된 이후 증권사·자산운용사 등 금융회사와 퇴직 임직원간 '법적 갈등'은 끊이지 않았다. 특히 증권사를 상대로 이연성과급 지급을 요구하는 임직원들의 소송은 계속됐다. 하지만 사건별로 법원의 판단이 달라 업계에서는 "기준이 없다"는 말까지 나온다.

2019년 10월 정모씨 외 13명이 IBK투자증권을 상대로 제기한 이연성과급 지급 소송에서 승소한 사건이 있었다. 이 소송에서 패소한 증권사는 소송가액 21억8,000만원의 70%를 지급했다.

반대의 결과가 나온 사건도 있었다. 김모 부사장은 2019년 미래에셋으로 이직하면서 한국투자증권에서 재직하던 시절 쌓아둔 35억 9,400만원의 성과급을 받지 못해 소송을 제기했다. 이 사건은 증권가 이연성과급 미지급 관련 소송 중 최대 규모였다는 점에서 업계의 관심을 받았다.

하지만 서울중앙지방법원 제41민사부는 2021년 9월 9일, 김 부사장이 한투증권을 상대로 제기한 이연성과급 지급 청구 소송에서 원고 패소 판결을 내렸다. 법원은 한투증권이 '임직원이 자발적으로 퇴직한 경우 성과급을 지급하지 않는다'고 회사 규정에 명시했다는 점에서 사측의 손을 들어줬다.

편견에 맞서 싸운 법무법인 이신

법무법인 이신의 박현광 변호사가 근로자들을 대리한 이번 사건은 기존 사건들과는 다소 결이 다르다. 항소심 재판부가 원심을 뒤집고 임직원들의 손을 들어줬다는 점에서다. 특히 계약기간 중 퇴직이 아닌, 계약만료에 의한 퇴직만큼은 적어도 사측이 이연성과급을 지급해야 한다는 메시지를 분명하게 전달하고 있다는 점에서 해당 판결은 의미가 있다.

사건은 KTB투자증권의 채권금융팀에서 채권매매 및 중개업무를 담당했던 A이사와 B차장이 2018년 1월 26일과 31일에 각각 사직서를 제출하면서 시작됐다. 앞서 이들은 2017년 1월 1일부터 2017년 12월 31일까지 일하는 것으로 사측과 계약을 맺었다.

하지만 퇴직 후에도 성과급의 일부(각각 8,500여만원, 1억5,000여만원)는 지급되지 않았다. 이에 A이사와 B차장은 성과급을 요구했지만 사측으로부터 거절당했다.

사측은 계약기간이 만료됐음에도 계속 회사에 다녔고 타사 이직에 따른 '자발적 퇴사'로 판단하기 때문에 '채권금융팀 인센티브 계약서'상 조항을 근거로 "자발적 퇴사일 경우 인센티브를 주지 않는다"고 맞섰다.

이에 직원들은 사측을 상대로 약정금 청구 소송을 냈다. 법리적 쟁점은 A이사와 B차장의 퇴직을 계약만료에 따른 당연퇴직으로 볼 것인지, 자신의 의사에 따른 자발적 퇴사로 볼 것인지 여부였다.
사측과 해당 직원들 사이에 체결된 인센티브 계약서에는 자발적 퇴사가 아닌 경우에만 이연성과 보수를 지급하도록 되어 있다.

1심은 원고들의 청구를 기각했다. 두 번의 기일 만에 내려진 결론이었다.
박 변호사는 "승소를 자신하고 있었는데 재판부에서 '이거 갖고 증인신문을 할 정도는 아니지 않냐'는 식이었다"면서 "근로계약서에 계약갱신을 할 수 없다는 취지의 문구가 있는데 이를 재판부가 환기시키고 끝이 났다"고 말했다. 그러면서 "솔직히 '재판부도 편견이 있구나'라는 생각이 들면서 허탈했고 힘이 빠졌다"고 회고했다.

즉, 1심 재판부는 계약기간이 종료된 이후 원고들이 1개월간 회사를 다닌 것을 두고 근로계약이 묵시적으로 연장됐다고 판단해 '자발적 퇴사'로 봤다. 사직서 면담내용란에 '타사 이직에 따른 의원퇴직'이라고 적혀있다는 점을 근거로 든 KTB투자증권 측 주장에 손을 들어준 셈이다.
또 원고들이 2018년 직원 연봉 책정안 대상자에 포함돼 있었고 모두 연봉 인상 대상자였다는 점도 받아들였다.

하지만 2심 재판부는 이를 뒤집고 직원들 손을 들어줬다. 서울고등법원 제15민사부는 이들이 KTB투자증권을 상대로 제기한 '이연성과급 지급 청구 소송'에서 2021년 7월 23일 원심 판결을 뒤집고 직원들 손을 들어줬다.

항소심 재판부는 변론준비기일부터 열고 쟁점 하나하나를 처음부터 다시 짚었다. 변론준비기일은 변론기일 시 준비서면을 진술하고 석명을 구해 재판부에 서증을 제출하거나 증거신청하고 증인신문을 하는 절차를 말한다.

그만큼 사안을 꼼꼼히 들여다본 항소심 재판부는 원고들이 자발적 퇴사가 아닌 당연퇴직을 한 것으로 판단했다. 사측과 직원들이 체결한 근로계약서에 보면 '계약기간 만료 후 계약을 갱신할 경우 계약기간 만료 전에 갱신 합의가 있어야 한다(1조2항)'고 돼 있다는 점을 지적했다. 계약갱신에 관한 명시적 합의가 있었다고 볼 증거가 없다고 판단했다.

박 변호사는 계약갱신에 대한 입증 책임을 사측에 요구했다. 계약기간 만료 즈음 더 이상 계약을 연장하지 않는 사람들에게는 미리 통보를 해주지만, 이렇다 할 언급이 없는 직원들은 자동 연장하는 것으로 인식하는 관행이 있었다는 점을 강조했다.

이에 사측은 '관행'을 근거로 반박했다. 하지만 관행만 내세울 뿐 계약갱신을 했다는 객관적 증거를 내밀지 못했다.
특히 실제로 사측이 주장하는 것처럼 '묵시적 계약'이 이뤄졌다고 보면 이 사건 근로계약 1조 2항 규정을 무의미한 조항으로 만들어버리는 아이러니한 상황이 된다는 점도 지적했다.

결국 재판부가 이를 받아들였다. 박 변호사는 "(사측 주장대로라면) 계약갱신 여부와 조건을 전혀 알지 못한 채 계약기간 만료일을 맞이한 근로자들이 그제서야 '본인 의사에 의한 퇴직'으로 취급돼 이연성과급 지급 대상에서 제외된다는 것인데 이는 불합리하다"고 지적했다.

결국 항소심 재판부는 "원고들과 같은 근로자가 계약만료 시점에 퇴직하더라도 이를 본인 의사에 의한 퇴직으로 봐서 이연성과급 배제 사유로 본다면, 계약기간 중 퇴직하는 경우는 물론 기간 만료 시 퇴직하는 경우에도 성과급 지급을 받을 수 없다"고 판시했다. 또 "근로자들의 퇴직의 자유를 사실상 제한해 부당하게 근로의 계속을 강요하는 결과가 될 수 있다"고 밝혔다.

당초 박 변호사는 이번 사건과 관련해 2018년 12월 고용노동부 서울 남부지청에 진정을 넣었다. 하지만 '자발적 퇴사'로 판단된다며 기각됐다. 근로감독관이 맡는 사건은 대부분 일용직 노동자 등이 원고 측으로 돼 있는 사건이다.

박 변호사는 "증권업계 영업직을 바라보는 시선에 편견이 있는 것이 사실이다. 노동청은 물론 법원 역시 그러한 인식을 아예 외면하지는 못할 것이라고 조심스럽게 추측해 본다"고 말했다. 단타로 고액의 연봉을 돈을 벌고 몸값을 부풀려 이직하는 사람에게 성과급까지 지급해야 하느냐는 부정적인 시선이다.

실제로 증권사에서 성과급을 많이 받는 직원들은 있기 마련이다. 외부 자문위원회 등을 통해 조사를 한 결과를 보고 증권사 스스로도 놀랄 정도다. 한 번도 아니고 다년간 수억 원을 성과급으로 받는 경우도 있다.
박 변호사도 우스갯소리로 "대형 증권사 사내변호사로 근무하기 전에는 그 정도 연봉 받는 사람을 본 적도 없다"고 말할 정도다. 자연스럽게 위화감이 들 수밖에 없다는 설명이다.

하지만 박 변호사는 증권사 영업사업부에 대한 일반 대중들의 편견, 시장의 편견, 법관의 편견을 불식시켜야 한다고 강조했다. 그는 "암묵적으로 깔린 편견 때문에 이른바 '찾아야 할 권리'를 찾는데 보이지 않는 벽으로 작동될까 두렵다"고 말했다.

무엇보다 박 변호사는 이 사건이 '근로자 권리 보호'라는 점에서 증권 업계에 미치는 영향이 크다고 평가했다.
그는 "이연기간 중 퇴사했다 하더라도 계약기간 만료로 퇴사하는 경우 자발적 퇴사가 아니라는 점과 이연성과보수의 지급배제 사유에 대한 입증 책임은 사측에 있다는 점을 확인시켜 준 판결이다. 특히 타사 이직을 위한 퇴사라 할지라도 계약기간 만료 시점에 당연퇴직 할 수 있고 이를 금지하는 것은 퇴직의 자유를 제한(근로기준법 제20조 위반)한다는 점을 명백히 밝힌 셈"이라고 의의를 부여했다.

이어 "이연성과급 사건은 판결 결과가 정말 케이스 바이 케이스다. 각사 계약서라든지 성과 지급의 기준도 봐야 하고 여기에 여러 조건을 추가해 둔 회사도 있다. 이번 판결은 최소한 중도 퇴직이 아니고 계약 만료로 나간 직원들에게는 이연성과급을 인정해줘야 하는 것 아니냐는 의미를 갖고 있다"고 덧붙였다.

KTB투자증권은 이후 상고했지만 대법원이 심리불속행으로 사건을 종결했다. 심리불속행은 본안심리 없이 상고를 기각하는 것으로 2심 결과를 인정하는 것으로, 대법원 확정판결과 동일한 효력을 가진다.

★ 승소한 변호사는 누구?

박현광 변호사
(39기)

정당한 노동에 정당한 대가를 받지 못하는 것을 특히 못 참는다고 한다. 물건을 사면 값을 지불하고 돈을 빌리면 갚아야 하는 게 세상의 이치이므로, 일을 했으면 약속한 보수를 받는 게 당연하다는 게 박 변호사의 논리다. 회사의 부적절한 관행과 편견으로부터 근로자의 권리를 보호하려고 노력하는 변호사다. 늘 초심을 갖고 고객의 니즈에 맞는 최상의 전략을 구사한다고 자부한다.

이 사례의 결정적 법 조항

금융회사의 지배구조에 관한 법률 제22조 제3항

③ 금융회사는 대통령령으로 정하는 임직원에 대하여 보수의 일정 비율 이상을 성과에 연동連動하여 미리 정해진 산정방식에 따른 보수(이하 "성과보수"라 한다)로 일정 기간 이상 이연移延하여 지급하여야 한다. 이 경우 성과에 연동하는 보수의 비율, 이연 기간 등 세부 사항은 대통령령으로 정한다.

근로기준법 제7조(강제 근로의 금지)

사용자는 폭행, 협박, 감금, 그 밖에 정신상 또는 신체상의 자유를 부당하게 구속하는 수단으로써 근로자의 자유의사에 어긋나는 근로를 강요하지 못한다.

근로기준법 제20조(위약 예정의 금지)

사용자는 근로계약 불이행에 대한 위약금 또는 손해배상액을 예정하는 계약을 체결하지 못한다.

대한항공·아시아나 초대형 항공사 탄생 그 뒤엔 '한진의 눈물' 있었다

대한항공과 아시아나항공의 통합 발표는 2020년 국내 산업계 최대 화두였다. 사모펀드 KCGI강성부 펀드와 경영권 분쟁을 벌이고 있던 한진그룹과, 아시아나항공 매각에 어려움을 겪던 산업은행의 이해관계가 맞아떨어지면서 세계 7위의 초대형 국적 항공사가 출범할 수 있게 됐다.

국제항공운송협회가 발간한 '세계 항공 운송 통계 2020'에 따르면 2019년 기준 여객 및 화물 운송 실적에서 대한항공은 19위, 아시아나항공은 29위였다. 두 회사의 운송량을 합산하면 세계 7위에 오르게 된다.

하지만 모두가 초대형 국적 항공사의 탄생을 반긴 건 아니다. 특히나 한진그룹과 경영권 분쟁을 벌이던 KCGI가 강하게 반발했다. 산업은행은 대한항공과 아시아나항공의 통합을 발표하면서 항공운송산업 경쟁력 강화를 위해 한진칼에 8,000억원을 투입하겠다고 했는데, 자금 투입 방식이 문제였다.

거래 구조를 보면 우선 한진칼이 산업은행을 상대로 5,000억원 규모의 보통주 신주를 발행하고, 대한항공 주식을 교환 대상으로 하는 3,000억원 규모의 교환사채를 발행하게 된다.

대한항공은 2조5,000억원 규모의 주주배정 후 실권주 일반공모 방식의 유상증자를 실시하고, 이를 통해 조달한 자금으로 아시아나항공이 발행하는 1조5,000억원 규모의 신주와 3,000억원 규모의 영구CB를 인수함으로써 대한항공이 아시아나항공 경영권을 확보하게 된다.

한진칼은 산업은행에 대한 신주발행을 통해 조달한 자금으로 대한항공 주주배정 유상증자에 참여하는 식이다.

이 중 문제가 된 건 한진칼이 산업은행을 상대로 5,000억원 규모의 신주를 발행하는 부분이었다. 산업은행은 한진칼에 제3자 배정 유상증자 방식으로 자금을 투입하겠다고 했는데, 이렇게 되면 한진그룹의 우호 지분이 많아져 경영권 분쟁을 벌이던 KCGI 입장에선 불리해지게 된다. 이 때문에 KCGI 측이 한진칼의 신주발행금지 가처분 신청을 할 것이라는 전망이 나왔고, 실제로 KCGI 측은 서울중앙지법에 가처분 신청을 제기했다.

재판은 속전속결로 진행됐다. 산업은행의 한진칼 유상증자 납입일이 2020년 12월 2일로 예정돼 있었기 때문에 늦어도 하루 전까지는 법원의 판단이 나와야 했기 때문이다. 서울중앙지법 민사합의50부는 2020년 11월 25일 KCGI 측이 제기한 가처분 심문을 열었다. 심문기

법무법인 화우

김앤장법률사무소

일이 단 한 차례였기 때문에 '일합'에 초대형 항공사의 운명이 결정되는 셈이었다.
신종 코로나바이러스 감염증코로나19으로 방청객을 제한한 데다 소법정에서 재판이 열리는 바람에 법정 앞은 한진그룹과 KCGI 측 관계자들로 북적였다. 양측 관계자들이 법정 밖에서 서로 삿대질을 하며 신경전을 벌이기도 했다.

이 재판에서 한진칼 측은 김앤장법률사무소와 법무법인 화우를 중심으로 변호인단을 꾸렸다. 김앤장에서는 서울고법 부장판사 출신으로 기업분쟁을 전문으로 다루는 김용상 변호사와 회사법과 자본시장법 관련 국내 최고 전문가로 꼽히는 고창현 변호사, 굵직한 기업 지배구조 개편 작업을 여러 차례 성사시켰던 조현덕 변호사 등이 나섰다. 화우에서는 서울남부지법 부장판사 출신인 유승룡 변호사를 중심으로 한 경영권 분쟁대응팀이 나섰다.

'한진의 눈물'이냐 '평화의 댐'이냐

이 재판의 쟁점은 한진칼이 왜 증자에 나섰느냐였다. KCGI 측은 한진그룹이 경영권 방어를 위해 시급한 경영상 목적도 없이 증자에 나섰다고 주장했다. 한진칼이 증자를 통해 산업은행을 우호주주로 끌어들여서 KCGI와의 경영권 분쟁에서 우위에 서려 했다는 것이다.

증자를 통해 신주가 발행되면 KCGI 측의 지분율은 45.23%(워런트 포함 46.71%)에서 40.41%로 낮아지고, 조원태 한진그룹 회장 등 한진그룹 경영진의 우호주주 지분율은 41.78%에서 47.99%로 높아진다. 47.99%는 조 회장 등 우호주주 지분율 37.33%에 산업은행이 갖게 될 지분율 10.66%를 합친 것이다.
경영권 분쟁 중에 제3자배정 유상증자가 이뤄지는 경우, 경영권 방어를 위한 편법으로 법원이 판단하는 선례가 적지 않았다. 이 때문에 KCGI 측이 승소할 수 있다는 전망도 적지 않았다.

반면 한진칼 측은 이번 증자는 정부의 산업정책에 따라 산업은행으로부터 투자금을 유치해 대한항공의 경영정상화와 국내 항공산업 재편을 추진하기 위한 것이라고 맞섰다. 경영권 방어를 위한 것이 아니라 위기에 빠진 항공산업을 살리기 위한 최후의 선택이라는 주장이다.

한진칼 변호인단으로 나선 김앤장과 화우는 이번 증자가 대한항공과 아시아나항공, 그리고 항공산업을 살리기 위해 필수불가결한 조치라는 걸 설명하는 데 대부분의 변론 시간을 썼다. 법리적인 문제보다는 기업과 산업 환경을 설명하는 데 집중했다. 이때 '한진의 눈물'도 등장했다.

김앤장의 고창현 변호사는 항공산업 지원의 필요성을 이야기하던 중 한진해운의 파산을 언급했다. 그는 "한진해운은 국내 1위, 세계 7위의 기업이었고 영업이익이나 부채비율 어느 부분을 봐도 한진해운이 현대상선보다 우량했다. 그런데 현대상선은 산업은행의 지원을 받아 정상적으로 영업을 하고 있고 한진해운은 결국 파산했다"고 말했다.
고 변호사는 "항공산업에 정부가 개입하지 않고 시장에만 맡기면 공멸하는 게 자명하다. 한진칼 입장에서는 한진해운이라는 뼈아픈 과거의 경험이 있다"고 덧붙였다. 한진해운을 잃어본 경험이 있는 한진그룹 입장에서 항공사에 대한 정부의 적시 지원이 얼마나 중요한지 강조한 것이다.

한진해운은 연 매출만 8조원에 달하는 국내 최대 해운사였다. 한때 세계 7위까지 성장했지만 지속적인 경영난 속에 2013년 부채비율이 1,400%를 넘기기도 했다. 결국 2016년 8월 기업회생절차(법정관리)를 신청했고, 2017년 2월 파산했다.
한진해운은 법정관리에 들어가기 전에 자구안을 마련해 산업은행에 지원을 요청했지만 거절당했다.

반면 KCGI 측은 산업은행의 지원이 없으면 대한항공이 파산할 수 있다는 설명이 과장이라고 주장했다. 그러면서 꺼낸 비유가 '평화의 댐' 이었다. 평화의 댐은 강원도 화천에 있는 댐으로 '88 서울올림픽'을 앞둔 1986년 10월 착공하고, 15개월 뒤인 1988년 5월에 1단계 공사가 끝났다. 평화의 댐을 급하게 지은 건 북한의 '수공水攻' 위협에 대응하기 위해서였다. 당시 정부는 북한의 금강산 댐 저수량이 최대 200억톤에 이를 것이라며 이를 수공에 사용한다면 12시간 만에 수도권이 수몰할 수 있다고 발표했다. 이른바 '서울 물바다론'이었다. 평화의 댐 건설을 위한 국민모금운동까지 벌어졌다.

하지만 서울 물바다론은 과장된 것이었다. 당시 불안하던 정국을 전환하기 위해 정부가 일부러 과장된 정보를 흘린 것이다. KCGI 측은 대한항공 파산 가능성이 서울 물바다론처럼 실제로 있지도 않은 위험을 과장해서 주장한 것이라고 반박한 것이다.

하지만 재판부는 한진그룹 측의 주장에 손을 들어줬다. 재판부는 "코로나19 사태 등으로 어려움을 겪고 있는 국가기간산업인 항공산업이 국가 경제 전체에 미치는 영향을 고려해 항공산업구조 개편 등을 목적으로 하는 산업 정책적 차원에서 이뤄진 결정"이라며 "한진칼이나 대한항공의 재무적 능력에 비춰볼 때, 한진칼이 아시아나항공 인수 및 항공사 통합 경영이라는 목적을 달성하기 위해서는 신주발행 이후에도 산업은행의 지속적인 대규모 공적 자금 투입이 전제돼야 한다"고 지적했다.

신주발행이 경영권 분쟁에서 한진그룹의 손을 들어주는 이른바 '조원태 회장 구하기'라는 KCGI 측의 주장도 받아들여지지 않았다.

재판부는 "신주발행이 진행될 경우 주주연합KCGI이 당초 예상했던 한진칼에 대한 지배권 구도에 변화가 생길 것으로 보이기는 하나, 그렇다고 해서 신주발행이 한진칼의 지배권 구도를 결정적으로 바꾼다고 볼 수는 없다"고 밝혔다. 산업은행이 한진그룹 경영진의 우호 주주로 들어가더라도 지분율이 과반수에 이르지 않기 때문에 여전히 KCGI 측이 경영권 변동을 도모할 가능성이 남아 있다는 것이다.

KCGI 측은 신주발행 외에도 주주배정 유상증자, 무의결권 우선주 발행, 사채인수, 자산 매각 등 다른 방법으로 한진칼이 자금조달을 할 수 있다고 주장했지만, 이 또한 재판부는 인정하지 않았다. 신주발행 없이는 산업은행의 지원을 끌어내는 게 불가능하고, 산업은행의 지원 없이는 대한항공이 아시아나항공을 인수할 수도 없다는 김앤장과 화우의 주장을 받아들인 것이다.

경영권 분쟁 있다고 제3자배정 신주발행을 무조건 막을 수는 없다

이 사건이 주목을 받은 또 다른 이유는 제3자배정 신주발행에 대한 판례를 정확하게 제시했기 때문이다. 제3자배정 방식의 신주발행은 기존의 지분구조에 변화를 가져오기 때문에 경영권 분쟁 상황에서는 제3자배정 신주발행이 금지된다는 게 일반적인 인식이었다.

하지만 재판부는 판결문을 통해 경영권 분쟁 중에 있더라도 제3자배정 신주발행을 무조건 금지할 수는 없다고 강조했다.

"주식회사가 자본시장의 여건에 따라 필요 자금을 용이하게 조달하고, 이로써 경영 효율성 및 기업 경쟁력이 강화될 수 있다고 보아 제3자배정 방식의 신주발행으로 자금을 조달하기로 하였다면, 그 신주발행이 단지 경영권 분쟁 상황에서 이루어졌다는 사정만으로 이를 곧바로 무효로 볼 수는 없다"고 밝혔다.

다만 회사가 내세우는 경영상 목적이 표면적인 이유에 불과하고 실제로는 경영진의 경영권이나 지배권 방어 등의 목적이었다면 제3자배정 신주발행은 상법 제418조 제2항을 위반해 무효로 볼 수 있다고 덧붙였다. 이번 사건에서는 대한항공과 아시아나항공 통합이라는 경영상 목적이 실재했기 때문에 경영권 분쟁 중에 이뤄진 제3자배정 신주발행이 유효하다고 판단한 것이다.

소장 접수 전부터 시작된 수 싸움

이 재판은 유례를 찾기 힘들 정도로 빠르게 진행됐다. 초대형 국적 항공사의 탄생을 결정하는 큰 규모의 소송이었지만 변호사들이 재판을 준비할 수 있는 시간은 단 며칠에 불과했다. 하지만 김앤장과 화우의 변호사들은 '오랜 기간 꼼꼼하게' 재판을 준비한 게 승소의 비결이라고 밝혔다. 단 며칠 만에 끝난 재판인데 어떻게 오랜 기간 준비할 수 있었을까.

김앤장과 화우는 이번 소송이 시작되고 한진칼의 법률대리인에 합류한 게 아니다. 오래전부터 한진칼과 손발을 맞춰왔다. 김앤장은 2013년 대한항공 분할 및 지주회사 한진칼을 통한 그룹 지배구조 개편 작업 자문을 시작으로 한진칼과 꾸준히 함께했다. 김앤장 경영권 분쟁송무팀은 KCGI와의 경영권 분쟁에서 한진그룹에 자문을 해왔고, 김앤장 M&A팀도 한진그룹이 대한항공 기내식 및 기내면세판매 사업을 매각하는 거래를 자문했다.

아시아나항공 인수 과정에도 김앤장이 초기 단계부터 참여했다. 제3자배정 유상증자 방식의 인수구조가 유력한 방안으로 떠오르자 이때부터 김앤장은 KCGI의 공격을 예상하고 방어 전략을 준비했다.
김앤장의 조현덕 변호사는 "아시아나항공 인수구조 검토 단계부터 KCGI 측의 가처분 공격을 예상하고 김앤장 M&A팀과 기업지배구조팀, 경영권분쟁송무팀이 소송을 미리 대비해왔다. 대응 논리와 입증 방법을 미리 마련하고 분쟁 준비를 병행했기 때문에 짧은 기간에 신속하게 진행된 이번 가처분 소송에서 효과적으로 대응할 수 있었다"고 말했다.

화우도 마찬가지다. 화우는 2020년 3월 한진칼 정기주주총회를 앞두고 KCGI 측의 공격이 시작되자 한진칼과 함께 성공적으로 방어한 경험이 있다. 이번에도 KCGI 측의 가처분 신청이 접수되자 화우는 송무부문장인 유승룡 변호사를 필두로 서울중앙지법 판사 출신인 시진국 변호사, 삼일회계법인 출신의 류정석 변호사 등이 전면에 나서서 재판을 준비했다.
류정석 변호사는 "법무법인 화우는 경영권 분쟁이 예견되거나 현실화된 상황에서는 기업법무그룹을 중심으로 예상되는 쟁점의 분야에서 그동안 전문성을 쌓아온 변호사들로 팀을 구성해 자문과 송무 전 영역에서 종합적으로 대응했다"고 밝혔다.
화우 관계자도 "대한항공과 아시아나항공 통합의 필요성과 당위성에 대한 서면을 준비하면서 로펌이 아니라 맥킨지와 같은 컨설팅 펌이라는 마음가짐으로 광범위한 리서치를 진행했다"고 설명했다.

KIM & CHANG

김용상 변호사
(17기)

서울고등법원 부장판사(차관급)로 재직하다가 2013년 개업해 기업의 경영권 분쟁 관련 소송 업무를 주로 담당하고 있다. 대표적인 사건으로는 통상임금에 관한 대법원 전원 합의체 사건, 롯데그룹의 지주사 전환을 위한 분할 합병 관련 사건, 한국조선해양의 대우조선해양 인수 관련 사건 등을 맡았다.

고창현 변호사
(19기)

30년간 김앤장에서 자본시장, 기업지배구조, M&A, 경영권 분쟁 관련 업무를 담당하고 있다. 사법연수원, 법무부, 기획재정부, 금융감독원, 한국거래소, 금융투자업협회, 국민연금 등의 각종 위원 및 강사를 역임했다. 상장회사협의회 상담역 및 자문위원, 코스닥협회 자문위원으로 있다

정지영 변호사
(33기)

법원에서 16년간 재직한 경험을 바탕으로 기업 지배 구조 및 경영권 분쟁, 금융 소송, 기업 형사 소송 및 이와 관련된 자문 업무를 수행하고 있다. 또 법원 행정처와 서울고등법원(공보관)에서 대내외적인 사법 행정 업무도 담당한 바 있다.

조현덕 변호사
(33기)

서울대 경영학과 졸업 후 경영 전략, 국제 경영 전공으로 석사, 박사를 취득한 후 사법시험을 거쳐 김앤장에서 기업 지배 구조, 경영권 분쟁 부문을 맡고 있다. 롯데그룹, 한진그룹 경영권 방어를 성공적으로 자문한 경력이 있다. 농협(NH) 분할, 롯데 분할합병, 대림 건설화학 분할, 포스코 분할, NH의 우리투자증권 인수 합병 등도 자문했다.

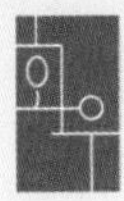

법무법인(유) 화우
YOON & YANG

유승룡 변호사
(22기)

서울남부지방법원 부장판사 출신으로, 화우 송무 그룹을 총괄하고 있다. 대규모 금융 및 건설 분쟁과 경영권 분쟁 사건을 여럿 맡았다. 최선의 팀워크가 성과를 내는 데 가장 중요하다는 생각을 가지고 있다. 2021년부터 화우의 대표 변호사로 취임했다. 늘 초심을 잃지 않고 고객 니즈에 맞춘 최상의 전략과 자문을 제공하고 있다.

류정석 변호사
(31기)

공인회계사 출신으로 기업의 거버넌스, 구조조정, 상사 가처분 분야를 담당하는 송무팀을 이끌고 있다. 특히 M&A나 경영권 관련 분쟁 사건의 전문가로 불린다. 회사법, 자본 시장법에 대한 깊이 있는 이해를 바탕으로 자문과 송무에 걸쳐 모든 쟁점을 챙기며 신속하면서도 정확하게 업무를 처리하는 것이 강점이다.

시진국 변호사
(32기)

서울중앙지방법원 판사를 시작으로 법원 행정처 기획 심의관 등을 역임한 바 있다. 판사 시절 경험한 통찰력과 심도 있는 이해력이 강점이다. 지금은 화우 송무 그룹에서 판사 시절 경험을 바탕으로 기업 법무와 관련한 다수의 소송을 직접 담당하고 있다. 고객 니즈에 맞춘 최상의 전략과 자문을 제공하고 있다.

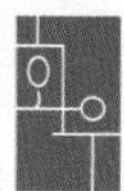

법무법인(유) 화우
YOON & YANG

김성진 변호사
(32기)

화우 M&A 팀장이다. 각종 M&A와 사모펀드 관련 거래, 국내외 투자 등 다양한 분야에서 뛰어난 전문성을 발휘하고 있다. 여러 산업 영역에 걸쳐 폭넓은 경험을 보유하고 있다고 자부한다. 고객의 니즈를 정확하게 파악해 산업별 특성에 맞는 솔루션을 내놓는 것이 강점이다.

강혜림 변호사
(변시 1회)

화우의 파트너 변호사로 의료 제약·제조, 금융 등 다양한 영역에 속한 회사들의 M&A 거래 자문을 수행한 경험이 있다. 특히 해외 기업으로부터의 투자 유치, 해외 기업에 대한 투자 등 cross border M&A 분야에서도 활발히 자문을 제공하고 있다. 늘 초심을 잃지 않고 최선을 다하고 있다고 한다.

이 사례의 결정적 법 조항

상법 제418조(신주인수권의 내용 및 배정일의 지정·공고)

① 주주는 그가 가진 주식 수에 따라서 신주의 배정을 받을 권리가 있다.

② 회사는 제1항의 규정에 불구하고 정관에 정하는 바에 따라 주주 외의 자에게 신주를 배정할 수 있다. 다만, 이 경우에는 신기술의 도입, 재무구조의 개선 등 회사의 경영상 목적을 달성하기 위하여 필요한 경우에 한한다.

상법 제424조(유지청구권)

회사가 법령 또는 정관에 위반하거나 현저하게 불공정한 방법에 의하여 주식을 발행함으로써 주주가 불이익을 받을 염려가 있는 경우에는 그 주주는 회사에 대하여 그 발행을 유지할 것을 청구할 수 있다.

자본시장법 제165조의6(주식의 발행 및 배정 등에 관한 특례)

① 주권상장법인이 신주(제3호의 경우에는 이미 발행한 주식을 포함한다. 이하 이 항 및 제4항에서 같다)를 배정하는 경우 다음 각 호의 방식에 따른다.

1. 주주에게 그가 가진 주식 수에 따라서 신주를 배정하기 위하여 신주인수의 청약을 할 기회를 부여하는 방식
2. 신기술의 도입, 재무구조의 개선 등 회사의 경영상 목적을 달성하기 위하여 필요한 경우 제1호 외의 방법으로 특정한 자(해당 주권상장법인의 주식을 소유한 자를 포함한다)에게 신주를 배정하기 위하여 신주인수의 청약을 할 기회를 부여하는 방식
3. 제1호 외의 방법으로 불특정 다수인(해당 주권상장법인의 주식을 소유한 자를 포함한다)에게 신주인수의 청약을 할 기회를 부여하고 이에 따라 청약을 한 자에 대하여 신주를 배정하는 방식

영국 세법 개정안 위기에서 탈출한 대한해운

월셋집에 사는 세입자가 계약 당시 월세뿐만 아니라 주택에 부과되는 재산세까지 부담하겠다고 계약하더라도, 세입자가 파산한 경우에는 상황이 달라진다. 세입자가 파산하더라도 집주인에게 월세를 모두 지불해야 하지만, '특약 조항'으로 넣었던 재산세는 회생절차에서 감면될 수 있기 때문이다.

선박을 빌리는 방식도 주택을 빌리는 방식과 비슷하다. 회생절차를 밟은 대한해운은 세입자, 스탠다드차타드은행은 집주인의 입장으로 법정에 서게 됐다.

두 회사가 계약을 맺을 때는 2008년 리먼브라더스 사태 이후 촉발된 글로벌 경기 침체로 해운업계가 불황인 상황이었다. 대한해운은 2007년 파나마에 소재하는 특수목적회사SPC와 선박을 장기 리스하는 '원계약'을 맺었지만, 2009년 법인세를 대폭 절감하기 위해 영국

'택스리스Tax Lease' 방식을 선택했다.

택스리스란 영국과 미국 등의 세법에서 금융사가 해운사 리스료를 최대한 지급하고, 당기순이익을 줄여 절감한 법인세를 금융사와 해운사가 나눠 갖는 구조를 뜻한다. 초기에 감가상각 비용을 크게 잡아 해운사에 최대한의 리스료를 부과하면 금융사 재무제표 당기순이익이 줄어들고, 그만큼 법인세 절감 효과를 누리게 되는 셈이다.
영국 국세청에서 택스리스를 인정받기 위해 영국계 금융사 스탠다드차타드은행은 영국에 새로운 택스리스 특수목적회사SPC를 설립하고, 대한해운이 리스한 선박의 소유자가 됐다.

두 회사가 계약을 맺으면서 총 400억원의 절세 이익을 얻었다. 이 금액을 스탠다드차타드은행이 약 300억원, 대한해운이 약 100억원으로 나눠 가졌다. 만일 향후 영국 세법이 소급개정돼 절세 이익을 반환할 경우 400억원의 절세이익 반환을 모두 대한해운이 부담하는 내용의 면책청구권 내용이 변경계약에 포함됐다.

당시 기업 인수·합병M&A 업계에서는 택스리스를 일반적으로 인정한 영미권 세법의 향후 개정 가능성 유무가 이슈였다. 만일 택스리스를 금지하는 개정안이 소급 적용될 경우 절감됐던 법인세를 돌려줘야 할 수 있다는 점에서 리스크가 있었다. 미국은 지난 2004년 세법 개정으로 택스리스에 따른 법인세 절감을 막아놓은 상태였다.

그럼에도 대한해운이 택스리스를 추진했던 이유는 리먼 브러더스 사태 이후 해운업이 궁지에 몰리면서 자구책을 찾아야 했기 때문이다. 그러나 2015년 영국 세법이 택스리스를 금지하는 방향으로 개정되고 두 회사가 소급 적용을 받으면서 모든 금액을 돌려줘야 하는 상황이 됐다.

회생채권 인정받은 대한해운

글로벌 경기 침체로 한국 해운업은 불황의 직격탄을 맞으면서 2016년 한진해운이 파산했다. HMM예전 현대상선은 2011년부터 9년간 적자를 지속해 왔다. 한진해운의 파산으로 인해 한국 해운 산업이 글로벌 시장에서 신뢰를 잃자 얼라이언스(협의체)에 참여하기도 쉽지 않았다. 이런 상황에서 대한해운의 택스리스 소송은 회사의 명운을 건 싸움이었다.

해운사와 항공사는 배, 비행기를 대부분 10~20년에 걸쳐 장기 리스를 한다. 회생절차에 들어가면 리스 시간에 따른 비용이 모두 부채로 잡혀 채권 규모가 늘어나고 변제율이 낮아진다. 대한해운이 회생절차를 밟으면서 영국 택스리스 추징금을 100% 변제해야 하는 공익채권으로 봐야 할지, 3.7%를 변제하는 회생채권에 해당하는지 여부가 중점이 됐다.

법정 관리를 받던 대한해운을 인수하려 했던 회사는 한앤컴퍼니였다.

그러나 택스리스로 인한 우발채무 가능성 때문에 인수를 포기하면서 택스리스 문제가 대한해운 매각의 '최대 장애물'이 됐다. 한앤컴퍼니가 1,500억원을 투입해 대한해운을 인수하려 했지만, 오히려 택스리스로 더 많은 돈을 돌려줘야 하는 상황이 생길 수 있었기 때문이다. 이후 대한해운은 SM그룹에 2,150억원에 인수됐다.

회생절차에 돌입한 대한해운은 원계약을 이행하기로 했다. 이 과정에서 기존에 맺었던 '국적취득조건부 나용선BBCHP* 원계약과 변경계약을 하나로 본다'는 취지의 규정이 대한해운의 발목을 잡았다. 이 규정에 의해 선박 리스에 대한 원계약과 택스리스에 관한 변경계약이 '하나의 계약'으로 평가될 경우, 원계약을 이행하기로 한 결정에 의해 변경계약까지 전부 이행할 의무를 부담하게 되기 때문이었다. 대한해운이 원계약과 변경계약을 모두 이행해야 하는지가 쟁점이 됐다.

대한해운을 대리한 법무법인 대륙아주는 '채무자회생 및 파산에 관한 법률 제119조'에 주목했다. 두 회사가 모든 의무를 다하지 않았지만 서로 대가적 의미가 있는 채무를 부담하고 있는 '미이행 쌍무계약' 상태인 점을 강조했다.
대한해운은 원계약을 유지해 공익채권으로 선박 임대료를 납입하지만, 택스리스가 포함된 변경계약은 해지해 회생채권으로 인정해야 한다고 주장했다.

---

* 장기간 배를 빌린 뒤 소유권을 변경하면서 배를 사용한 국가로 배를 넘기는 것을 뜻한다. 선박을 만드는 데 투입되는 비용을 한 번에 조달하기 어려울 경우, 배를 사용한 금액을 분할 납부하고 기간이 끝나면 소유권을 변경하는 형태이다.

대한해운은 선박 임대료의 경우 원계약을 유지해 공익채권으로 100% 변제하겠다고 밝혔다. 그러나 택스리스가 포함된 변경계약은 계약의 성질상 원계약과 분리할 수 있는 별개의 계약이고, 공익채권으로 인정되는 원계약상 선박 임대료 채권과는 달리 변경계약상 면책청구권은 회생채권으로 인정해야 한다고 주장했다.

1심은 "계약 전부를 이행해야 하고 계약 일부만을 이행 선택할 수는 없다. 당사자들이 해당 선박에 대한 원계약과 변경계약을 하나의 계약으로 보기로 정함에 따라 변경계약까지 이행돼야 하고, 이에 따라 스탠다드차타드의 면책청구권 역시 공익채권에 해당한다"면서 스탠다드차타드의 청구를 전부 인용했다.

하지만 2심은 대한해운의 손을 들어줬다. 대한해운을 대리해 승소로 이끈 대륙아주 최효종 변호사는 일반적인 계약 상황이 아닌 '회생절차' 도중에 벌어진 법적 다툼이라는 점을 강조했다. 즉, 회생절차를 밟는 과정에서 선박 임대료는 공익채권으로 모두 지불하더라도, 택스리스의 경우 계약이 분리되기 때문에 공익채권이 아닌 회생채권으로 봐야 한다고 주장했다.
2심 재판부는 BBCHP 원계약과 BBCHP 변경계약은 체결 경위와 목적을 서로 달리하는 점, 원계약상 권리 의무와 변경계약에서 추가된 의무의 내용 및 성질이 상이한 점 등을 짚어 판결했다. 변경계약은 원계약과 분리해 실효될 것이 예정되어 있었고 실제로 실효된 점도 이유로 꼽혔다.

2심 재판부는 "채무자회생법의 쌍무계약은 쌍방당사자가 상호 대등한 대가관계에 있는 채무를 부담하는 계약이다. 본래 쌍방의 채무 사이에 성립·이행·존속상 법률적·경제적으로 견련성을 갖고 있어서 서로 담보로서 기능하는 것만을 가리킨다"고 판단했다.

이어 "BBCHP 원계약과 변경계약은 계약체결 경위와 목적을 달리하고 그 내용과 성질도 상이한데, 두 계약이 불가분하게 결합해 하나의 대가관계를 구성한다거나 상호 간 본래 견련성을 갖는다고 보기 어렵다. 이 사건 면책청구권은 미이행 쌍무계약상 채권으로 공익채권에 해당한다고 볼 수 없고, 단순히 회생채권에 해당한다"고 판결했다.

대한해운은 2심에서 승소하면서 역대급 실적을 거뒀다. 대한해운은 2021년 3분기 연결 기준 영업이익 1,417억원을 기록했다. 전년도 3분기보다 29%(321억원) 늘어난 수준이다. 같은 기간 매출은 21%(1,417억원) 증가한 8,036억원을 기록했다.
대한해운은 "양수금 청구 항소심 승소에 따른 충당부채 환입, 유상증자 등 재무구조 개선에 따른 금융비용 절감, 컨테이너선 처분 이익 등으로 당기순이익이 큰 폭으로 늘었다"고 설명했다.

외국 도산법 참고 판례로 제출

한국 도산법조계에서는 그동안 원계약과 변경계약 구분에 대한 논의가 많지 않았다. 이에 대륙아주는 원계약과 변경계약이 분리돼야 함

국제법무 부문
SHIPPING/AVIATI
CRIMINAL LITIGATION
DAERYOOK & AJU LLC
PRACTICE GROUP

을 증명하기 위해 외국 도산법을 자세히 들여다봤다. 도산법에 따르면 두 계약은 분리될 수 있다. 하지만 일반 민사법리에 따르면 계약서상 두 계약을 동일하게 하나로 본다는 규정이 있을 경우 단일한 계약으로 취급해야 한다.

대륙아주는 두 법리가 충돌하는 영역에서 미국, 일본 등에서 벌어진 비슷한 사건에 대한 판례를 분석하고 번역해 재판부에 제출했다.

최 변호사는 "일본의 경우 도산 판례 역사만 100년이 넘어 중요한 판례들이 많이 나왔고, 우리나라 도산법도 미국법과 일본법을 모델로 삼았기 때문에 참고 판례로 냈다. 특히 선박 임대 과정이 주택 임대와 비슷해 일본에서 임차인이 회생절차에 들어갔을 경우 두 계약을 분리해 적용해야 한다는 판례를 찾아내 법원에 제출했다"고 말했다.

특히 지난 5월, 하나의 협약서에서 정한 계약도 그 내용과 본질에 따라 별개의 계약으로 나눠질 수 있다고 본 대법원 전원합의체 판단도 대륙아주의 변론에 힘이 됐다. 전원합의체 판단에 따르면 일반적인 민사 사건에서 당사자 간의 관계에 따라 '대가관계'가 넓게 해석될 수도 있지만, 다수인의 이해관계를 포괄적으로 조정해야 하는 회생절차의 경우 달리 판단해야 한다고 봤다.

공익채권을 폭넓게 인정하면 다른 이해관계인들이 뒷순위로 밀려나면서 권리를 침해할 수 있다고 본 셈이다.

최 변호사는 도산 절차에서는 '공익채권' 인정 범위를 좁혀야 한다고 주장했다. "다수인의 이해관계를 포괄적으로 조정해야 하는 도산 절차에서는 일부 당사자 간 약정에 따라 미이행 쌍무계약의 범위를 넓혀 공익채권을 널리 인정할 경우 곧 다른 이해관계인들의 권리침해와 직결된다. 미이행 쌍무계약의 인정 대상을 '본래의 대가관계가 존재하는 경우'로 엄격히 한정해 해석해야 한다"고 말했다.

이어 "외국 금융 자본이 한국의 중견 기업을 공격하고 해운업계를 흔든 것인데, 이를 성공적으로 방어했다는 점에 의의가 있다"고 강조했다. 그는 "택스리스로 이익을 얻은 총 400억원 중 대한해운은 100억원밖에 분배받지 못했음에도 불구하고 추후 400억원 전부의 추징금 보증 책임을 부담한다는 내용의 불공정한 계약이다. 계약상의 허점을 이용하는 것은 도산 법리에도 어긋난다"고 했다. 그러나 스탠다드차타드은행이 대법원에 상고하면서 법적 분쟁은 이어지게 됐다.

★ 승소한 변호사는 누구?

DR & AJU

법무법인(유한) 대륙아주

최효종 변호사
(34기)

15년 넘게 기업 회생·파산 전문변호사로 활동하며 쌍용자동차, 동양그룹, 한진해운 등 기업 도산 사건들을 담당했다. 대한해운 사건에서 밤새 수백 장의 영문계약서를 뒤적이며 외국 도산법 논문들을 검토한 끝에 승소했고, 최근 이스타항공 M&A 과정을 맡기도 했다. 어떠한 업무라도 시종여일始終如一의 마음가짐으로 최선을 다한다.

이 사례의 결정적 법 조항

채무자 회생 및 파산에 관한 법률 제118조(회생채권)

다음 각호의 청구권은 회생채권으로 한다.

1. 채무자에 대하여 회생절차 개시 전의 원인으로 생긴 재산상의 청구권

채무자 회생 및 파산에 관한 법률 제119조(쌍방미이행 쌍무계약에 관한 선택)

① 쌍무계약에 관하여 채무자와 그 상대방이 모두 회생절차 개시 당시에 아직 그 이행을 완료하지 아니한 때에는 관리인은 계약을 해제 또는 해지하거나 채무자의 채무를 이행하고 상대방의 채무이행을 청구할 수 있다. 다만, 관리인은 회생계획안 심리를 위한 관계인집회가 끝난 후 또는 제240조의 규정에 의한 서면결의에 부치는 결정이 있은 후에는 계약을 해제 또는 해지할 수 없다.

채무자 회생 및 파산에 관한 법률 제179조(공익채권이 되는 청구권)

① 다음 각호의 어느 하나에 해당하는 청구권은 공익채권으로 한다.

7. 제119조 제1항의 규정에 의하여 관리인이 채무의 이행을 하는 때에 상대방이 갖는 청구권

고정 시간 외 수당은 통상임금?
이건희 '프랑크프루트 선언' 변수로 떠올라

통상임금은 소정근로에 대한 대가로 지급되는 금품으로, 연장·야간·휴일 근로에 대한 가산수당을 산정하는 기준이다. 통상임금이 높아지면 기업이 근로자에게 지급하는 각종 수당과 퇴직금이 증가한다. 이 때문에 기업은 통상임금에 포함되는 항목을 최대한 제외하려고 한다.

그러나 대법원은 통상임금 소송과 관련해 수차례 근로자의 손을 들어줬다. 대법은 2021년 12월 현대중공업 근로자들이 상여금을 통상임금에 포함해 달라며 회사를 상대로 제기한 6,300억원대 소송에서 현대중공업 패소 판결을 내렸다.
그전에는 기아차 근로자 3,500여명이 회사를 상대로 낸 소송에서 "정기상여금은 통상임금에 해당한다"라는 결론을 내렸고, 아시아나항공 승무원들의 '어학 수당', 버스 운전기사들의 '물품 교환권', 한국GM 사무직의 '업적 연봉' 등도 모두 통상임금이라고 판단했다.

이처럼 통상임금과 관련한 친親 노동 판결이 계속되면서 경영계의 관심은 사무직(월급제) 근로자에게 지급되는 고정OT(Overtime pay·시간외 수당)가 통상임금에 포함되는지 결정할 대법 판결로 쏠렸다.

고정OT는 실제 근로 시간과 관계없이 매월 고정적인 연장근로 수당을 지급하는 방식이다. 예를 들면 시간당 통상임금이 1만원인 직원이 이번 달에 10시간의 연장 근로를 했다면, 1만원에 10을 곱한 후 가산율인 150%를 곱한 15만원을 연장 근로 수당으로 받게 된다.
그런데 고정OT 체계인 회사에서는 실제로 연장 근로를 몇 시간이나 했는지는 상관없이 고정적인 금액만을 지급한다. 이는 연장 근로를 하지 않은 근로자에게도 해당되는 것으로, 정확한 근로 시간 측정이 어려운 현실을 반영해 도입된 방식이다.

현재 다수의 기업은 사무직 직원들에게 고정OT를 지급하는 임금 체계를 운영하고 있다. 만약 사무직의 고정OT가 통상임금으로 인정될 경우 기업의 인건비 부담이 폭증할 것은 불 보듯 뻔했다. 삼성·롯데·SK 등은 사무직 고정OT를 통상임금에서 제외하고 있는데, 대법 판단에 따라 인건비 부담에 직접적인 타격을 받을 수도 있는 상황이었다.

반면 고정OT가 통상임금에 포함되지 않는다는 판결이 나온다면 지금까지 고정OT를 통상임금으로 인정해온 기업(현대차·기아·LG 등)들이 이를 제외할 가능성이 커져 향후 근로자의 휴일수당이나 연차수당, 퇴직금 등이 줄어들 수 있다는 전망도 나왔다.

하급심 "고정OT는 소정근로의 대가, 통상임금에 해당한다"

삼성SDI는 전체 근로자들에게 월 32시간분에 해당하는 고정OT(기본급의 20%)를 지급해왔다. 회사는 1980년 이전부터 과장급 이상인 간부들과 대리 이하 직원 중 주전 근무자(주로 사무직, 영업직, 연구개발직) 직원들에게는 월급제를, 교대 근무자(1일 3교대로 전근반, 후근반, 야근반으로 나뉘어 근무한 기능직)에게는 시급제를 적용했다.
이런 구분에 따라 현재까지 월급제 근로자들에게는 평일 연장·야간근로에 대해 별도의 가산수당을 지급하지 않고 고정OT로 대신했다.

이는 기존에 자기계발비로 지급하다가 2005년 3월경 시간 외 수당으로 명칭이 변경되고 이듬해 3월 기본급에 흡수됐다. 이후 2011년 3월경 다시 기본급에서 제외되면서 고정 시간 외 수당으로 명칭이 다시 변경됐다.

이에 근로자들은 회사에서 지급한 고정OT가 통상임금에 해당한다며 소송을 제기했다. 이들은 "회사가 초과근로 수행 여부와 무관하게 고정OT를 정액으로 지급했다. 이는 통상임금에 해당한다"라고 주장했다.

반면 삼성SDI는 근로기준법상 통상임금은 노사가 사전에 정한 '소정

근로의 대가'를 의미하는데, 고정OT는 연장근로의 대가이기 때문에 통상임금이 아니라고 맞섰다. '소정근로의 대가'는 근로자가 통상적으로 제공하기로 정한 근로에 관해 사용자와 근로자가 지급하기로 약정한 금품을 의미한다.

1심은 고정OT가 소정근로의 대가로서 통상임금에 해당한다고 판단했다. 월급제 근로자의 고정OT는 실제 연장근로 여부와는 무관하게 지급된 소정근로의 대가로서 정기적·일률적으로 지급되는 고정적인 통상임금에 해당한다는 취지다.

앞서 대법원 전원합의체는 지난 2013년 통상임금을 판단하는 3요소로 정기성·일률성·고정성을 제시하면서 임금의 명칭이나 지급 주기의 장단 등 형식적 기준에 의해 정할 것은 아니라고 판시했다.

재판부가 삼성SDI의 고정OT를 통상임금이라고 본 주된 판단은 이렇다.

"삼성SDI는 연봉제, 비연봉제를 불문하고 개별 근로자의 고정 시간 외 수당을 기본급의 20%로 산정하고 있고, 고정OT를 지급함에 있어 신규채용자와 중도채용자, 복직자는 발령일로부터 기산해 일할 계산하며, 퇴직자도 퇴직 당월의 기본급과 가족수당은 전액을, 고정OT 등은 일할 계산하는 방식으로 지급한 사실이 인정된다."

만약 고정OT가 실제 연장 근로를 전제로 지급된 것이라면 일할 계산해 지급할 게 아니라, 선 지급된 고정OT에서 실제로 연장 근로를 제공하지 않은 시간만큼 공제했어야 한다는 취지다. 결국 고정OT는 정기적이고 일률적으로 지급되는 고정적 임금인 통상임금에 해당한다는 것이다.

이건희 회장 1993년 '신경영 선언' 변수로 7시 출근·4시 퇴근 반박에 '올인'

법무법인 태평양은 이번 소송 항소심부터 참여해 사실관계를 정리하고 쟁점을 특정하는 데 시간을 쏟았다. 과거 삼성SDI의 고정OT 지급 실태와 산정 방식 등을 토대로 소정근로의 대가가 아닌 연장근로의 대가라는 점을 입증하는 데 주력하기 위해서다.

1심을 담당한 로펌이 10년 전까지의 자료를 토대로 사실관계를 정리했는데, 태평양은 이를 확장해 40년 전인 1980년대 임금 대장과 각종 규정 등 자료를 찾아냈다. 고정OT 제도의 연혁과 취지를 분석하기 위해서다.
태평양은 이 자료를 토대로 1980년대부터 시간 외 수당이 지급됐다고 강조했다. 소정근로의 대가가 아니라 당시에도 연장근로에 대한 대가를 주기 위해 시간 외 수당 명목으로 기본급 20% 상당액의 수당을 지급한 사실을 피력했다.

그러나 항소심에서도 패소 판결이 내려졌다. 삼성그룹 故 이건희 회장이 신경영 선언의 일환으로 제시한 '7·4제(오전 7시 출근, 오후 4시 퇴근)'

가 변수가 된 것이다. 이 회장은 독일 프랑크푸르트에서 "마누라와 자식 빼고는 다 바꾸라"라는 신경영 선언 직후인 1993년 7월 7일 일본 도쿄 회의에서 7·4제를 지시했다. 일찍 출근하고 일찍 퇴근해 자기계발에 힘을 쏟으라는 주문이었다. 삼성그룹은 이듬해 4월부터 시간 외 수당 명목으로 지급하던 고정OT의 명칭을 '자기계발비'로 변경했다.

항소심은 이 회장이 선언한 7·4제가 시행됐으면 4시 퇴근 이후 연장근로는 없었을 것이라며, 그에 따라 지급된 고정OT는 연장근로의 대가가 아닌 소정근로의 대가라고 판단했다.

"7·4제 시행 이후에도 위 수당을 평일 연장근로나 야간근로에 대한 대가로 지급하는 것은 오후 4시 퇴근제의 정착이라는 7·4제 도입 취지와 상충되기 때문에 자기계발비라는 명칭으로 변경한 것으로 보인다. 7·4제를 시행하면서는 당연히 평일 연장근로 여부와 관계없이 소정의 근로를 제공한 모든 근로자에게 자기계발비를 지급했고, 그 결과 월급제 근로자들도 초과근로의 대가로서 자기계발비를 지급받는 것이 아니라는 것을 인식하고 있었을 것으로 보이는 점에 비춰볼 때 소정근로의 대가임이 분명해 보인다."

항소심에서 패소한 김상민 변호사와 김경한 변호사는 당시를 이렇게 회상했다.

"사실관계와 쟁점을 명확히 정리하고 특정까지 잘 됐다. 그런데 법적 판단 과정에서 7·4제가 변수로 떠올라서 우리가 예상한 것과는 결론이 다르게 나왔다. 재판부가 7·4제에 그 정도로 관심을 가지고 있을 줄은 몰랐다. 우리끼리는 '미처 생각하지 못한 7·4제 신경영 선언 때문에 졌다'라고 할 정도로 당황했다."

항소심 판결에 불복해 사건이 대법으로 올라왔지만, 하급심에서 모두 패소한 상황에서 판결을 뒤집기는 어려울 것이란 전망도 나왔다. 대법 민사사건의 파기율이 5% 수준이고, 특히 노동 사건에서 회사가 하급심에서 진 뒤 대법에서 결론을 뒤집는 상황은 거의 없다는 게 일반적인 법조계의 시각이었다.

태평양은 상고심에서 이 회장의 7·4제를 분석하는 데 '올인'했다. '7·4제로 인해 수당의 법적인 성격이 바뀔 수는 없다'라는 취지로 대응 전략을 만들기 위해서다. 과거 자료를 통해 '7시 출근은 있고, 4시 퇴근은 없다'라는 점을 주장하고, 실제로 대관·영업 부서 등에서 4시 이후에도 연장근로를 한 사실을 찾아냈다.

이외에도 사무직 근로자에게 지급한 수당이 초과근로의 대가라는 점을 입증할 임금 대장 등을 찾아 증거로 제출했다. 이 서류들에는 7·4제 폐지 이후 사무직 근로자들의 잔업에 대한 보상 제도를 명확히 하려는 취지에서 자기계발비를 시간 외 수당으로 명칭을 바꾼 점, 2006년 3월부터 2011년 3월까지 시급제 근로자에게 지급하던 수당이 기본급으로 흡수됐음에도 사무직 근로자에게 지급되던 수당은 계속 시간 외 수당 명목으로 지급된 내용이 담겼다.
특히 2013년 급여 기준 중 '연봉제 보상 제도'를 통해 삼성SDI가 월급

제 근로자들에게 실제 평일 연장·야간근로 시간과 관계없이 소정 근로 시간 월 240시간을 기준으로 그 20%에 해당하는 월 32시간을 연장 근로 시간으로 간주하고 고정OT를 지급했다는 점을 강조했다. 동일한 쟁점을 가지고 다툰 일본 최고재판소 판례도 찾아 법원에 제출했다.

태평양의 '산식 분해' 전략도 대법원에서 먹혀들었다. 울산사업장 사건을 담당하던 김 변호사는 동일한 소송을 진행 중이던 천안사업장 변호인단을 바꿨는데, 이 과정에서 새로운 아이디어가 나왔다. 근로기준법상 고정OT 산정 방식이 법정수당 산정 방식과 동일 또는 유사한 경우, 초과근로의 대가로 인정될 가능성이 크고, 특히 고정OT 산정식 중 일정한 초과근로 시간이 특정될 수 있다면 노사 간에 실제 초과근로와 관계없이 일정 시간을 초과근로 시간으로 간주하기로 합의한 경우로 볼 수도 있다는 생각에서다.
실제로 삼성SDI가 지급하는 고정OT 산정 방식인 '기본급의 20% 상당액' 산출 방식을 따져보니, 근로기준법상 법정수당의 산정 방식과 같았다.

그 결과 대법은 월급제 근로자의 고정OT는 통상임금에 포함할 수 없다고 판단했다.
"삼성SDI가 고정OT를 신규채용자와 퇴직자 등에게 일할 계산해 지급했다는 사정만으로 해당 수당이 소정근로의 대가로서 지급됐다고 단정할 수 없다. 그런데도 원심은 월급제 근로자들에게 지급한 고정

OT가 소정근로에 대한 대가로서 통상임금에 해당한다고 판단했다. 이러한 원심 판단에는 통상임금의 요건인 소정근로 대가성 등에 대한 법리를 오해하고 필요한 심리를 다하지 않아 판결에 영향을 미친 잘못이 있다."

업계에서는 이번 판결이 향후 고정OT와 관련된 논란을 해결하는 데 중요한 선례로 작용할 것이라고 보고 있다. 현재 삼성디스플레이 소속 근로자 3,800여명도 회사를 상대로 같은 취지의 소송을 진행 중이다.

김 변호사는 "고정OT는 매우 오래된 제도이기 때문에 제도의 설계와 근로자들의 인식을 종합적으로 봐야 한다"라며 "통상임금 공식을 단순히 갖다 붙이면 전부 통상임금이 되는데, 현실적으로 고정OT가 통상임금이라고 한다면 기업들은 그동안 연장 수당을 하나도 주지 않은 게 된다"고 지적했다.
이 판결은 2021년 11월 파기환송돼 부산고법에서 심리 중이다.

bkl

법무법인(유한)태평양

장상균 변호사
(19기)

장상균 변호사는 발레오 전장시스템스코리아 조직 형태 변경 결의 전원 합의체 사건 등 굵직한 규모의 노동 관련 소송을 주도적으로 수행하며 좋은 결과를 이끌어 낸 경험을 보유하고 있을 뿐만 아니라, 노동 사건 관련 지침서 등의 편찬 업무를 담당하기도 한 인사노무 분야의 실력 있는 전문가다.

이욱래 변호사
(22기)

인사노무 그룹을 이끄는 수장이다. 국내 3대 완성차, 제철 회사, 화학 회사, 호텔, 은행, 방송사 등의 사내 도급 사건을 비롯하여, 통상임금 사건, 부당노동행위 및 부당해고 구제 사건 및 노사 분쟁 자문, 노동조합 관련 분쟁 등 국내외 주요 기업들의 노동 사건을 성공적으로 처리한 전문가로 꼽힌다.

김상민 변호사
(37기)

국내외 유수 기업 인사노무 분야의 각종 소송 및 자문에 대한 풍부한 경험을 보유하고 있다. 세계적인 법률 전문 매체인 Asia Legal Business의 '2018 아시아 지역 40세 이하 우수 변호사 40인'에 선정되기도 했다. 태평양에서 각 기업별 인사노무 업무에 최적화된 서비스를 제공하고 있다.

김경한 변호사
(변시 5회)

인사노무 제도에 대한 깊은 이해를 바탕으로 고정 OT의 통상임금성을 부정한 대법원 파기 환송 판결, 사무직 노조의 교섭 단위 분리 신청에 대한 노동위원회 결정, 대규모 근로자 지위 확인 소송 등 태평양 인사노무 그룹의 각종 주요 사건에 투입되어 사건 해결에 기여하고 있다.

이 사례의 결정적 법 조항

근로기준법 시행령 제6조(통상임금)

① 법과 이 영에서 "통상임금"이란 근로자에게 정기적이고 일률적으로 소정所定 근로 또는 총 근로에 대하여 지급하기로 정한 시간급 금액, 일급 금액, 주급 금액, 월급 금액 또는 도급 금액을 말한다.

'초단타' 매매계약 거래 현장 상호 간 약속 어떻게 증명할까?

자산담보부기업어음(ABCP, Asset Backed Commercial Paper)은 유동화전문회사SPC가 매출채권, 리스채권, 부동산, 회사채 등 자산을 담보로 발행하는 기업어음CP의 일종이다. 일반적으로 SPC는 유동화 자산을 기초로 회사채 형태의 자산유동화증권ABS을 발행하는데, ABCP는 회사채가 아닌 CP형태로 ABS를 발행하는 것을 말한다.

ABCP는 주로 만기가 돌아온 기존 ABS 채권을 상환하는 데 쓰이며, 단기 CP를 반복해 발행할 수 있다. 지급보증보다 확실한 어음 형태여서 채권 위험이 더 낮다.

기업 입장에서는 장단기 금리차 때문에 ABS 발행보다 자금조달 비용을 줄일 수 있고, 불필요한 여유자금을 최소화시킬 수 있다는 점에서 유리하다. 투자자 입장에선 소비자금융채권 등 비교적 안정적인 자산을 근거로 발행되는 데다 3개월짜리 단기상품이기 때문에, 안정성과 유동성을 동시에 확보할 수 있다.

이처럼 복잡하게 구조화된 금융상품인 ABCP를 사고파는 소수의 사람들이 있다. 업계에서 '선수'라고 불리는 기관투자자들인데, 그들 사이에 오가는 자금은 많게는 수천억 원에 달한다.
짧게는 몇 초, 길게는 몇 분 만에 합의가 이뤄지는 초단타의 거래 현장에서 찰나의 순간에 이뤄지는 대화 중 과연 어디까지가 쌍방 간 의사의 합치가 있었다고 봐야 할까. 비정형화한 '약속'의 법리적 의미를 어떻게 논증할 수 있을까.

유안타증권·신영증권(원고)이 현대차증권(피고)을 상대로 제기한 매매대금 청구 소송 항소심에서 1심 판결이 뒤집혔다. 현대차증권이 매매계약을 해놓고도 이를 어겼다는 원고 측 주장이 받아들여진 셈이다. ABCP 계약교섭을 부당파기해 민법상 '신의성실원칙'에 반한다는 취지다.

유안타증권·신영증권은 법률대리인으로 법무법인 태평양을 선임해 현대차증권 측에 맞섰다. 1심은 공식 플랫폼을 통한 거래가 아닌 만큼 법적 효력이 없다고 주장한 피고 측 손을 들어줬다.

그러나 2심은 금융시장에서 매매계약이 이뤄질 경우, 실제로 다양한 비정형화 의사 합치 사례가 있었다는 태평양의 '정공법'에 설득됐고 결국 1심 판결을 뒤집었다.

파킹거래 불리한 상황 '정공법'으로 승소한 법무법인 태평양

이번 사건은 2018년 5월 8일로 거슬러 올라간다. 현대차증권 직원 D는 채권거래 전용 시스템인 특정 메신저를 통해 이 사건 기업어음 중 총 160억5,000만원 상당(185일물·364일물)을 매수할 수 있는지 유안타증권 직원 C에 문의했다. 또 매수가 가능하다면 K사 직원 L을 통해 어음 일부를 매도하겠다고 했다.

이에 C는 사내 리스크팀 문의를 거쳐 매수 가능하다고 답했다. L은 기업어음 중 185일물 어음 150억원 상당, 364일물 어음 10억5,000만원 상당을 매도하겠다고 했고, 이에 C가 '매수 확정'이라는 메시지를 보냈고 L도 'ㅎㅈ(확정)'이라고 답했다. 이후 C는 364일물 어음 10억원 상당을 이전받고 원고에 9억5,996만6,449원을 지급했다.

문제는 이 사건의 기업어음 기초자산인 사모사채에 대해 크로스디폴트(동반 채무불이행)가 선언되면서 불거졌다. 해당 어음의 신용등급이 AA에서 C로 하향 조정됐다는 사실이 블룸버그 통신 등에 대대적으로 보도됐다. 2018년 당시 금융업계에서 큰 이슈였던 '중국발發 ABCP 부도사태'의 여파에 따른 것이었다.

중국발 ABCP 부도사태는 2018년 5월 중국 에너지기업 중국국저에너지화공집단CERCG의 자회사 CERCG오버시즈캐피털이 발행한 3억5,000만 달러 규모의 채권을 상환하지 못한 게 발단이 됐다. 채권

상환 실패에 따라 CERCG 보증으로 발행된 다른 채권, 즉 국내 투자자들이 보유한 1,650억원 규모의 ABCP가 동반 부도(크로스 디폴트) 위기에 몰리면서 관련 증권사들 사이에 책임 소재를 가리기 위한 법적 분쟁이 이어졌다.

그 여파로 이 사건 기업어음 중 186일물 어음이 만기일인 같은 해 11월 9일까지 상환되지 않았고 중국지방공기업인 G가 지급보증을 이행하지 못해 해당 어음은 최종 부도 처리됐다.

원고 측은 "단시일 내 대금을 지급하고 인도받아 가기로 약속했던 현대차증권이 해당 어음이 부도처리 되자 대금 지급을 거부했다"고 주장했다.

반면 현대차증권은 "매매계약이 성립된 바 없다"고 반박했다. 쌍방 간 확정적이고 구속력 있는 의사의 합치가 있지 않았다는 주장이다. 설령 이 사건 기업어음에 관한 계약이 체결됐다 해도 피고는 당시 G가 사모사채를 지급보증했고 신용등급이 AA임을 전제로 이 사건 기업어음을 매수했다고 강조했다.

즉, 어음에 중대한 하자가 있어 해당 매매계약을 해제하거나 착오를 이유로 취소할 수 있으며 원고에게 매매대금을 지급할 의무가 없다고 주장했다.

이에 1심 재판부는 "의사 합치가 있었다고 보기 부족하고 달리 이를 인정할 증거가 없다"며 원고 패소 판결했다.

사건을 승소로 이끈 김성수 변호사는 "솔직히 1심 재판부가 소극적 태도로 (제대로 된 판단을) 회피했다고 감히 말씀드린다. 1심 재판부는 쌍방 간 의사의 합치는 있었지만 법률적인 구속력이 있는 합치는 아니라고 봤는데 이는 정말 기계적 판단"이라고 지적했다. 김 변호사는 "특히 금융기관 종사자들 사이에 통상 이뤄지는 의사의 합치를 그렇게 단순한 것으로 치부해서는 거래 질서가 성립할 수가 없다"고 강조했다.

반면 서울고법 민사 12-3부는 원심을 깨고 원고 일부 승소로 판결했다. 현대차증권이 유안타증권에 103억5,000만원, 신영증권에 68억 8,000만원을 각각 지급하라고 명령했다.

2심 재판부는 "현대차증권 직원이 투자증권 등으로부터 매수하기로 한 기업어음 961억원 중 자사 내부 보유한도 600억원을 초과한 361억원을 다른 회사에 일시적으로 보관했다. 이 과정에서 현대차증권이 일정 기간 내에 다시 기업어음을 매수하거나 제3의 매출처로 하여금 매수하도록 하는 전제 아래, 유안타증권으로 하여금 기업어음을 매수해서 보관하게 하고도 그중 일부만 매수하고 나머지 기업어음을 매수하지 않았다"고 했다.
이어 "이러한 행위는 어음에 대한 매매계약이 체결되리라는 정당한 기대를 부여했는데도 이유 없이 매매계약 체결을 거부한 것이어서 위법하다"고 판시했다.

원고 측을 대리한 태평양은 항소심 과정에서 쌍방 간 의사의 합치가 있었다는 점을 논리적으로 어떻게 입증할지 고심했다. 이에 수십 개의 금융회사 임직원들 교신 내용(대화창)을 확보했다. 기업어음 매매계약에서 통상 비정형화된 의사 합치가 대다수라는 점을 피력하는 데 집중했다.

관계된 금융회사 임직원들의 교신 내용과 관련 민·형사사건의 증거 등 다양한 자료를 폭넓게 수집하여 분석하는 한편, 현대차증권 측이 한 약속의 법리적 의미를 치열하게 논증했다. 그 결과, 현대차증권이 유안타증권과 신영증권 측에 부여한 정당한 신뢰에 반하여 계약교섭을 부당하게 중도 파기하였다는 법원의 판단을 이끌어냈다.

태평양의 윤지효 변호사는 "이른바 금융거래 선수들 사이에 통상 어떻게 거래를 하는지, 워낙 짧은 시간 안에 수백억 및 수천억이 오가고 메신저로 엄청난 양의 대화를 하고 의사 합치를 한 다수의 사례를 확보했다"고 말했다.

또 "채권시장에서 특정한 메신저 프로그램을 사용하지 않았다고 해서 (의사 합치의) 효력이 없다고 봐야 한다면, 나머지 거래도 효력이 부인될 가능성이 높다는 점을 강조했다"고 설명했다. 앞서 1심 재판부는 쌍방이 증권가에서 공식적으로 사용하는 메신저가 아닌 텔레그램상에서 대화가 오갔다는 점에서 매매 의사가 확정적이라고 보지 않았다.

'고비'도 있었다. 현대차증권 측에서 '파킹packing거래'의 불법성을 강조하면서 논점을 호도하려 했던 것.
채권 파킹거래란 자산운용사 펀드매니저들이 자신이 속한 운용사가 아닌 증권사 명의로 채권을 매수하도록 구두로 요청한 뒤 나중에 결제하는 것을 말한다. 이 방법을 통해 운용 한도 이상으로 채권을 거래할 수 있어 금리가 떨어질 때는 자산운용사와 채권을 중개한 증권사 모두 추가 수익을 얻을 수 있지만 금리 상승기엔 손실도 불어난다.

사실 투자자와 자산운용사 사이의 일임 계약을 위반한 행위이지만, 금리 하락기에는 수익률을 높일 수 있어 과거에 관행적으로 이뤄졌다. 하지만 최근 들어 대법원이 채권 파킹거래로 투자자들에게 손해를 입힌 자산운용사 펀드매니저들을 유죄로 판단하는 사례가 늘고 있다.

하지만 태평양은 "술수 보다는 사실관계를 정확히 보고 판단해달라"고 재판부에 호소했다. 파킹거래라는 불리한 상황임에도 불구하고 이러한 정공법이 결국 판결을 뒤집은 셈이다. 다만 증거로 제출된 통화내역에 쌍방이 파킹거래를 하고 향후 대응 방안을 논의하는 정황이 담겼고, 재판부가 이에 대한 원고 책임을 일부 인정해 손해배상액의 70%만 인정했다.

김 변호사는 "소수 기관투자자들만이 관여하는 ABCP 장외시장 거래의 현실을 면밀하게 검토한 후 금융기관 담당자들 사이에 이뤄진 비정형적 합의에 대해서도 법적 구속력이 있다는 점을 확인했다는 점에서 의의가 있다"고 밝혔다. 또 "공정성과 신의성실의 원칙에 입각한 건전한 금융거래 질서 확립에 기여했다는 점에서 큰 의의가 있다"고 덧붙였다.

변론 전략을 묻는 질문에는 "우리끼리 농담처럼 '항소심 판결은 사필귀정'이라고 말했다. 사실을 말하고 법원의 진실한 판단을 구한 게 우리의 소송전략이라면 상대방은 어떻게든 사실을 왜곡하고 비틀어서 빠져나가려 애썼다"고 말했다. 그러면서 "결국 재판부가 피고 측 술수에 속지 않고 정확하게 사실관계를 파악했고, 저희는 굳이 전략이라고 한다면 있는 그대로 사실관계 재판부에 전달하고 판단을 받자는 원칙을 갖고 있었다"고 했다.

윤 변호사도 "피고들이 파킹거래 등 굉장히 많은 말을 하다보니, 말이 앞뒤가 안 맞는 부분들이 생겼다. 그래서 그 부분을 집요하게 파고들었다. 재판부에 '(상대측이) 계속해서 거짓말하는데 봐주실 거예요?'라고 묻기도 했다"고 말했다.

한편 이 사건 판결은 소수 기관투자자들만이 관여하는 ABCP 장외시장 거래의 현실을 면밀하게 검토한 후 금융기관 담당자들 사이에 이루어진 비정형적 합의에 대해서도 법률적 구속력이 있다는 점을 최초로 확인한 사안이라는 점에서 의의가 있다.
특히 공정성과 신의성실의 원칙에 입각한 건전한 금융거래 질서 확립에 기여했다는 점에서 더욱 그렇다.

bkl

법무법인(유한)태평양

김성수 변호사
(24기)

스스로 늘 직구 승부를 해왔다고 자부한다. 변호사로서 법리적 구성도 중요하지만, 우선 사실관계를 정확히 재판부에 전달해야 한다는 것이 송무 변호사로서 가진 철학이다. 법원에 오래 근무한 경험 때문인지, 진정성 있게 얘기하면 재판부가 귀를 기울여 준다는 믿음을 갖고 있다. 최근에는 자본 시장법 관련 형사 사건에 집중하고 있다.

윤지효 변호사
(40기)

방대한 기록에서 사람들이 보지 못한 1cm를 찾아낼 때 가장 기쁨을 느낀다고 한다. 금융과 회계 등 복잡한 쟁점이 얽힌 사실관계를 법률가들에게 친숙한 법리로 설명하는 일에 자신이 있다. 주로 금융기관 손해배상청구 소송, 기업 회계 처리와 외부 감사에 관한 민사 및 행정소송, 대규모 부동산 개발 사업 관련 손해배상을 담당한다.

이 사례의 결정적 법 조항

민법 제750조(불법행위의 내용)

고의 또는 과실로 인한 위법행위로 타인에게 손해를 가한 자는 그 손해를 배상할 책임이 있다.

자본시장법 제3조(금융투자상품)

① 이 법에서 "금융투자상품"이란 이익을 얻거나 손실을 회피할 목적으로 현재 또는 장래의 특정特定 시점에 금전, 그 밖의 재산적 가치가 있는 것(이하 "금전 등"이라 한다)을 지급하기로 약정함으로써 취득하는 권리로서, 그 권리를 취득하기 위하여 지급하였거나 지급하여야 할 금전 등의 총액(판매 수수료 등 대통령령으로 정하는 금액을 제외한다)이 그 권리로부터 회수하였거나 회수할 수 있는 금전 등의 총액(해지 수수료 등 대통령령으로 정하는 금액을 포함한다)을 초과하게 될 위험(이하 "투자성"이라 한다)이 있는 것을 말한다. 다만, 다음 각 호의 어느 하나에 해당하는 것을 제외한다.

1. 원화로 표시된 양도성 예금증서
2. 「신탁법」 제78조 제1항에 따른 수익증권발행 신탁이 아닌 신탁으로서 다음 각 목의 어느 하나에 해당하는 신탁(제103조 제1항 제1호의 재산을 신탁받는 경우는 제외하고 수탁자가 「신탁법」 제46조부터 제48조까지의 규정에 따라 처분 권한을 행사하는 경우는 포함한다. 이하 "관리형 신탁"이라 한다)의 수익권

가. 위탁자(신탁계약에 따라 처분 권한을 가지고 있는 수익자를 포함한다)의 지시에 따라서만 신탁재산의 처분이 이루어지는 신탁

나. 신탁계약에 따라 신탁재산에 대하여 보존행위 또는 그 신탁재산의 성질을 변경하지 아니하는 범위에서 이용·개량 행위만을 하는 신탁

3. 그 밖에 해당 금융투자상품의 특성 등을 고려하여 금융투자상품에서 제외하더라도 투자자 보호 및 건전한 거래 질서를 해할 우려가 없는 것으로서 대통령령으로 정하는 금융투자상품

② 제1항의 금융투자상품은 다음 각 호와 같이 구분한다.

1. 증권
2. 파생상품

가. 장내파생상품

나. 장외파생상품

Chapter

3

- 글로벌 OTT가 만든 변화, 공정위 '기업결합 심사' 문턱 낮췄다
- 불량무기 팔고 오리발 내민 美, '100만달러 회수 작전'
- '법적 근거' 없는 해상경계, 하지만 지켜야 한다면 어떻게?
- 재건축 아파트 조합의 '시공사 교체', 관행 막은 대우건설
- 재개발은 무산됐지만 '빌려준 돈'은 받아야 하는 이유
- 글로벌 제약사의 '특허 장벽'을 뛰어넘어라
- 세계적 기업에 맞서 국내 토종 기업 특허를 지켜내는 방법
- 신약 특허에 까다로운 '국내 장벽', 새로운 판례 이끌어낸 비결은?
- 담합은 맞는데 손해배상 책임은 없다? 법정에서 펼쳐진 수 싸움

개인을 지키는 법인의 권리

글로벌 OTT가 만든 변화
공정위 '기업결합 심사' 문턱 낮췄다

지난해 8월 18일 공정거래위원회공정위에 방송통신업계의 이목이 집중됐다. KT스카이라이프와 현대HCN 간 기업결합에 대한 심사 결과가 나왔기 때문이다. 업계 1위의 초고속인터넷 회사이자 인터넷TVIPTV 회사인 KT계열사 KT스카이라이프는 독자적 위치를 공고히 할 수 있다는 점에서 케이블TV 사업자마저 인수하겠다는 목표를 세웠다.

이에 KT스카이라이프는 승인에, SK텔레콤과 LG유플러스는 승인 저지에 사활을 걸면서 통신 3사의 치열한 '삼국대전'이 펼쳐졌다. 5년간의 심사 끝에 결국 공정위는 양측의 결합을 승인했다.

이번 인수합병M&A을 두고는 부정적 전망이 많았다. 업계 관계자들은 "승인되기 어려울 것"이라고 봤다. 인수 주체인 KT는 초고속인터넷과 IPTV 시장의 1인자였다. 현대HCN 또한 자신들의 방송구역에서 시장점유율이 높았다. 공정위가 '경쟁 제한성'이 높다고 볼 여지가 많았던 것이다.

경쟁 제한성이란 한 사업자의 행위가 다른 사업자의 영업이나 경쟁 행위를 방해함으로써 수익성과 시장 지배력에 영향을 미치는 것을 뜻한다. 공정위가 기업결합으로 인해 시장경쟁이 제한될 우려가 있다고 판단되면 합병을 허락하지 않거나, 합병은 승인하되 별도의 시정조치를 내릴 수 있다.

특히 2016년 SK텔레콤의 CJ헬로비전현 LG헬로비전 인수 당시의 SK텔레콤과 유사한 상황이라 전망을 더욱 어둡게 했다. SK텔레콤과 CJ헬로비전 결합이 불발된 것도 경쟁 제한성 때문이었다. 이동통신 1위 사업자와 케이블TV · 알뜰폰 1위 사업자 간 결합이 방송통신업계에 경쟁 제한성을 가져올 수 있다는 게 공정위의 판단이었다.

하지만 공정위는 KT스카이라이프와 현대HCN 간 결합은 경쟁 제한성을 해치지 않는다고 봤다. 2018년 LG유플러스의 CJ헬로비전 인수와 2019년 SK브로드밴드SKB의 티브로드Btv 인수 때와 유사한 수준의 조건만 부과했다. 업계에서는 해당 조건들을 최소한의 안전장치라고 보고 있다. 그 뒤엔 법무법인 율촌이 있었다. 율촌은 KT스카이라이프를 대리해 LG유플러스, SK텔레콤과 맞붙어 승리했다.

통신사 '삼국대전'서 승리 이끈 법무법인 율촌

삼국대전의 시작은 2020년 7월이었다. 당시 현대HCN을 인수할 우

선협상자는 누가 될지 여부가 초미의 관심사였다. 그 결과, KT스카이라이프가 선정되면서 업계가 들썩였다. 인수에 성공한다면 KT그룹은 역대 최초로 위성방송과 IPTV, 케이블TV라는 '트리플 플랫폼'을 확보할 수 있었기 때문이다.

이는 전 세계에서도 보기 드문 경우다. 기업 하나가 산간에 사는 가입자들에겐 위성방송을, 저가상품을 원하는 이들에겐 케이블TV, 주문형비디오VOD를 원하는 소비자에겐 IPTV를 제공하는 게 가능해진 셈이다. 여기에 5세대5G 이동통신 모바일 상품과의 시너지도 기대됐다. 이를 바탕으로 그간 성장이 정체돼 있었던 KT스카이라이프가 현대HCN의 가입자를 등에 업고 새로운 성장동력을 얻을 수 있다는 전망도 나왔다.

하지만 SK텔레콤의 '결합 금지' 사례의 벽이 긍정적 전망을 가로막았다. 2015년 11월 SK텔레콤의 CJ헬로비전 인수 추진 때와 상황이 너무나도 유사했던 것이다. 통신사가 케이블TV를 인수하는 구조라는 점이 비슷했고, 이동통신 시장 1위 사업자와 알뜰폰(MVNO, 이동통신재판매) 시장 1위 기업의 결합 인수가 성사될 경우, 시장점유율이 높아진다는 점도 같았다.

이에 당시 KT와 LG유플러스는 "시장장악이 우려된다"며 SK텔레콤과 CJ헬로비전의 결합을 막는 데 힘을 쏟았다. 결국 공정위는 2016년 두 기업의 결합으로 유료방송시장과 이동통신 도·소매시장 등에서 경쟁을 제한할 수 있다고 판단해 기업결합을 금지했다.

이때의 논리는 현대HCN 인수를 추진하는 KT에 그대로 적용됐다. SK텔레콤과 LG유플러스는 "KT가 결합 이후 HCN의 유통망을 자사 IPTV와 초고속인터넷 판매 등에 활용할 가능성이 있어 가격 상승 등의 소비자피해가 발생할 수 있다"면서 저지에 나섰다. '방송통신 시장장악'이 우려된다는 취지다.

KT는 2018년 유료방송사업자 딜라이브 인수를 시도했다 실패한 경험도 있었다. 당시 KT는 유료방송 합산규제 우회 논란 등에 의해 자진 철수할 수 밖에 없었다. 즉, 공정위의 승인을 장담하기는커녕 과거의 그림자가 너무나도 짙게 남아 있던 상황이었다.

이에 율촌은 글로벌 온라인동영상서비스(글로벌 OTT)에 중점을 뒀다. OTT 업체들이 크게 성장하면서 시장 자체가 변했다는 논리를 내세운 것이다. 이는 공정위의 2016년 판단과 다른 결과를 이끈 결정적 요인이 됐다.

국내 디지털 유료방송시장에서 넷플릭스 등의 영향력이 커졌다는 점을 강조하면서 이들을 기존 IPTV, 케이블TV와 함께 유료방송시장으로 봐야 한다고 주장했다. 특히 미국 등에선 코드커팅(cord-cutting, 유료방송 서비스 해지) 또는 코드쉐이빙(cord-shaving, 요금제 하향)이 두드러지게 발생했다는 점을 통계로 제시했다.

율촌은 한발 더 나아갔다. 인접 시장에서 경쟁 제한성이 완화된다는 주장도 펼쳤다. 기업결합으로 시장점유율이 높아질 경우 독과점 우려가 높다는 것은 공정위 심사에서 중요한 판단 기준이다.

하지만 인접 시장에서 이런 독과점을 견제할 요소가 있다면, 경쟁 제한성을 완화하는 요인으로 판단한다.
율촌은 OTT 자체가 인접 시장 역할을 해 KT스카이라이프와 현대HCN이 결합하더라도 경쟁 제한성이 크지 않다는 점을 강조했다. 앞서 공정위는 LG유플러스와 SK브로드밴드 사례에서 OTT를 디지털 유료방송시장으로 판단하지 않았다.

율촌은 또 가입자 수를 확보해야 OTT에 대응할 수 있다고 했다. 방송통신업계에서 자금력의 기반은 가입자 수다. 가입자가 늘어야 콘텐츠에 지속적인 투자가 가능하다. 인수가 추진될 당시 기준으로 KT 및 KT스카이라이프 계열 가입자는 1,058만명으로 유료방송시장 점유율이 30%를 넘었다. 현대HCN을 인수할 경우 약 1,200만명의 가입자를 확보할 수 있었다.
사건을 대리한 한승혁 변호사는 "글로벌 OTT에 대응하려면 규모가 필요하다는 점과 이를 통해 위성방송 고유의 공공성과 케이블TV의 지역성을 지킬 수 있다는 점을 설득하는 데 주력했다"고 설명했다.

아울러 현대HCN의 인수가 정당하다는 점을 강조하기 위해 인수 주체를 KT스카이라이프로 한정하는 데 공을 들였다. 율촌은 '생존을 위한 결합'이라는 주장을 펼쳤다. 케이블TV 가입자가 IPTV로 옮겨가는 데다 위성방송 또한 성장이 멈춘 상황에서 가입자 수 확보를 통해 생존 활로를 모색해야 한다는 취지였다. KT그룹을 이용해 경쟁을 제한할 의도가 없었다는 점을 강조한 것이다.

이를 위한 해외 사례 분석에도 매진했다. 2018년 미국의 거대 통신회사 AT&T와 미디어·콘텐츠기업 타임워너의 합병 건에서 미국 법무부가 유료방송과 OTT를 포함해 시장을 획정한 사례, 미국 연방통신위원회FCC가 OTT 서비스와 케이블TV 사이에 경쟁 관계가 있다고 판단한 사례 등을 근거로 제시했다. 이충민 변호사는 "이를 바탕으로 OTT를 유료방송시장에 편입시켜야 한다고 강하게 주장했다"고 말했다.

결과는 성공적이었다. KT와 KT스카이라이프가 유료방송 전체 1위 사업자임에도 공정위가 '불허'나 '일부 매각' 명령을 내리지 않은 것이다. LG유플러스와 SK브로드밴드의 기업결합 건과 유사한 수준의 형태적 시정조치만을 부과받았다.

공정위는 KT스카이라이프에 케이블TV 수신료의 물가상승률 초과 인상 금지, 단체가입 수신계약 체결거부·해지 금지, 전체 채널 수 및 소비자선호채널 임의감축 금지, 신규가입·전환가입 시 불이익조건 부과행위 금지, 수신계약 연장·전환 거부 금지, 고가형 상품전환 강요 금지, 채널구성내역과 수신료 홈페이지 게재·사전고지 의무 등 7개 행태적 조치를 부과했다.

공정위는 심사 결과에 대해 "수년 전부터 진행돼 온 방송통신 사업자 간 결합에 대해 조건부 승인을 함으로써 방송통신 융합을 지원하고, 그 과정에서 소비자피해 가능성을 차단했다는 데에 의미가 있다"고 밝혔다.

이 같은 결정은 특정 사업자가 시장점유율 3분의 1을 넘지 못하게 했던 유료방송 합산 규제 폐지 이후 처음 이뤄진 것이다. 또 시장점유율이 상승함에도 일부 행태적 조치만을 부과한 것은 유연한 기업결합 심사로 시장재편을 지원하겠다는 공정위의 의지가 반영됐다는 평가도 나왔다.

공정위는 두 기업의 결합이 경쟁 제한성을 높이지만, 방송통신 시장 전반의 움직임을 고려할 때 구조 분리를 명령할 정도의 심각한 수준은 아니라고 판단했다. OTT가 경쟁 제한성 완화 요인이라는 율촌의 주장을 받아들인 셈이다.
공정위는 의결서에서 "OTT 서비스는 이 사건 기업결합의 경쟁 제한성이 발생하는 8개 방송권역별 디지털 및 8VSB 유료 방송시장의 인접 시장으로서 적어도 경쟁 제한성 완화 요인으로 작용한다고 판단된다"고 설명했다.

이처럼 공정위 승인으로 KT스카이라이프가 현대HCN을 새 식구로 맞이하면서 유료방송시장 점유율에 날개를 달게 됐다. 과학기술정보통신부에 따르면 2021년 11월 기준, 동일 계열별 시장점유율은 KT 계열(KT스카이라이프·HCN) 35.53%, LG유플러스 계열이 25.28%, SK브로드밴드(케이블+IPTV) 24.77% 순이었다. KT 계열과 SK텔레콤, LG유플러스 간 차이는 10% 가까이 벌어졌다. SK텔레콤과 LG유플러스가 딜라이브 등을 한 번에 인수하지 않는 이상 KT 계열을 넘기 어려워진 것이다. 온전한 '1강' 체제가 만들어졌다는 평가다.

다만 공정위가 OTT를 디지털 유료방송시장에 완전히 편입시키지 않은 점은 아쉽다는 평가가 나온다. 공정위는 OTT를 디지털 유료방송 서비스의 '보완재'라고 판단했다.

공정위는 의결서를 통해 "국내에서는 코드커팅 또는 코드쉐이빙이 활발하게 나타나지는 않는다"며 "OTT 이용자 증가와 함께 디지털 유료방송 가입자 또한 증가하고 있는데, 미국 시장과는 양상이 다르다"고 밝혔다. 이어 "국내에서는 OTT 이용자 증가와 IPTV 가입자 비중이 확대되는 점 등을 근거로 각 서비스가 상호 대체적이기보다 보완적으로 이용하고 있을 가능성을 시사한다"고 덧붙였다.

다만 일각에선 국내에서 코드커팅이 활발하지 않은 점에 대해 다른 해석을 내놓는다. 미국보다 유료방송 서비스 요금이 상대적으로 낮기 때문에 소비자의 부담이 적어 두 가지 서비스를 모두 이용한다는 것이다. 국내 디지털 유료방송 사업자들 입장에서는 OTT와의 경쟁을 피할 수 없는 상황이어서, 시장점유율이 아무리 높아지더라도 서비스 가격을 올릴 수 없다는 요인도 있다. 2016년에 비해 OTT 영향력이 비교할 수 없을 정도로 커진 만큼 정부 규제 기관의 선제적 판단이 이뤄져야 한다는 주장도 있다.

법무법인(유)
율촌

박성범 변호사
(21기)

공정거래 부문을 이끌고 있는 수장으로서, 팀의 전략을 짜는 감독이자 '올 라운드 플레이'가 가능한 선수 역할도 동시에 맡고 있다. 30년간 다양한 산업 분야의 경쟁법 이슈를 다루면서 이 분야의 역동성이 갖는 매력에 푹 빠져, 지금도 동료들과 함께 호흡하며 최일선 실무가로 최선을 다하고 있다.

한승혁 변호사
(33기)

공정거래와 방송 통신, ICT 규제 업무를 동시에 수행할 수 있는 흔치 않은 '하이브리드 전문가'다. 율촌에서 커리어를 시작한 2007년부터 해당 분야의 첨단 이슈를 다뤄온 경험을 바탕으로, 현실적이면서도 창의적인 대안을 제시한다는 평을 듣고 있다. 현재 율촌 ICT팀 공동팀장을 맡고 있다.

이충민 변호사
(40기)

공정거래를 중심으로 ICT, 에너지, M&A 등 분야의 풍부한 업무 경험을 가지고 있다. 독일에서 경쟁법 관련 석사 학위도 받았다. 플랫폼, 방송, 통신, 원자력 등 산업 분야에서의 주요 사건을 담당하면서 '어려운 사건에서 더 강하다'는 평을 듣는다. 팀워크를 통해 성장하며 최선의 결과를 도출하려고 노력하고 있다.

이 사례의 결정적 법 조항

독점규제 및 공정거래에 관한 법률(약칭: 공정거래법) 제9조(기업결합의 제한)

① 누구든지 직접 또는 대통령령으로 정하는 특수한 관계에 있는 자(이하 "특수관계인"이라 한다)를 통하여 다음 각 호의 어느 하나에 해당하는 행위(이하 "기업결합"이라 한다)로서 일정한 거래 분야에서 경쟁을 실질적으로 제한하는 행위를 하여서는 아니 된다. 다만, 자산총액 또는 매출액의 규모가 대통령령으로 정하는 규모에 해당하는 회사(이하 "대규모회사"라 한다) 외의 자가 제2호에 해당하는 행위를 하는 경우에는 그러하지 아니하다.

1. 다른 회사 주식의 취득 또는 소유
2. 임원 또는 종업원에 의한 다른 회사의 임원 지위의 겸임(이하 "임원겸임"이라 한다)
3. 다른 회사와의 합병
4. 다른 회사의 영업의 전부 또는 주요 부분의 양수·임차 또는 경영의 수임이나 다른 회사의 영업용 고정자산의 전부 또는 주요 부분의 양수(이하 "영업양수"라 한다)
5. 새로운 회사설립에의 참여. 다만, 다음 각 목의 어느 하나에 해당하는 경우는 제외한다.

가. 특수관계인(대통령령으로 정하는 자는 제외한다) 외의 자는 참여하지 아니하는 경우

나. 「상법」 제530조의2제1항에 따른 분할에 따른 회사설립에 참여하는 경우

방송법 제15조의2(최다액 출자자 등 변경승인)

① 방송사업자 또는 중계유선방송사업자의 주식 또는 지분의 취득 등을 통하여 해당 사업자의 최다액 출자자(해당 사업자의 출자자 본인과 그의 특수관계자의 주식 또는 지분을 합하여 의결권이 있는 주식 또는 지분의 비율이 가장 많은 자를 말한다. 이하 같다)가 되고자 하는 자와 경영권을 실질적으로 지배하고자 하는 자는 다음 각 호의 구분에 따라 과학기술정보통신부장관 또는 방송통신위원회의 승인을 얻어야 한다. 다만, 제9조 제5항 본문에 따라 등록을 한 방송 채널 사용사업자의 최다액 출자자가 되고자 하는 자와 경영권을 실질적으로 지배하고자 하는 자는 이를 과학기술정보통신부장관에게 신고하여야 한다. 〈개정 2008. 2. 29., 2013. 3. 23., 2017. 7. 26., 2019. 12. 10., 2020. 6. 9.〉

1. 제14조 제6항 제1호에 해당하는 방송사업자와 중계 유선 방송사업자의 최다액 출자자가 되려는 자와 경영권을 실질적으로 지배하려는 자: 과학기술정보통신부장관
2. 제14조 제6항 제2호에 해당하는 방송사업자의 최다액 출자자가 되려는 자와 경영권을 실질적으로 지배하려는 자: 방송통신위원회

불량무기 팔고 오리발 내민 美 '100만달러 회수 작전'

한국은 세계에서 손에 꼽히는 무기 수입국이다. 휴전 상태인 분단국가의 특성상 매년 수십조 원을 무기 구입에 써야 하는 처지다. 국방기술품질원이 발간한 '2019 세계방산시장 연감'에 따르면 미국이 2009년부터 2018년까지 한국에 판 무기는 62억7,900만달러에 달했다.

미국산 무기를 구매한 국가 순위를 보면 사우디아라비아, 호주, 아랍에미리트 다음이 한국이었다. 미국산뿐만 아니라 글로벌 방산업계 전체로 눈을 돌려도 다를 건 없다. 2016~2020년 세계 40대 무기 수입국 현황 자료를 보면 한국은 7위에 자리를 잡고 있다. 미국 외에도 독일이나 스페인에서도 많은 무기를 수입한다.

앞으로도 마찬가지다. 국방부는 2020년 발표한 '2021~2025년 국방중기계획'에서 향후 5년 동안 무기구입비로 100조원을 쓰겠다고 밝히기도 했다. 글로벌 방산업체 입장에서 한국만큼 '큰손'도 찾기 힘든 셈이다.

그런데 '큰손'이라고 해서 귀빈 대접을 받는 건 아니다. 오히려 글로벌 방산시장에서 한국은 '호구'에 가깝다. 방위산업은 일반적인 수요와 공급의 법칙이 적용되는 시장이 아니다. '무기'를 손에 쥐고 있는 방산업체가 오히려 절대 갑이다. 불량무기를 납품하고도 뒤처리는 제대로 하지 않아서 한국 정부가 속을 끓일 때도 많다. 한국 정부가 해외에서 회수하지 못하고 있는 부실채권의 절반이 무기 구입에서 발생한 것이라는 말도 있을 정도다.

때때로 해외 방산업체와 한국 정부의 분쟁이 소송으로 비화될 때도 있다. 한국이 아닌 해외에서 소송을 진행해야 하기 때문에 소송 과정이 쉽지 않고, 승소하더라도 배상을 제대로 받아내는 것도 만만치 않다. 하지만 한국 정부가 늘 당하기만 하는 건 아니다. 해외 방산업체를 상대로 법률 분쟁을 벌인 끝에 승소하고 국민의 혈세를 되찾아올 때도 있다. 2021년 3월 15일 미국 캘리포니아 법원에서 방위사업청이 미국 방산업체를 상대로 승소한 사건이 그 중 하나다.

20년 전 불량무기, 최종 승소까지만 십수 년 걸려

방위사업청은 1999년과 2000년에 미국 방산업체인 파라곤시스템, 얼라이드테크시스템스와 무기 공급 계약을 체결했다. 회사는 두 곳이지만, 두 회사 모두 존 안JOHN AHN이라는 사람이 최대주주로 있었다. 한 사람이 지배하고 있는 사실상 같은 회사였던 셈이다. 존 안은 무기 판매 계약을 체결하면서 보증을 섰다. 계약에 문제가 생기면 자신이 직접 해결하겠다고 약속한 것이다.

그런데 미국에서 건너온 무기가 불량품이었다. 불량품을 가져가고 돈을 돌려달라고 했지만 미국 방산업체는 묵묵부답이었다. 결국 방위사업청은 대한상사중재원에 중재신청을 하고, 존 안을 상대로는 한국 법원에서 소송을 제기했다. 불량무기를 다시 가져가고 돈을 돌려달라는 소송이었다.

한국 법원에서 진행된 1심 재판에서 미국 방산업체는 무기가 반환이 되지 않았기 때문에 돈을 돌려줄 수 없다는 논리를 폈다. 쌍무계약에서는 '특별히 어느 한 쪽이 자기 의무를 먼저 이행한다는 약정특약'이 없는 한 각자의 의무를 동시에 이행하도록 하고 있다.
이를 동시이행이라고 하는데 미국 방산업체는 이를 근거로 돈을 돌려주지 않은 것이다. 무기 반환이 이뤄져야 돈도 돌려줄 수 있다는 말이다.

방위사업청 입장에선 황당한 일이었다. 방산업체가 불량품을 납품해 놓고 찾아가기 위한 노력도 하지 않더니, 무기를 돌려받지 못해서 돈을 돌려줄 수 없다는 주장을 펼쳤기 때문이다.
이어진 2심 재판에서는 방산업체가 무기를 회수하기 위한 노력을 했느냐가 쟁점이 됐다. 방산업체가 무기 회수의 노력을 하지 않으면서 동시이행을 주장하는 건 어불성설이기 때문이다.
결국 한국 법원에서는 동시이행을 하지 않아도 미국 방산업체가 약속한 보증금을 방위사업청이 받을 수 있다는 판결을 내렸다. 2015년 7월 대법원에서 확정판결이 나오면서 한국 법원에서는 방위사업청이 최종 승소했다.

일반적인 분쟁이었다면 여기서 끝났겠지만, 글로벌 방산업체와의 법률 분쟁은 이제 겨우 반환점을 돈 수준이었다. 방위사업청이 한국 법원에서는 승소했지만, 실제 집행을 위해서는 미국 법원에서 다시 한 번 소송을 진행해야 했다.

방위사업청은 미국 현지 로펌을 선임해 2016년 11월 다시 한 번 미국 캘리포니아 법원에서 소송을 시작했다. 처음에만 해도 낙관적이었다. 한국 법원에서 이미 법률적인 쟁점을 모두 다퉜기 때문에 캘리포니아 법원에서는 승인만 얻으면 됐다. 그런데 이 과정이 무려 5년이나 걸리게 된다.

미국 대형 로펌도 못한 현지 법원 설득, 한국의 중형 로펌이 해내

방위사업청이 미국 방산업체 최대주주인 존 안에게 받아야 할 돈은 200만달러였다. 미국 방산업체가 한국 법원 판결 이후에도 무기 대금 반환을 하지 않으면서 생긴 지연손해금이다. '소송촉진 등에 관한 특례법소송촉진법'은 판결 선고 시 금전채무 불이행에 따른 지연손해금 산정 기준을 정하고 있다.

지금은 법정이율이 달라졌지만 이 사건 판결 선고가 났을 때는 법정

이율이 연 20%였다. 연 20%의 법정이율을 적용하면 방위사업청이 돌려받을 돈이 200만달러였던 것이다.

그런데 미국 캘리포니아 1심 법원은 2019년 9월 판결을 하면서 방위사업청이 돌려받아야 할 돈이 200만달러가 아닌 100만달러라고 판결했다. 존 안의 주장을 캘리포니아 법원이 상당 부분 받아들이면서 방위사업청이 당연히 받아야 할 돈을 돌려받지 못하게 된 것이다.

존 안이 문제 삼은 건 크게 두 가지였다. 우선 자신이 한국 법원에서 제대로 된 재판을 받지 못했다고 주장했다. 국제분쟁에서 현지 기업들이 흔히 펼치는 주장이었다.
그리고 법정이율도 문제 삼았다. 20%의 법정이율이 지나치게 높다는 주장을 펼친 것이다. 캘리포니아에도 우리 소송촉진법 같은 법률이 있는데 거기서는 법정이율을 10%로 정해놨다. 존 안은 제대로 된 재판도 받지 못했는데 20%의 법정이율을 부담하는 건 부당하다는 주장을 펼쳤다.

소송촉진법상 법정이율이 이자가 아니라 일종의 세금이나 페널티 성격이라는 주장도 내놨다. 아무리 미국 법원이라고 해도 한국 법원의 판결에 특별한 오류나 거부 사유가 없는 한 집행을 하는 게 당연한 수순이다.

그런데 존 안의 이 주장이 미국 법원에서 받아들여지면서 분위기가

FOLSOM
GORDON
SPANOGLE

미묘하게 달라졌다. 캘리포니아에서 진행된 1심 재판에서 방위사업청은 미국 현지의 대형 로펌을 선임해서 나섰는데 현지 로펌은 소송촉진법상 법정이율이 세금이 아니라는 걸 판사에게 제대로 설명하지 못했다.
결국 2019년 9월 1심 판결에서 법정이율이 한국법상 20%가 아닌 캘리포니아 현지법의 10%만 인정된 것이다.

2심에서 법무법인 린이 구원투수로 나섰다. 대형 로펌은 아니지만 빠르게 성장하면서 단시간에 중형 로펌으로 올라선 곳이다. 이번 사건을 맡기 전부터 방위사업청을 대신해 여러 건의 국제분쟁도 맡아왔다.
미국 현지의 대형 로펌이 실패한 현지 법원 설득에, 방위사업청과 오래 손발을 맞춘 한국의 중형 로펌이 나선 것이다.

린은 현지 1심 판결의 문제점을 찾아내는 데 주력했다. 그 결과 '20%의 법정이율'이 이자라는 걸 입증하는 게 핵심이라는 결론을 내렸다. 미국 현지에서 쓰는 tax세금, fine벌금, penalty위약금 등과는 전혀 다른 성격이라는 걸 입증하는 게 중요하다고 본 것이다.

미국 법원은 대부분의 판결문이 공개돼 있다. 린은 캘리포니아 법원에서 한국 기업과 미국 현지 기업이 다퉜던 판례를 이 잡듯이 뒤지기 시작했다. 마침내 과거 캘리포니아 법원에서 한국의 20% 법정이율을 인정한 판례가 있다는 걸 찾아냈다.
결국 과거 캘리포니아 법원의 판례를 제시하며 200만달러는 한국 정부가 정당하게 받아야 할 이자일 뿐이지 세금이나 벌금이 아니라고 강조했다.

전략은 적중했다. 캘리포니아 법원의 항소심 재판부는 2021년 3월 15일 방위사업청이 받아야 할 지연손해금이 200만달러가 맞다고 인정했다. 불량무기를 팔아놓고 오리발을 내밀던 미국 방산업체에 뺏길 뻔한 국민의 세금 100만달러를 되찾아오는 순간이었다.

이번 사건을 맡았던 린의 윤현상 외국변호사는 "항소심에서 한국법상 이자율이 어떻게 변화해왔는지 히스토리를 충분하게 설명하려고 노력했다"며 "소송촉진법이 왜 만들어졌는지 왜 필요한지 법정이율이 왜 20%가 됐는지 등을 재판부에 충실하게 설명한 게 받아들여졌다고 본다"고 말했다.

국제분쟁은 현지 파트너와의 협력 중요

미국 현지의 대형 로펌도 실패한 재판부 설득을 해낸 건 린의 '국제분쟁팀'이다. 국제분쟁에서는 현지 파트너 로펌과의 협업이 중요하다. 특히 코로나 시기에는 한국 로펌이 현지 법원을 직접 방문하는 게 쉽지 않기 때문에 누가 더 끈끈하고 꾸준한 파트너십을 맺고 있느냐가 소송의 승패를 결정하는 요인이 됐다.

린은 미국 현지의 팍스로스차일드와 함께 이번 사건에 나섰다. 팍스로스차일드는 소속 변호사만 1,000여명에 달하는 로펌으로 특히나 소송 업무에 특화된 곳이다. 단순히 유명하고 크다고 해서 좋은 건 아니다. 1심에서 방위사업청이 선임한 현지 로펌도 대형 로펌이었다.

윤 외국변호사는 현지 로펌이 사건의 중요성을 이해하고 한 몸처럼 움직일 수 있느냐가 핵심이라고 했다. 팍스로스차일드는 미국 로펌이지만 이번 소송에 국민이 낸 세금이 걸려 있는 만큼 적극적으로 임해달라고 린이 설명했고, 팍스로스차일드도 이를 이해하고 한 몸처럼 움직였다고 한다.

린은 현지 로펌과 그때그때 단발성 계약을 맺는 게 아니라 한 군데 현지 로펌과 몇 년에 걸쳐서 장기적인 파트너십을 맺고 있다.
윤 외국변호사는 "현지에서 우리를 대신해 재판을 잘 수행해줄 로펌을 찾는 게 장기적으로 훨씬 낫다"며 "오랜 시간 함께 일을 하면서 현지 로펌도 우리 사정을 잘 알고 있고, 하나의 로펌처럼 팀워크를 맞춰가고 있다"고 말했다.

麟 법무법인 린

윤현상 변호사
외국변호사

금융, 사모펀드 투자 업무를 20여 년간 수행해왔다. 한국 정부와 국내 기업들의 국제분쟁과 국제 거래 사건을 다수 담당했다. 진인사대천명을 좌우명으로 삼고 있고, 업무에서 스트레스가 쌓이면 달리기를 하면서 마음의 평화를 구한다. 스타벅스보다는 주인이 직접 원두를 갈아서 커피를 내려주는 서초동의 작은 카페를 즐긴다.

[미국]

[영문]

California Uniform Foreign-Country Money Judgment Act Section 1715

(b) This chapter does not apply to a foreign-country judgment, even if the judgment grants or denies recovery of a sum of money, to the extent that the judgment is any of the following:

(1) A judgment for taxes.

(2) A fine or other penalty.

[국문 번역본]

캘리포니아 통합 외국 금전 판결법 제1715조

(b) 이 법은 외국 판결이 금전의 회수를 인정 또는 부인하는 판결임에도 다음에 해당하는 한 적용하지 아니한다:

(1) 세금을 위한 판결.

(2) 벌금 또는 기타 과태료.

[한국]

소송촉진 등에 관한 특례법 제3조(법정이율)

(1) 금전채무의 전부 또는 일부의 이행을 명하는 판결(심판을 포함한다. 이하 같다)을 선고할 경우, 금전채무 불이행으로 인한 손해배상액 산정의 기준이 되는 법정이율은 그 금전채무의 이행을 구하는 소장 또는 이에 준하는 서면이 채무자에게 송달된 날의 다음 날부터는 연 100분의 40 이내의 범위에서 '은행법'에 따른 은행이 적용하는 연체 금리 등 경제 여건을 고려하여 대통령령으로 정하는 이율에 따른다. 다만, 민사소송법 제251조에 규정된 소에 해당하는 경우에는 그러하지 아니하다.

'법적 근거' 없는 해상경계 하지만 지켜야 한다면 어떻게?

"'형평의 원칙'이라는 미명하에 '등거리 중간선'만 따른다면, 헌재의 역할이 뭡니까. 헌재가 측량소에 불과하다는 겁니까."

2020년 8월 헌재 권한쟁의심판 공개변론 현장. 10년간 지속된 전라남도와 경상남도의 해상경계 분쟁에서 전남도를 대리한 법무법인 세종의 공법분쟁팀 소속 변희찬 변호사가 자칫 위험천만해 보이는 발언을 했다. 그러자 순간 법정에 정적이 흘렀다. 상대측인 경남 측은 "지금 헌재를 모욕하냐"고 목소리를 높였다.

세종이 헌법재판소 재판관들의 자존심을 건드리는(?) 전략을 구사한 셈이다. 의외로 헌재의 고민은 생각보다 길어졌고 결국 전남도의 손을 들어줬다.

우리나라에서 지방자치단체 간 해상경계 분쟁은 1980년대부터 조업수역, 매립지, 도서 및 해양자원에 대한 관할권을 확보하고자 하면서 수면으로 드러났다. 해상경계에 대한 법적 근거가 미흡한 상황에서 관련 주체들이 합의가 되지 않은 지형도상의 해상표시를 사용해왔기 때문이다.

특히 점차 해상 이용이 증가하고 지방자치단체의 자치권 행사가 지역 이기주의적인 경향으로 흐르고 있는 상황에서, 해상경계의 불확실함은 지방자치단체 간의 해상경계 분쟁을 지속적으로 유발할 가능성이 있다. 실제 관련 사건 대부분이 소송으로 이어지고 있는 상황이다.

전남도와 경남도의 해상경계 다툼은 2011년 7월 전남해역에서 조업한 경남선적의 멸치잡이배 어선들을 여수시와 여수해경이 수산업법 위반으로 검거하면서 시작됐다. 멸치를 잡던 이들은 검거 당시 "바다에 경계가 어딨냐"고 주장한 것으로 알려졌다.

분쟁 대상이 된 곳은 여수 금오도와 남해 세존도 사이 약 2만 헥타르 안팎의 해역이다. 이곳은 남해 연안으로 유입되는 멸치 떼가 경남 또는 전남 연안으로 흩어지는 갈림길로, 남해안 최대 멸치 어장이다. 최고급 '죽방멸치'가 바로 이 바다를 통해 들어온다.
또 멸치를 먹이로 하는 각종 어류와 돌문어 등 다양한 포식자가 몰려 사시사철 어군이 형성된다. 경남 수산 세력의 3할 이상 집중될 정도로 남해안에서도 첫손에 꼽는 '황금어장'이다. 한해 추정 조업량만 수백억 원어치에 달한다.

2012년 8월 24일 광주지법 순천지원에서 열린 1심 재판에서 재판부는 '해상경계는 존재한다'며 여수시에 승소 판결을 했다.
같은 해 11월 26일, 2심 재판부도 여수시 손을 들어줬다. 항소심 재판부는 판결문에서 "전라남도와 경상남도의 해상경계선은 오래전부터 서로 자신의 지역이라고 주장하면서 다툼이 있는 해역이나, 지방자치법과 헌법재판소 판결, 부산지방법원 판결 등을 참고한 결과 해상경계는 존재한다"고 판시했다. 모두 기존의 해상경계를 인정한 셈이다.

이 사건에 대해 대법원도 2015년 6월 11일, 같은 결론을 내렸다. "국토지리정보원에서 발행한 지형도상 해상경계를 도道 간 경계로 봐야 한다"면서 전남 구역에서 조업한 어선들에 대해 유죄를 확정했다.
그러자 경남 측 어업인과 행정기관은 권한쟁의심판을 헌법재판소에 청구했다. 종전의 국가지형도상의 해양경계선을 인정하지 않고, 새로운 법리로 '등거리 중간선 원칙 적용'을 요구했다.

하지만 헌재는 2021년 2월 25일 경남도와 남해군이 전남도와 여수시를 상대로 낸 세존도와 갈도 인근 해양경계선 권한쟁의심판 사건에서 재판관 전원일치 의견으로 기각 결정했다. 기존 경계선을 유지해야 한다는 취지다.
본래 헌법재판소는 지방자치단체 간 해상경계는 불문법관습법상 국토지리정보원이 발간하는 국가기본도상 해상경계선으로 봐야 한다는 원칙이었다.

그런데 2015년 7월 30일 홍성군-태안군 권한쟁의심판 사건에서 헌재가 기존 결정을 변경했다. 국가기본도상 경계선은 국토지리정보원이 실지 측량 없이 여러 섬 사이의 적당한 위치를 적당히 표시한 것에 불과하다고 판단했다. 그러면서 불문법상 경계선으로 인정하기 어려우니, '등거리 중간선' 등 형평의 원칙에 따라 해상경계를 정해야 한다는 법리를 설시(알기 쉽게 설명)했다.

그러자 즉각 경남도가 움직였고 전남 여수시를 상대로 권한쟁의심판을 청구했다.(심판 청구 이후 시점이긴 하지만 현재는 2019년 전북 고창-부안 곰소만 갯벌 관할권 분쟁에서도 등거리 중간선을 인용했다. 특히 고창-부안 사례에선 재판관 의견이 8대 1로 압도적이었다.)
경남도는 남해군 상주면 세존도(무인도)~여수시 남면 연도 중간선이나, 통영시 욕지면 갈도(1인 거주)~여수시 남면 연도 중간선을 새로운 해상경계선으로 봤다. 이게 받아들여지면 현 해상경계선은 서쪽으로 10km 이상 이동하게 되는 셈이다. 어장 규모는 1만3,000(갈도 기준)~2만2,000ha(세존도 기준)에 달한다.

이에 전남도는 4년간 정부법무공단을 대리인으로 선임해 대응해왔다. 그러다 2020년 8월 공개 변론을 앞두고 상대측 대형 로펌에 맞서기 위한 로펌을 찾았다. 최종적으로 문을 두드린 곳은 세종 공법분쟁팀이었다. 민일영 대표변호사, 변희찬·조춘·오행석 변호사가 사건을 맡았다.

헌재 재판관 '자존심 공략법'으로 승소한 법무법인 세종

지방자치법 제4조 제1항은 지자체의 관할구역 경계를 결정함에 있어 종전에 의하도록 하고 있다. 종전을 찾으려면 최초로 제정된 법률조항까지 거슬러 올라가야 한다. 그 결과 1948년 8월 15일 존재하던 관할구역의 경계가 원천적 기준이 됐다.

문제는 육지와 달리 해상의 관할 경계는 국내법 어디에도 명시돼 있지 않았다는 점이었다. 그러자 1973년 국립지리원 발행 국가기본도가 기준이 됐다. 1918년 조선총독부 육지측량부가 간행한 지형도상 표시와도 거의 일치했다.

하지만 헌재는 2015년 '국가기본도에 따른 선은 관습법으로서의 기준이 될 수 없다'고 판단했다. 국가기본도상 경계선은 국토지리정보원이 실지 측량 없이 여러 섬 사이의 적당한 위치를 표시한 것에 불과하다는 이유에서다.

그러면서 해상경계의 판단 기준을 제시했다. 첫째, 명시적인 법령상 규정이 존재한다면 그에 따르고, 둘째, 법령상 규정이 존재하지 않는다면 불문법관습법에 따라야 한다고 했다.

만약 불문법마저 존재하지 않는다면 헌재가 지리상 자연적 조건, 관련 법령 현황, 연혁적인 상황, 행정권한 행사 내용, 사무처리의 실상, 주민의 사회·경제적 편익 등을 종합해 형평의 원칙에 따라 합리적이고 공평하게 해상경계선을 확정할 수밖에 없다고 했다.

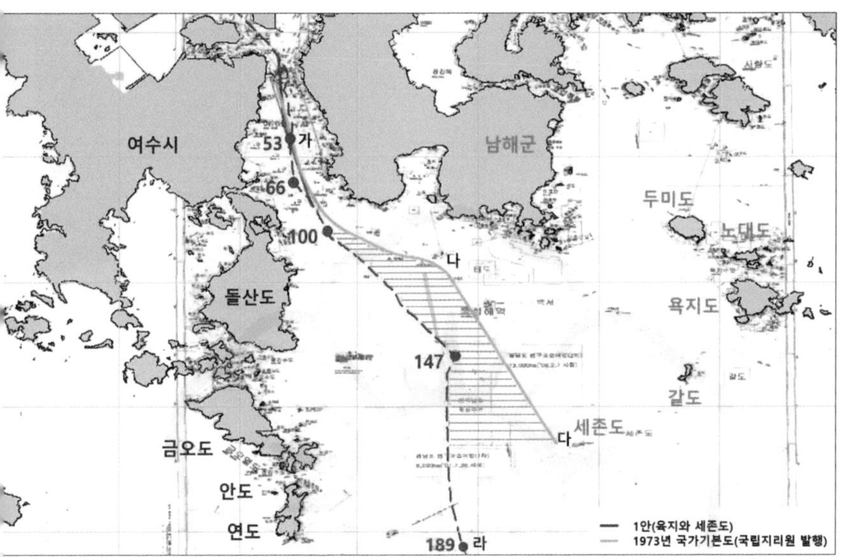

연두색 선이 국가기본도(국토지리정보원 발행)상 해상경계선이고, 빨간색 선이 '등거리 중간선'이다. 경남도는 종전 헌재 결정 취지에 따라 빨간색 선으로 해상경계가 결정돼야 한다고 주장했다.

이처럼 해상경계에 대한 명시적 규정이 없는 상황에서, 결국 쟁점은 쟁송해역에서 행정구역 경계에 관한 관습법이 존재했는지 여부를 입증하는 것으로 귀결됐다. 경남도 측은 '국가기본도에 따른 선은 관습법으로서 기준이 될 수 없다'는 2015년 헌재 결정을 강조하면서 "등거리 기준선대로 해야 한다"고 했다.

반면 세종은 헌재 재판관들에게 "등거리 측량결과에 따라 경계선을 결정한다면 측량소밖에 더 되냐. 이렇게 지자체가 힘들게 판단을 받으려 하는 것은 적어도 관습법이 성립되는지 안 되는지 치밀하게 따져보자는 것 아니냐"고 반박했다.

SHIN&KIM

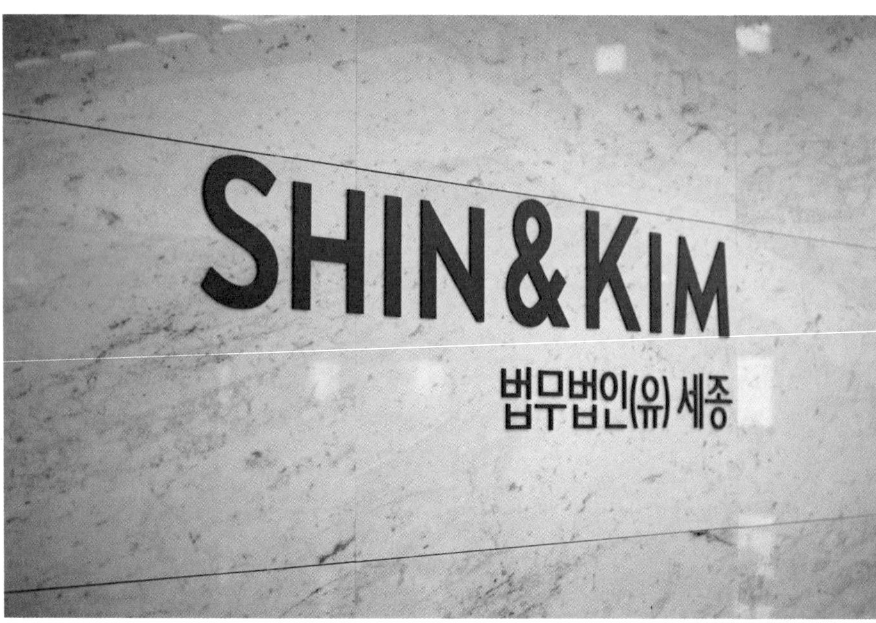

SHIN&KIM
법무법인(유) 세종

세종은 당시 헌재가 2015년 기존의 결정을 변경한 취지는 국가기본도상 해상경계선이 그 자체로 불문법상 해상경계선으로 인정될 수 없다는 것에 불과하다고 피력했다. 동시에 오랜 기간 동안 관행이 존재하고 어민들 사이에 '법적 확신'이 존재한다면 여전히 국가기본도상의 해상경계선이 관습법으로 작용할 수 있다는 논리를 개발했다.

이러한 '관행'을 입증하기 위해 세종의 공법분쟁팀은 국가기록원과 각종 관공서 건물, 국회 및 지역 도서관 등을 다니며 일제강점기 시기, 어업권 행사 관련 자료와 논문을 포함해 각종 자료를 샅샅이 뒤졌다.

이 과정에서 '어장연락도'를 확보한 것은 큰 수확이었다. 통상 관청에서 어장을 관리하려면 도면을 확보하고 있어야 한다. 여수시가 1970년대에 제작된 어장연락도를 찾아낸 것은 '신의 한 수'였다. 누렇게 색이 바랜 이 연락도에 표시된 경계선은 국가기본도상 해상경계선과 일치했다.

변 변호사는 "어장 자료가 있을 법한 국회도서관, 국가기록원 등을 포함해서 정말 전국을 1년간 여기저기 다니면서 이 잡듯 뒤졌다"면서 "가장 결정적인 것은 여수시에서 1970년대 어장연락도를 깊숙한 데서 찾아낸 것"이라고 설명했다.

이어 "여기저기 다니면서 증조할아버지, 할아버지, 아버지 등 3대째 어업을 하는 사람들도 만났다. 그분들로부터 어업 행위를 해왔다는 구체적 자료를 받아 진술서로 제출하기도 했다"고 회고했다.

변 변호사는 "국가기본도 선 자체가 관습 규범적 효력이 있는 기준선이 될 수는 없지만, 적어도 그 선에 따라 모든 것을 해왔다면 관습법의 기초는 될 수 있다고 주장했다. 결론적으로 보면 종전 헌재 결정을 뒤집은 것처럼 됐지만 비틀어 해석한 게 성공했다고 본다"고 했다.

특히 세종은 헌재에 '형평의 원칙'을 강조한 점이 먹혀들었다고 회고했다. 변 변호사는 "수십 년간 기존 해상경계를 사용해 온 데에 대해 형평의 원칙을 적용해야 한다고 피력했다. 지금까지 누가 관할했고, 어디 지역 어민들이 어업해 왔는지, 자연환경이 어떤지 등을 감안해서 형평성 있게 봐야 한다고 변론했다"고 말했다.
이어 "말 그대로 등거리 중간선은 물리적 형평이지 실질적 형평이 아니다. 왜 등거리를 마치 형평의 원칙처럼 포장하느냐. 그렇게 등거리 중간선으로 할 거면 헌재가 왜 필요하냐. 측량해서 선만 그으면 될 게 아니냐고 따졌다"고 설명했다.

아울러 만약 등거리 중간선이 기준이 될 경우, 해상경계를 놓고 다툼 소지가 있거나 법적 분쟁을 겪고 있는 수많은 지자체들이 등거리 중간선에서 자기 측이 불리하다 싶으면 전부 법원으로 몰려올 거라는 점도 강조했다.
변 변호사는 "헌재의 이번 결정은 2015년 이후 관습법으로 해상경계를 인정한 최초의 결정으로 헌재가 해상경계와 관련해 관습법에 대해 가장 합리적으로 해석을 다시 해줬다. 이번 결정으로 기타 다른 지자체에서 등거리 중간선과 관련해 소송 남발을 막는 효과도 보게 됐다"고 했다.

한편 전남 지자체와 시민사회에서는 전남 각계각층의 관심을 비롯해 도민, 여수시민의 적극적인 동참과 성원이 해상경계에 대한 권한쟁의 심판의 승소를 끌어낸 원동력이 됐다는 분석도 나왔다. 전남도는 법무법인 세종 외에도 국회의원, 시장·군수, 도의원, 시·군의원, 사회단체, 어업인 등이 서명한 탄원서를 제출하고 릴레이 성명을 발표하는 등 다각적인 방법으로 권한쟁의심판에 대응했다.

SHIN&KIM
법무법인(유) 세종

민일영 변호사
(10기)

대법관으로 퇴임하면서 32년간의 법관 생활을 마무리했는데, 그간의 경험을 토대로 동료·후배들과 함께 의뢰인의 고민 해결을 돕고 있다. 노인 무료 급식 봉사는 물론 세종의 공익재단(나눔과이음)을 책임지고 있다. 다산 정약용 선생의 '송사를 처리함에 있어 근본은 성의를 다하는 데 있다(聽訟之本在於誠意)'는 말씀을 마음에 새겨왔다.

변희찬 변호사
(16기)

법원에서 20년 이상 판사로 근무하면서 행정소송, 조세소송, 환경침해소송 등을 담당했다. 법복을 벗고 세종에서 변호사 업무를 시작한 이래로는 공법 소송 관련 사건들을 다양하게 경험했다. 주어진 사실관계에 법리와 판례를 접목하여 최선의 결과를 얻어내는 것이 스스로의 역할이라고 생각한다. 이를 달성하기 위해 늘 노력하고 있다.

조춘 변호사
(19기)

행정소송과 헌법소송을 수행해온 지 30년이 되어 간다. 서울대학교 법과대학원에서 행정법 박사 학위를 받는 등 행정 구제 절차에 관한 전문가다. 스스로 '국내 최고의 행정소송 전문가'에 속한다는 자부심을 갖고 있으며, 변호사로서 언제나 분쟁의 합리적인 해결을 최우선 과제로 삼고 일하고 있다.

오행석 변호사
(변시 2회)

법무관 재직 시절부터 지금까지 행정·헌법·환경분쟁 분야의 다양한 소송 사건들을 수행해왔다. 특히 각 사건의 쟁점과 관련 법리를 치밀하고 꼼꼼하게 분석하는 데 많은 시간을 할애하고 있다. 고객이 만족할 수 있는 결과를 내기 위해 변호사로서 어떤 노력을 해야 하는지 항상 고민하는 변호사다.

이 사례의 결정적 법 조항

〔구〕 지방자치법(법률 제9577호로 개정되기 전의 것) 제4조(지방자치단체의 명칭과 구역)

① 지방자치단체의 명칭과 구역은 종전과 같이 하고, 명칭과 구역을 바꾸거나 지방자치단체를 폐지하거나 설치하거나 나누거나 합칠 때에는 법률로 정한다. 다만, 지방자치단체의 관할 구역 경계변경과 한자 명칭의 변경은 대통령령으로 정한다. [현행 지방자치법 제5조 제1항]

헌법재판소법 제2조(관장 사항)

헌법재판소는 다음 각 호의 사항을 관장한다.

4. 국가기관 상호 간, 국가기관과 지방자치단체 간 및 지방자치단체 상호 간의 권한쟁의權限爭議에 관한 심판

헌법재판소법 제61조(청구 사유)

① 국가기관 상호 간, 국가기관과 지방자치단체 간 및 지방자치단체 상호 간에 권한의 유무 또는 범위에 관하여 다툼이 있을 때에는 해당 국가기관 또는 지방자치단체는 헌법재판소에 권한쟁의심판을 청구할 수 있다.

헌법재판소법 제67조(결정의 효력)

① 헌법재판소의 권한쟁의 심판의 결정은 모든 국가기관과 지방자치단체를 기속한다.

재건축 아파트 조합의 '시공사 교체' 관행 막은 대우건설

낡은 아파트를 부수고 새 아파트를 짓는 재건축 과정에서 집주인이 되는 조합원들은 투표로 아파트를 지을 건설사를 선정한다. 건설사를 정할 때 조합원들이 가장 관심을 갖는 부분은 아파트 브랜드다. 아파트 브랜드가 집값에 영향을 주면서 조합원들은 건설사와 계약을 맺은 뒤에도 마음을 바꿔 취소하고, 다른 건설사와 손을 잡는 일이 관행처럼 이어졌다.

이 때문에 재건축·재개발 과정에서 발주처인 조합은 '갑', 시공사는 '을'인 경우가 대부분이었다. 조합이 일방적으로 계약을 해지하더라도 건설사들은 브랜드 이미지 훼손을 고려해 적극적인 대응을 하기 어려웠기 때문이다. 건설사가 법원에 이의제기를 해도 그동안 법원은 대부분 조합의 손을 들어줬다.

그러나 앞으로는 조합이 시공사를 일방적으로 해지하기 어려울 것으로 보인다. 서울 서초구 신반포15차 조합이 '푸르지오' 아파트를 짓는 대우건설과 계약을 했다가 해지한 뒤, '래미안' 아파트를 짓는 삼성물산과 손을 잡았다. 대우건설은 즉각 반발하면서 법원에 소송을 제기했고, 2심에서 승소했다. 법원이 건설사의 손을 들어준 것은 이례적이라는 점에서 업계의 관심이 커졌다.

대우건설과 신반포15차 조합의 인연은 2017년부터 시작됐다. 조합은 대우건설과 손을 잡고 공사비 2,098억원에 도급 계약을 맺었다. 서울 지하철 9호선 신반포역과 가까운 신반포15차는 1982년에 지어진 아파트다. 신반포15차 재건축 사업은 기존 180세대 규모의 낡은 아파트를 641세대로 늘리면서 지하 4층~지상 35층짜리 6개 동 단지를 만드는 사업이다. 사업비는 2,400억원 규모로 추산된다.

그러나 대우건설과 신반포15차 조합은 2019년 '공사비 증액'을 문제로 결별하게 됐다. 이미 아파트가 철거되고, 조합원들은 이주까지 마친 상태에서 결정된 일이었다.

대우건설은 당초 계약했던 내용 중 설계가 변경돼 지하에서부터 지상까지 3만여㎡의 연면적이 늘어나 500억원대의 공사비를 더 지불해야 한다고 조합 측에 전했다. 이에 조합은 "시공자 입찰 당시 무상 특화설계 항목 아니었느냐"라고 맞받아치면서 200억원대 이상은 줄 수 없다고 대응했다.

조합은 임시총회를 열어 대우건설의 시공자 지위를 취소하고 이듬해 삼성물산을 새 시공사로 선정했다. 당시 삼성물산이 5년 만에 재건축 수주전에 뛰어들면서 '래미안의 귀환'이라는 이름표도 따라붙었다. 재건축 신규 단지명은 '래미안 원 펜타스'로 정했다.

이에 대우건설은 2019년 12월, 조합의 결정을 받아들일 수 없다며 서울중앙지방법원에 '시공사 지위 확인' 소송을 제기했다. 1심에서는 재판부가 각하 결정을 했지만, 2심 서울고등법원의 판단은 달랐다.

항소심 재판부는 "(시공자 지위) 해제 사유의 존재가 인정되지 않아 이 사건 계약해제 통보는 효력이 없다"면서 "대우건설이 시공사 지위에 있다는 확인 판결을 받는 것이 가장 유효하고 적절한 수단"이라고 판단했다.

조합이 주장했던 대우건설의 '공사비 증액' 문제도 시공사 해제 사유로 볼 수 없다고 봤다. 재판부는 "조합원들이 혁신안을 채택할 경우 스카이브릿지, 지하 4층 주차장 등으로 공사 연면적이 증가하고, 공사비가 증액될 수 있다는 점을 인식한 상태에서 대우건설을 시공사로 선정했다. 대우건설의 지하 4층 공사비에 대한 증액 요구가 부당하다고 보기 어렵다"고 지적했다.

이외에도 대우건설을 대리한 법무법인 광장은 조합이 주장한 총 12개의 방대한 해제 사유들을 모두 방어해 대우건설에 어떤 귀책 사유도 없다는 판단을 이끌어냈다. 이 판결로 대우건설은 신반포15차에 대한 시공권을 유지할 수 있게 됐다.

도시정비법 파고들어 재건축 시장 흔들 판례 도출

광장은 도시 및 주거환경정비법도시정비법부터 파고들었다. 도시정비법은 시공사 선정 절차의 공정성 확보를 위해 여러 차례 개정돼 왔다. 그러나 정작 시공자와 계약 관계를 해제하는 부분에 대해서는 별다른 규정이 존재하지 않았다.

과거에는 조합이 시공사를 바꾸는 경우가 이례적인 일이었지만, 최근 부동산 시장 열기가 거세지면서 아파트 브랜드를 바꿔 집값을 올리려는 조합들의 움직임이 활발해졌다. 건설업계에서는 시공권을 방어하기 위한 새로운 전략이 필요한 상황이었다.

조합은 민법 제673조 '수급인이 일을 완성하기 전에는 도급인은 손해를 배상하고 계약을 해제할 수 있다' 조항을 근거로 도급인의 '임의해제권'이 인정된다고 주장했다. 즉, 건설사가 특별한 귀책 사유가 없더라도 조합이 대우건설에 일정한 손해배상을 한다면 계약을 해제시킬 수 있다는 것이다.

그러나 대우건설은 조합 측에 손해배상을 받는 것보다 새 아파트를 짓는 공사를 계속 진행하기를 원했기 때문에 변호인들은 소송의 유형부터 새롭게 검토했다. 광장은 조합이 주장한 민법 제673조를 역이

346 민법
注釋民法 (2)
民法硏究
독일민법전
新 민법사례연습
신 사해행위취소소송
민법강의
民法講義
民法講義
新 민법강의
대한민국 민법 1
대한민국 민법 2
대한민국 민법 3
RESTATEMENT OF THE LAW Second
언론의 자유
民事裁判의 諸問題
國際商事仲裁法硏究
21世紀商法의 展開
대한민국 민법 1
著作權法
租稅法講義
統合倒産法
倒産法講義
STATUTES OF THE REPUBLIC OF KOREA

용했다. 임의해제권은 손익상계나 과실상계가 허용되지 않는 '완전한 배상'을 전제로 하는데, 이 부분이 조합원 총회에서 실질적인 논의가 이뤄지지 않은 점을 집중적으로 파헤쳤다.

항소심 재판 과정에서 조합장의 발언이 녹음된 회의 자료 등을 추가로 제출하면서, 조합장이 대우건설의 시공사 지위 해제 이후 손해배상 규모와 여파 등을 조합원들에게 제대로 설명하지 않았다는 점도 밝혀냈다. 조합장이 대우건설과의 계약 해지를 추진하면서 손해배상액과 피해 상황 등을 조합원들에게 알리지 않은 셈이다.

결국 재판부는 "이 사건 계약해제 통보에 민법 제673조에 기한 임의해제 의사가 포함되어 있다고 보더라도 이 사건 해제 총회에서 그러한 해제 및 그와 일체를 이루는 손해배상에 관해 총회 의결이 없었으므로 유효하다고 할 수 없다"고 지적하면서 대우건설의 손을 들어줬다.

이에 따라 만약 도시정비사업 조합이 건설사와 계약을 해지하고 싶을 경우 민법 제673조에 따라 조합원들에게 손해배상 책임이 발생할 수 있다는 것과 대략적인 범위에 관한 정보를 제공하고, 이에 관한 결의를 받아야 한다는 점이 명시된 셈이다.

광장 건설부동산 그룹의 총괄 그룹장 장찬익 변호사는 "조합이 결의하지 않은 채 해제 통보를 할 경우 '임의해제'로서의 효력도 인정될 수 없다고 판단돼 역전승을 이뤄낸 것"이라고 설명했다. 이어 "조합이 조합원에게 올바른 정보를 제공하고 제대로 된 법리로 사업을 수행해야 한다는 가이드라인을 법원이 제시했다고 봐야 한다"고 의미를 부여했다.

법원의 판단 이후 대우건설이 신반포15차 공사 중지 가처분 신청을 내면서 조합은 '공사 중지' 위기에 놓이기도 했다. 건설사와 조합 간 법정 다툼이 길어져 사업이 지체될수록 금전적 피해를 보는 건 '조합'이라는 분석도 이어졌다. 이로 인해 조합이 일방적으로 시공사 계약을 해지할 수 없게 돼 조합과 건설사의 우위 관계가 변화할 수 있다는 전망도 나왔다.

"희망 생겼다" 건설사들 관심 집중된 판결

이번 소송 결과를 두고 정비업계의 관심이 쏠렸다. 최근 시공사를 갈아치우는 조합이 잇따르면서 건설사들의 '속앓이'가 이어졌기 때문이다. 건설사와 조합 간의 갈등은 현재 진행형이다.

정비업계는 조합장 교체나 조합원들의 변심으로 시공권 해지가 이뤄진 계약만 매년 수십 건에 달한다고 보고 있다. 서초구 방배6구역 재건축 조합은 '무상 특화설계와 공사비 증액' 갈등으로 건설사 DL이앤씨와 2021년 9월 계약을 해지했다. DL이앤씨는 'e편한세상'과 자사 고급 브랜드 '아크로' 아파트를 짓는 건설사다. DL이앤씨는 2021년 한 해 동안 도시정비사업 8개 구역에서 시공사 권한을 잃었다.
흑석뉴타운의 핵심인 동작구 흑석9구역도 설계안 등의 문제로 '롯데

캐슬'과 자사 고급 브랜드 '르엘'을 짓는 롯데건설과 대립하다 2021년 4월 시공사 계약을 해지했다. 이후 '힐스테이트'와 자사 고급 브랜드 '디에이치'를 적용하는 현대건설이 새 시공사로 선정됐다.

대우건설이 조합을 상대로 시공권을 유지하는 소송에서 승소하자 각 건설사 법무팀의 문의가 쇄도했다. 시공사 지위를 박탈당했거나 박탈당할 위기에 있는 건설사들이 대우건설에 '소송 노하우'를 알려달라는 부탁이 쏟아진 것이다.

그만큼 조합의 시공사 교체 문제는 건설업계의 고질적인 문제로 꼽히면서 건설사들의 관심이 쏠린 판결이었다. 한 번 시공사를 교체한 뒤 또다시 시공사가 바뀌는 정비업계 초유의 사태가 발생할 판결을 이끈 광장은 '시공사 갈아타기' 관행에 제동을 걸었다는 평가를 받는다.

광장은 서울고등법원의 판결을 통해 무분별한 시공사 교체 바람이 멈추고, 향후 정비사업 현장에서 건전한 법문화가 정립될 것을 기대했다. 현재의 관행대로라면 사업비 증가, 사업 지연, 공사비의 연쇄적인 상승과 공사 품질의 저하로 이어지는 문제가 되풀이될 수 있기 때문이다.

특히 건설업계에선 이번 신반포15차 사례가 지금까지의 정비사업 분위기를 바꾸는 계기가 될 것으로 보고 있다. 조합과 시공사 간 갈등을 줄이기 위해 시공사 교체 기준을 개선하는 등 제도적인 손질이 필요하다는 주장도 제기됐다.

현행 도시정비법에 따르면 시공사를 해지하기 위해서는 조합원 과반수가 참석해야 하고, 참석 인원의 과반수가 동의를 해서 총회를 통과시키면 된다. 이에 건설업계에서는 시공사 계약 해지를 위한 총회 기준을 상향해야 한다는 목소리가 나오고 있다.

앞으로는 시공사 교체 움직임이 줄어들 것이라는 전망이 나온다. 대법원이 신반포15차 조합의 상고를 기각하고, 대우건설의 손을 들어주면서 건설사와 조합 간의 갈등도 봉합됐다.

대한변호사협회 등록 재개발 재건축 전문변호사인 정채향 변호사는 "최근 정비사업 현장에서 유행처럼 벌어지는 '시공자 계약해제'의 가장 큰 문제점은 조합 집행부가 시공자 교체를 위해 조합원에게 해제 사유를 허위로 설명하거나, 계약해제 후 조합에 별다른 손해가 발생하지 않을 것처럼 홍보하는 것이다. 이번 판결로 조합원들이 정확한 정보를 받은 상태에서 올바른 의사결정을 내릴 수 있게 될 것"이라고 말했다.

Lee & Ko 법무법인(유) 광장

장찬익 변호사
(23기)

건설 분야는 규제의 다변화 속에 전통적 법리와 새로운 법리가 소용돌이치는 태풍과 같은데, 장찬익 변호사는 20여 년 이상 쌓아온 독보적인 전문성을 토대로 광장의 건설 부동산 그룹이 최고로 인정받을 수 있도록 노력하고 있다. 고객에게 최상의 전략과 자문을 제공할 수 있도록 최선을 다하고 있다.

정채향 변호사
(38기)

재개발·재건축 전문 변호사로서 어려운 사건을 만날 때마다 '정의와 공의의 작은 주춧돌이 되고 싶다'는 첫 마음가짐을 항상 놓지 않으려고 한다. 깊은 연구와 정교한 법리 주장이 장점이니만큼, 안주하지 않는 변호사로 기억되고 싶다고 한다. 그래서 늘 초심을 잃지 않기 위해 매일 노력하고 있다.

이 사례의 결정적 법 조항

도시 및 주거환경정비법 제45조(총회의 의결)

① 다음 각 호의 사항은 총회의 의결을 거쳐야 한다.

13. 그 밖에 조합원에게 경제적 부담을 주는 사항 등 주요한 사항을 결정하기 위하여 대통령령 또는 정관으로 정하는 사항

도시 및 주거환경정비법 시행령 제42조(총회의 의결)

① 법 제45조 제1항 제13호에 따라 총회의 의결을 거쳐야 하는 사항은 다음 각 호와 같다.

4. 정비사업비의 변경

민법 제543조(해지, 해제권)

① 계약 또는 법률의 규정에 의하여 당사자의 일방이나 쌍방이 해지 또는 해제의 권리가 있는 때에는 그 해지 또는 해제는 상대방에 대한 의사표시로 한다.

민법 제544조(이행지체와 해제)

당사자 일방이 그 채무를 이행하지 아니하는 때에는 상대방은 상당한 기간을 정하여 그 이행을 최고하고 그 기간 내에 이행하지 아니한 때에는 계약을 해제할 수 있다. 그러나 채무자가 미리 이행하지 아니할 의사를 표시한 경우에는 최고를 요하지 아니한다.

민법 제673조(완성 전의 도급인의 해제권)

수급인이 일을 완성하기 전에는 도급인은 손해를 배상하고 계약을 해제할 수 있다.

재개발은 무산됐지만 '빌려준 돈'은 받아야 하는 이유

재건축·재개발 관련한 소송 트렌드는 통상 지역 특성뿐만 아니라 부동산 경기와 맞물린다. 부동산 경기가 호황일 경우, 시공사 선정을 놓고 각축전이 펼쳐진다. 이른바 '돈을 벌기 위한' 싸움이다.

사업성이 좋은 부지를 두고 대형 건설사들이 눈독을 들이면서 사업자 선정을 위한 삼파전 양상이 펼쳐지기도 한다. 그러면 어렵게 시공사로 선정됐다가 별안간 '계약해제' 당하는 일도 발생한다.
2020년 5월, 흑석9구역 재개발사업 조합의 집행부가 바뀌면서 롯데건설이 시공사 선정 취소를 통보를 받은 것이 대표적 사례다.

이밖에도 총 사업비만 7조원에 달해 재개발 최대어로 꼽혔던 한남3구역의 시공사 각축전(현대건설 선정)이라든지, 반포 1단지에서 재건축 격돌을 벌였던 현대건설과 GS건설의 대전大戰, 공사비만 9,000억원인 부산 최대 정비사업 대연8구역 재개발 사업을 놓고 펼쳐지는 잇단 소송전처럼 규모만으로도 세간의 관심을 끄는 소송들이 있다.

반면 사업이 지지부진하거나 아예 추진이 안 되는 경우에도 분쟁은 발생한다. 대여금 분쟁이 대표적인데, 건설사가 추진위에 빌려준 돈을 환수받기 위해 소송을 제기한다. 이른바 '패전처리 비용'을 놓고 건설사와 재개발추진위원회가 다투는 경우다.

최근 현대건설은 서울 청파동 주택재개발추진위원회를 상대로 제기한 상고심에서 승소했다. 2018년 12월 항소심 판결이 난 이후 1년 8개월 만에 받은 결과다.

시공사 공사대금 채권회수한 법무법인 지평

이번 사건은 현대건설이 해당 지역의 사업성이 없다고 판단, 추진위에 빌려준 대여금을 되돌려 받기 위해 소송을 제기하면서 시작됐다.

사업이 되려면 처음에 재건축이든 재개발이든 사업을 추진하는 주체가 필요하다. 특히 재건축은 단위가 아파트라는 점에서 입주자 대표 등 조직화하는 게 상대적으로 쉽다. 반면 재개발은 상대적으로 주민들을 조직화하는 과정이 쉽지 않다. 따라서 통상 추진위원회를 구성하고, 향후 조합을 설립하려면 일정 비율 이상 동의를 받는 과정으로 진행된다.

문제는 추진위를 구성하려면 예산이 필요한데 이때 시공사는 자금을 투입하게 된다. 추진위 임원 등 주체에게 '우리가 돈을 대줘서 조합으로 성장하면 시공사를 선정할 때 당연히 우리를 뽑겠지'라는 기대감을 갖고 자금을 빌려주는 것이다.

과거에는 재건축 및 재개발 과정에서 추진위에 돈을 빌려주거나 추진위가 시공자를 뽑는 것과 관련해 아무런 법적 규제가 없었다. 말 그대로 추진위 단계부터 시공사가 들어가서 돈도 빌려주고 그 돈을 빌려준 시공사를 추진위가 뽑고 하는 방식이었다.

그런데 2003년 7월 1일부터 도시정비법이 시행된다. 그러다 보니 시행 이전에 추진위에 돈을 빌려준 시공사를 뽑는 행위가 '위법'하게 됐다. 즉 시공사를 아직 뽑지도 않았는데 돈을 이미 빌려줬다는 점에서 배임수재의 가능성이 생기는 셈이다.

이에 따라 부랴부랴 추진위들이 7월 1일 도정법 시행 이전에 줄속으로 총회를 거쳐 자금을 차용하는 상황이 펼쳐졌다. 이번 사건도 이 같은 배경에서 출발했다.

청파주택재개발추진위추진위는 2003년 6월 4일 주민총회를 개최해 현대건설을 시공사로 선정했다. 당시 결의에는 시공사로부터 자금을 차용하는 내용이 포함돼 있었다. 이후 2003년 8월 28일 양측은 도급계약을 체결했고, 추진위는 2003년 11월 9일~2011년 4월 9일까지 총 5차례에 걸쳐 현대건설로부터 12억원을 차용했다.

쟁점은 '자금차입의 효력'이 성립하는지 여부였다. 추진위는 운영규정을 문제 삼아 양측이 체결한 소비대차약정이 무효라고 주장했다. 운영규정에 따르면 '토지 등 소유자의 비용부담을 수반하거나 권리와 의무에 변동을 발생시키는 경우에는 토지 등 소유자 3분의 1 이상이 인감도장을 사용한 서면동의를 하고 인감증명서를 첨부해야 한다'고 돼 있다.

이에 2심은 추진위 자금차용 시 인감증명을 첨부한 서면동의가 없는 경우 자금차용 효력을 부인해 온 대법 판례를 근거로, 현대건설 손을 들어준 1심을 뒤집고 추진위 손을 들어줬다.
이처럼 양측 계약이 무효로 되면, 현대건설이 추진위를 상대로 부당이득반환 청구 제기는 가능하지만(법률상 원인 없이 대여됐다는 점에서 부당이득으로 본다), 법률상 부당이득반환 청구의 경우 연대보증책임을 물을 수 없게 돼 있다. 즉, 돈을 돌려받을 수 없는 실효성이 없는 소송이 된다.

결국 이 사건은 대법까지 갔다. 상고심에서 추진위는 "유효한 대여라고 생각해서 당시 대여금 반환을 연대보증한 것이지, 이 대여가 애당초 무효를 가정해 돌려주는 책임까지 연대보증한 것은 아니다"라고 맞섰다.

이에 현대건설 측을 대리한 법무법인 지평의 건설부동산팀은 자금을 시공사로부터 차용키로 한 결정은 추진위 운영규정 시행 전에 이미 이뤄진 것이므로, 소비대차약정 시 토지 등 소유자의 별도 동의가 필

요 없다고 주장했다. 특히 인감증명서를 받도록 한 운영규정 조항이 매우 이례적인 것이라고 강조하면서, 말 그대로 규정상 조항일 뿐 실질적 규범력이 없다고 피력했다.

지평의 정원 변호사는 "형식이냐 실질이냐의 문제"라며 "총회 의결 때도 인감증명 낸 사람도 없는 데다 그 누구도 요구하지 않았다. 구청의 행정지도조차 없었다"고 설명했다. 이어 "추진위 운영규정 같은 경우, 고심해서 만들지 않는다"면서 "말 그대로 어쩌다 짜깁기로 만들다 보니 불필요한 조항이 들어갔고 (항소심 재판부가) 문헌을 과도하게 해석한 것이라고 강조했다"고 전했다.

자금 차입의 유효성 여부에 대해서도 "새삼스럽게 대여한 것이 아니라 돈을 빌리기로 한 것은 이미 총회 때 결정이 됐고 그때 체결된 소비대차계약은 앞선 의결에 따른, 연속선상의 시행행위"라고 피력했고 이를 대법원이 받아들였다.

대법원은 "추진위가 추진위 운영 등을 위한 자금을 시공사로부터 차입금으로 조달한다는 '재원조달 방법에 관한 기본적인 결정'은 이 사건 대여약정이 포함된 도급계약 체결 무렵에 이미 이루어진 것이고, 이 사건 각 소비대차계약은 이 사건 대여약정을 기초로 한 부속계약에 지나지 않는다"고 판단해 원심판결을 파기했다.

사실 건설사가 조합을 상대로 소송을 진행하면 추후 사업 확보를 위한 영업 활동에 단점으로 작용할 수밖에 없다. '조합을 압박하는 건설사'로 낙인될 경우 사업권 확보에 어려움이 따른다는 점에서다.

하지만 이처럼 시공사가 재개발 및 재건축 단계에서 추진위나 조합에 돈을 빌려줬다 채권을 회수하지 못한 경우는 전국적으로 많은 편이다. 특히 상대적으로 서울보다 사업성이 떨어지는 지방의 경우는 더하다.

실제로 10여 년 전만 해도 대우건설을 중심으로 자금 사정이 어려워진 건설사들이 채권 회수에 나서면서 이러한 소송이 매우 잦았다. 즉, 건설사 입장에서 보면 '비용 처리' 문제인 셈인데 기울이는 노력에 비해 회수되는 비용은 적은 편이다. 또 채권회수 판결을 받는다 해도 실제 비용으로 회수 받을 수 있을지 여부는 불투명하다.

그럼에도 건설사들이 채권 회수를 하려는 이유는 법인세법상 비용 인정을 받을 수 있다는 점에서다. 세법상 비용 처리를 하려면 건설사가 채권 회수 노력을 했다는 사실이 증빙돼야 한다. 또 법원 판결을 근거로, 지자체 조례에 따라 매몰비용을 보전받을 가능성도 있다.

정 변호사는 "돈을 빌려준 시공사 입장에선 회수해야 되는 게 있고, 이렇게 회수 노력을 했는데도 일부 추진위원들의 경우 재산이 없어 회수가 안 됐다는 '채권회수 노력'이 증빙이 돼야 법인세법상 비용이 인정된다. 참 어려운 일이지만 해야 하는 이유"라고 말했다.

그러면서도 "추진위 위원장이나 추진위원들은 사실 그 동네 유지이다. 사업이 안 되더라도 서울 같은 경우는 그게 끝이 아니다. 부동산 경기가 다시 살아나는 지역이 있다. 따라서 채무를 사실상 담보하고 강제하는 것은 추진위원장과 추진위원 연대보증이다. 이는 그 다음으로 나아가기 위한 역할도 한다"고 덧붙였다.

한편 그는 이번 승소가 재건축 및 재개발 사업의 리스크를 어떻게 배분할지에 대한 교훈을 남겼다는 점에서 의미가 있다고 평가했다.

정 변호사는 "추진위 운영규정이 시행되기 전 자금차용을 전제로 한 도급계약이 체결된 경우라 하더라도 소비대차의 유효성을 주장할 수 있다는 것을 보여준 사건이다. 항소심은 연대보증을 한 추진위 보호라는 측면에서 판단했지만, 대법은 결국 추진위 내지 조합, 시공사, 지자체 등을 놓고 리스크를 어떻게 나누느냐에 대해 고심했다고 본다"고 의의를 부여했다.
또 "추진위원회 운영규정이 시행되기 전 자금차용을 전제로 하는 도급계약이 체결되었다면 위 판결을 근거로 소비대차의 유효성을 주장할 수 있으므로 자금 대여 시기 등을 검토하시기 바란다"고 말했다.

★ 승소한 변호사는 누구?

JIPYONG 법무법인[유] 지평

정원 변호사
(30기)

재건축 및 재개발 분야 분쟁 해결로는 감히 '최고 전문가'라 자부한다. 5조원대 재건축 초과 이익 환수금 부과 위기에 놓였던 반포주공아파트, 비대위의 조합장 해임으로 흔들린 개포주공아파트 사건에서 승소해 '특급 구원투수'라는 말도 들었다. 균형감 있으면서도 과감한 조언이 특장점이며, 그 부분에 고객들의 호응이 높다.

이 사례의 결정적 법 조항

(구) 도시 및 주거환경정비법(법률 제7392호로 개정되기 전의 것) 제14조(추진위원회의 기능)

③ 추진위원회가 제1항의 규정에 의하여 수행하는 업무의 내용이 토지등소유자의 비용부담을 수반하는 것이거나 권리와 의무에 변동을 발생시키는 것인 경우에는 그 업무를 수행하기 전에 대통령령이 정하는 비율 이상의 토지등소유자의 동의를 얻어야 한다. [현행 도시 및 주거환경정비법 제32조 제4항]

(구) 도시 및 주거환경정비법 시행령(대통령령 제21171호로 개정되기 전의 것) 제23조(추진위원회의 업무에 대한 토지등소유자의 동의)

① 법 제14조 제3항의 규정에 의하여 추진위원회는 업무의 내용이 비용부담을 수반하는 것이거나 권리·의무에 변동을 발생시키는 것인 때에는 다음 각호의 기준에 따라 토지등소유자의 동의를 얻어야 한다. 이 경우 다음 각호의 사항 외의 사항에 대하여는 추진위원회 운영 규정이 정하는 바에 의한다. [현행 도시 및 주거환경정비법 시행령 제25조 제1항]

1. 토지등소유자의 과반수 또는 추진위원회의 구성에 동의한 토지등소유자의 3분의 2 이상의 동의가 필요한 사항

가. 추진위원회 운영규정의 작성

나. 정비사업을 시행할 범위의 확대 또는 축소

2. 추진위원회의 구성에 동의한 토지등소유자의 과반수의 동의가 필요한 사항

가. 법 제69조의 규정에 의한 정비사업 전문관리업자(이하 "정비사업 전문관리업자"라 한다)의 선정

나. 개략적인 사업 시행계획서의 작성

글로벌 제약사의 '특허 장벽'을 뛰어넘어라

폐렴구균은 말 그대로 폐렴을 일으키는 주요 원인인 세균이다. 전 세계에 퍼져 있고, 여러 부위를 통해서 감염될 수 있다. 어린아이가 걸리는 균혈증이나 폐렴, 뇌막염, 중이염을 일으키기도 하고, 나이가 많거나 심장병, 당뇨병 같은 만성질환을 가진 사람에게는 폐렴구균이 치명적일 수 있다.

전 세계에 퍼져 있는데다 심각한 질병의 원인균이기 때문에 폐렴구균을 막기 위한 백신 시장도 큰 편이다. 2019년 기준으로 폐렴구균 백신의 글로벌시장 규모는 64억달러(약 7조7,000억원)에 달하는 것으로 집계됐다.

주요 병원균에 대한 백신은 대부분 해외에 본사를 두고 있는 글로벌 제약사가 특허권을 가지고 있다. 폐렴구균 백신도 마찬가지다. 전 세계 시장의 80%를 차지하고 있는 폐렴구균 백신인 '프리베나13'은 미국 제약사인 와이어쓰 엘엘씨Wyeth LLC가 특허권을 가지고 있다.

국내에서는 한국화이자제약이 와이어쓰 엘엘씨와 계약을 맺고 프리베나13을 수입해 판매하고 있다.

글로벌 제약사가 주도권을 쥐고 있지만 국내 제약사들도 '토종 백신'을 위한 노력을 포기하지 않고 있다. SK바이오사이언스도 그중 하나다. SK바이오사이언스는 폐렴구균 백신을 만들기 위해 오래전부터 연구개발R&D 역량을 집중해 왔고, 지난 2016년 7월 마침내 결실을 맺었다. 프리베나13과 구성이 동일한 '스카이뉴모프리필드시린지'라는 폐렴구균 백신을 개발해 식품의약품안전처로부터 품목허가를 받는 데 성공한 것이다. 국내에서 개발한 첫 폐렴구균 백신이었다.

하지만 스카이뉴모는 세상의 빛을 보기도 전에 특허 장벽에 가로막혔다. 와이어쓰 엘엘씨와 한국화이자제약이 스카이뉴모가 자신들의 특허권을 침해했다며 이듬해인 2017년 8월 특허침해금지 및 예방 청구 소송을 제기했다.

2년에 걸친 소송 끝에 법원은 와이어쓰 엘엘씨와 한국화이자제약의 손을 들어줬다. 서울중앙지법은 2019년 5월에 프리베나13 특허 존속기간인 2026년까지 SK바이오사이언스가 스카이뉴모를 생산하거나 판매할 수 없도록 하는 화해권고 결정을 내렸다. 여기까지는 글로벌 제약사들이 토종백신을 막아서는 데 성공한 것처럼 보였다.

러시아로 이어진 2라운드

와이어쓰 엘엘씨와 한국화이자제약은 프리베나13의 특허권을 확인받자 곧바로 2라운드에 나섰다. SK바이오사이언스가 러시아 제약사와 맺은 스카이뉴모 기술이전 계약을 물고 늘어진 것이다.

SK바이오사이언스는 특허 분쟁이 진행 중이던 2018년 2월에 러시아 제약사 N사와 스카이뉴모 기술이전 계약을 체결했다. 러시아는 와이어쓰 엘엘씨가 프리베나13 특허권을 등록하지 않은 국가였다. 와이어쓰 엘엘씨의 특허권이 영향을 미치지 않는 곳이니 당연히 스카이뉴모 기술이전 계약도 문제가 없다고 본 것이다.

SK바이오사이언스가 N사와 맺은 계약을 보면 SK바이오사이언스가 N사에다가 폐렴구균 단백접합백신스카이뉴모 제조 기술을 이전하고, 위 기술에 대해 제한된 지역적 범위러시아 내에서 실시를 허락한다고 돼 있었다.
N사는 SK바이오사이언스의 기술이전을 받아 러시아에서 자체적으로 백신을 제조하는 내용의 계약이었다. N사가 백신을 개발할 수 있도록 SK바이오사이언스가 스카이뉴모 완제의약품을 시험용에 한해 제공한다는 내용도 포함돼 있었다.

와이어쓰 엘엘씨와 한국화이자제약은 계약 내용 중 SK바이오사이언스가 스카이뉴모 완제의약품을 제공하는 점을 문제 삼았다. 서울중앙지법의 화해권고 결정에 따라 SK바이오사이언스는 스카이뉴모 완제의약품을 생산하거나 수출하면 안 되는데 이 결정에 반한다는 것이다. 두 회사는 2020년 6월 SK바이오사이언스를 상대로 특허침해금지 가처분 소송을 제기했다. 앞선 법적 공방에서 와이어쓰 엘엘씨와 한국화이자제약이 모두 이겼기 때문에 이번에도 SK바이오사이언스는 패색이 짙었다.

특허법 제96조 제1항 제1호를 둘러싼 공방

하지만 SK바이오사이언스의 변호를 맡은 법무법인 화우가 '특허법 제96조 제1항 제1호'라는 카드를 꺼내면서 상황이 달라졌다. 특허법 제96조는 특허권의 효력이 미치지 않는 범위를 규정하고 있다. 그중에서도 제1항 제1호는 '연구 또는 시험을 하기 위한 특허발명의 실시'에 한해 특허권의 효력이 미치지 않는다고 규정한다.

화우의 권동주 변호사는 특허법원에서 판사로 재직한 특허법 전문가다. 권 변호사는 특허법 제96조 제1항 제1호를 근거로 연구나 시험을 위한 실시에 대해서는 특허권의 효력이 미치지 않는다는 과거 판례를 여럿 찾아내 SK바이오사이언스를 위한 방패로 삼았다.
'2016나1455 판결', '2008허4936 판결' 등이 권 변호사가 꺼내든 판례였다. 모두 연구나 시험을 위해 시험약을 생산하거나 보관한 행위에 대해서는 특허권이 효력을 미치지 않는다고 명시한 판례들이다.

와이어쓰 엘엘씨와 한국화이자제약도 반격이 없지는 않았다. 두 회사

VOLUME 2
INTERNATIONAL CONTRACT MANUAL
THOMSON
WEST
2012
EUROPE
ASIA
AUSTRALASIA
MIDDLE EAST
AFRICA
註釋
民法

SEOUL
LONDON
NEW YORK

는 특허법의 해당 조항은 연구 또는 시험이 '국내'에서 이뤄지거나 '특허 실시제품을 생산한 자에 의해서 직접 이뤄진 경우'에 한해서 적용된다고 주장했다. 이 경우에는 N사가 러시아에서의 시험을 위해 스카이뉴모가 생산, 수출됐기 때문에 특허법 제96조 제1항 제1호를 적용할 수 없다는 논리였다.

하지만 화우는 두 회사의 반격을 곧바로 무산시켰다. 특허법의 해당 조항에는 연구 또는 시험에 장소적 제한이나 주체적 제한을 따로 두지 않았다는 사실을 지적했다. 규정의 적용 여부는 오로지 실시 행위의 목적이 '연구 또는 시험'인지만을 따진다는 것이다.

권 변호사는 "두 회사의 주장은 특허법 해당 조항에 명백히 반하는 독자적인 견해에 불과하다. 연구, 시험 수행 주체와 연구, 시험 목적의 생산 주체를 구분하는 건 특허법 해당 조항 어디에도 존재하지 않는다"고 지적했다.

특허법 제96조 제1항 제1호가 '국내'에서 이뤄지는 시험에만 적용할 수 있다는 반론에 대해서도 권 변호사는 "두 회사의 주장은 특허권자에 대한 법익 침해 가능성이 더 높은 국내 생산 및 국내 연구 또는 시험 수행에 대해서만 특허권 효력이 제한된다는 것으로 누가 보더라도 불합리한 해석"이라고 말했다.

실제로 이미 여러 판례에서 연구 또는 시험의 장소가 국내일 것을 요구하거나 주체가 반드시 특허발명의 실시자와 동일할 것을 요건으로 하지 않고 있었다. 예컨대 서울남부지법의 2001년 6월 15일 판례(2001카합1074)는 시험약의 연구, 시험 수행 주체와 시험약의 생산 주체가 다른 경우에도 특허법 제96조 제1항 제1호가 적용될 수 있다고 보고 있다.

화우는 SK바이오사이언스가 N사에 스카이뉴모 완제의약품을 제공한다고 해서 와이어쓰 엘엘씨나 한국화이자제약의 손해발생 우려가 없다는 점도 지적했다.

가처분 신청은 긴급하거나 현저한 피해 회복의 곤란성이 있어야 인정될 수 있는데, SK바이오사이언스가 N사에 스카이뉴모 완제의약품을 제공했다고 해서 와이어쓰 엘엘씨나 한국화이자제약이 손해가 발생할 일도 없고, 만에 하나 손해가 발생한다고 해도 추후에 손해배상청구소송을 통해 보상받을 수 있기 때문이다.

화우는 SK바이오사이언스가 N사에 제공한 스카이뉴모 완제의약품은 임상시험을 위한 것으로 러시아 시장에 유통될 가능성이 없다는 점도 재판부에 설명했다. N사에 제공된 스카이뉴모 포장 및 용기 표면에 'For Research Purpose Only시험 목적으로만 사용할 것'라고 표시한 것을 증거로 제시하기도 했다. 해당 용기 표면에는 제품명이나 효능, 효과 등 완제의약품으로 판매되기 위한 필수사항도 전혀 기재되지 않았다.

SK바이오사이언스와 N사가 주고받은 스카이뉴모 완제의약품은 상업적 목적이 아니라 오로지 '연구 또는 시험'을 목적으로 했다는 걸 분명히 한 것이다.

결국 재판부는 SK바이오사이언스의 손을 들어줬다. 2020년 12월 15일 서울중앙지법 제60민사부는 와이어쓰 엘엘씨와 한국화이자제약이 SK바이오사이언스를 상대로 제기한 특허침해금지 가처분 신청을 기각했다.

재판부는 "특허법 96조 1항 1호의 적용을 위해 연구 또는 시험이 특허성의 실증이나 기술 개량의 목적으로 한 경우 비상업적 목적으로 한정돼야 한다고 볼 수 없다. N사가 러시아에서 프리베나13의 제네릭 약품의 품목허가를 받기 위해 SK바이오에게 공급받은 완제의약품을 이용하는 행위는 국내 약사법상 품목허가를 위해 실시제품을 생산해 시험에 사용하는 행위와 차이가 없다"고 이유를 설명했다.

또 재판부는 "특허권은 속지주의 원칙에 따라 등록국 내에서의 실시 행위에 대해서만 미치고, 우리 법제에서는 해외에서 실시를 특허침해로 규율하는 규정이 없다. 해외에서의 실시 행위에 대해 국내 특허권자가 독점권을 주장할 수 없다"고 덧붙였다.

와이어쓰 엘엘씨와 한국화이자제약은 항고했지만 지난 2021년 12월 8일 가처분 신청을 취하했다. 1년 반에 걸친 2라운드가 결국 SK바이오사이언스의 완승으로 마무리됐다.

권 변호사는 SK바이오사이언스의 승소가 다국적 제약사의 특허 장벽을 넘어서 토종백신의 활로를 뚫는 결과를 냈다고 설명했다. SK바이오사이언스가 개발한 토종백신을 러시아에 기술이전한 것처럼 다른 지역으로도 이전하는 제2, 제3의 이전 사례도 나올 수 있다는 것이다. 러시아처럼 와이어쓰 엘엘씨가 특허권을 등록하지 않은 지역도 있기 때문이다.

그는 "이번 사건에서 SK바이오사이언스가 졌다면 위약금 등 막대한 손해가 발생했을 수 있다. 글로벌 제약사의 특허 장벽에 제동을 걸고 국내 제약사의 이익을 법정에서 방어해냈다는 점에서 의미가 있는 사례"라고 말했다.

실제로 와이어쓰 엘엘씨와 한국화이자제약은 완제의약품 1개당 1,000만원이라는 간접강제금을 주장했다. 간접강제는 법원이 채무를 이행하지 않는 채무자에 대해 일정 기간 내에 이행하지 않을 경우 지연 기간에 대한 손해배상을 명함으로써 채무자를 심리적으로 압박해 채무를 이행하게 하는 제도다.

와이어쓰 엘엘씨와 한국화이자제약이 판매하는 프리베나13의 1개당 공급가격은 4만~5만원 수준이고, 제조와 판매경비 등을 고려해도 1개당 이익액은 1만원 정도에 불과하다는 게 업계의 설명이다. 실제 손해액의 1,000배에 가까운 간접강제금을 주장한 것이다. SK바이오사이언스가 소송에서 졌다면 실제로 물어줬어야 했을 수도 있는 돈이다.

국내 제약사 지키는 법무법인 화우

와이어쓰 엘엘씨와 한국화이자제약이라는 글로벌 제약사 연합을 무너뜨린 주역은 화우의 지식재산팀과 헬스케어팀이다. SK바이오사이언스뿐 아니라 코오롱생명과학, 메디톡스 등 여러 국내 제약사의 법률대리인을 맡고 글로벌 제약사의 공격을 막고 있다.

화우는 전문성 있는 변호사를 포진시키는 걸 강점으로 꼽는다. 지식재산팀에는 변호사뿐만 아니라 변리사 수십 명을 함께 투입해 기술적 분석 작업을 진행한다. 헬스케어팀에도 약사 출신 변호사를 투입해 전문성을 강화하고 있다.

화우의 헬스케어팀을 이끄는 권 변호사는 국내 제약사와 함께 글로벌 제약사의 특허 장벽에 맞서는 일에 보람을 느낀다고 밝혔다. 권 변호사는 "이번 소송에서 승소하면서 SK바이오사이언스의 스카이뉴모의 해외 기술이전이 가능해졌다. 글로벌 제약사의 특허 공세에서 국내 제약사를 지켜주는 역할을 하는 데서 보람을 느낀다"고 말했다.

★ 승소한 변호사는 누구?

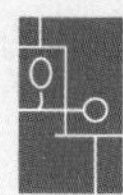

권동주 변호사
(26기)

대법원 지식재산권조 재판 연구관, 특허 법원 대등재판부 1호 고법 판사로 근무한 경력이 있다. 지식재산권 관련 대표 변호사로서 SK바이오사이언스, SK케미칼, 하이트진로 등의 주요 사건에서 승소했고, 메디톡스 사건에서는 17전 16승을 거두었다. 개인적으로 다국적 제약사의 특허 공격에서 한국 기업을 지키는 데 뿌듯함을 느끼고 있다고 한다.

이 사례의 결정적 법 조항

특허법 제96조(특허권의 효력이 미치지 아니하는 범위)

① 특허권의 효력은 다음 각 호의 어느 하나에 해당하는 사항에는 미치지 아니한다.

1. 연구 또는 시험(「약사법」에 따른 의약품의 품목 허가·품목 신고 및 「농약관리법」에 따른 농약의 등록을 위한 연구 또는 시험을 포함한다)을 하기 위한 특허발명의 실시

세계적 기업에 맞서 국내 토종 기업 특허를 지켜내는 방법

반도체 생산공정에 사용되는 핵심기술인 연마패드CMP는 불균일한 웨이퍼(원판, Wafer)를 매끈하게 갈아주는 '지우개' 같은 소재다. 너무 딱딱하면 웨이퍼에 과한 힘이 가해져 알갱이들이 떨어져 나가고, 너무 말랑하면 웨이퍼가 갈리지 않는다. 따라서 매우 적절한 '점탄성'을 가진 소재로 연마패드를 만들어내야 하는데, 여기에는 고난이도 기술이 수반된다.

이 연마패드 기술은 세계적 화학 기업인 다우케미칼이 독점하고 있다. 이러한 절대 강자에 '도전장'을 내민 국내 중견 화학회사가 있다. 우수한 폴리우레탄 제조기술을 바탕으로 사업영역을 연마패드 제조까지 확대한 KPX케미칼이하 KPX이 그 주인공이다.

KPX는 전통적인 화학 기업으로 폴리우레탄 소재 플라스틱 재료를 만드는 회사다. 하지만 사업 분야가 전통적 분야에만 치우쳐 있다는 점에서 고이율 사업을 극대화하기 위해 새로운 분야를 개척했다.

이처럼 KPX의 확장세에 긴장감이 커지자 다우케미칼의 자회사인 롬앤하스Rohm and Haas법인*이 KPX에 특허침해소송을 제기했다.

다우케미칼은 연마패드 관련, 특정한 물리학적 성질로 일정한 형태의 특정한 패드를 만들었다는 점에서 특허 신청을 해놨다. 이른바 '특허 세계'에서는 이를 수치 범위로 한정을 해서 해당 발명을 정의한다.
쉽게 말해 "이런 성질을 가진 패드는 내 거야"라고 주장하는 것인데, 만약 최초로 만들었다면 발명을 출원할 수 있다. 이를 수치한정 발명이라고 한다.

다우케미칼은 KPX의 연마패드 점탄성을 측정해 해당 범위에 들어왔으니 '특허를 침해했다'고 봤다.
이에 KPX는 법무법인 광장을 선임해 이에 맞섰다. KPX는 감정 결과, 점탄성을 측정했을 때 관련 데이터가 일정하지 않았다는 점에서 침해인지 아닌지 불분명하다는 입장이었다.

법무법인 광장, 다우케미칼 측 상대로 KPX 대리해 승소

광장은 KPX 측 제품 샘플을 제출하고 양측에서 선임한 전문가들에

---

* 소송 당시 다우케미칼의 자회사였다. 통상 미국 법인들은 운영을 통합적으로 하고 실제 비즈니스도 같이 한다. 법률적 소송 주체는 롬앤하스 법인이지만, 미국과 한국 쪽에도 모두 다우케미칼이 해당 소송에 관여했다. 다만 현재 롬앤하스 법인은 다우케미칼에 속해 있지 않다.

게 실험을 하게 했다. 서울대 소재공학 분야 교수와 연세대 의공학 분야 교수가 감정을 진행했다. 그 결과 데이터가 일관되게 침해범위로 들어오는 게 아니라 범위 자체가 불명확해서 침해라고 단정하기가 어려운 상황이었다.

동시에 이와 별도로 다우케미칼의 연마패드 2건의 특허를 무력화하는(특허무효심판) 소송도 진행했다. 그 결과, KPX-광장이 모든 소송에서 승리를 거머쥐었다. 국내 토종의 화학 중견기업이 광장을 등에 업고 굴지의 세계 1위 기업을 무릎 꿇린 셈이다.

롬앤하스 법인이 KPX에 특허침해소송을 제기한 것은 2017년 10월이다. KPX가 연마패드를 만들기 시작하면서 반도체 업체에 본격 납품을 시작한 시점이다. 롬앤하스의 주장은 'KPX의 연마패드 제품이 다우케미칼의 연마패드 특허를 침해했다'는 게 요지였다.

이에 광장은 어떻게 논리적으로 이를 방어할 수 있을지 고심했다. 방법은 두 가지였다. KPX 제품이 다우케미칼의 특허권리 범위에 포함되지 않는다는 점을 입증하는 것과 다우케미컬의 특허 자체가 사실상 요건을 갖추지 않았음에도 받았다는 점을 입증하는 것이었다.

광장은 우선 다우케미칼의 연마패드IC1000 특허를 무효화하는 데 집중했다. 2017년 11월과 12월에 롬앤하스 법인을 상대로 각각 두 가지 연마패드 제품에 대한 특허무효소송을 특허심판원에 제기했다.

화학 또는 바이오 분야의 특허 명세서에는 실시예가 포함된다. 실시예는 대부분 실험 결과와 해석으로 채워진다. 발명의 설명에 포함되는 내용으로, 통상 특허출원을 하려면 실제 실험한 결과를 특허명세서에 기재해야 한다. 따라서 실시예를 보면 발명자들이 어떠한 논리적·과학적 추론을 통해 발명을 완성했는지 엿볼 수 있다.

광장은 실시예 분석을 통해 다우케미칼의 연마패드 제조방법과 성분이 과거 선행문헌에 제시된 것과 다를 게 없다는 사실을 포착했다. 만약 해당 특허가 연마패드 제조에서 꼭 필요한 기준이라면, 과거 제품이 이를 만족시키지 못했을 경우 개선된 제품만 판매해야 한다. 하지만 다우케미칼은 과거와 최신 제품 모두를 판매하고 있을뿐더러 용도 또한 조금씩 다르게 쓰고 있었다.

이 사건을 대리한 광장의 양희진 변호사는 "실시예에는 점탄성뿐만 아니라 경도라든지 많은 물리적 특성이 기재돼 있는데, 분석해보니 기존의 다른 특허성분과 특성이 유사했다. 또 지금의 IC1000 제품이 과거와 스펙이 달라졌다면 당연히 고객 회사에 통지를 하고 모델명을 바꿨어야 했을 것이라는 추론을 하게 됐다"고 설명했다.

반면 롬앤하스 법인 측은 "(반도체 업체 측과) 합의된 사항이 아니었기 때문에 스펙 변경은 통지할 사항이 아니라고 판단해 고지를 안 했다"고 반박했다. 또 실제로 과거 IC1000과 현재 IC1000은 완전히 다른 제품이라고 주장했다.

이에 따라 관건은 과거의 IC1000 제품을 공수해 현재의 제품과 성분이 같다(특허가 성립되지 않는다)는 점을 입증해 내는 것이 됐다. 하지만 이를 증명하는 것은 쉽지 않은 문제였다. 설사 과거 제품이 존재한다 해도, 플라스틱 소재도 시간이 지나면 성분이 변경되는 것처럼 해당 성분을 현재 시점에서 측정하면 더 이상 '과거의 것'이 아니게 되는 모순이 생겨버렸다.

그럼에도 광장은 굴하지 않고 논리를 계속해서 쌓아갔다. 삼성전자와 옛 현대전자현 SK하이닉스에서 근무했던 직원들로부터 "다우케미칼로부터 단 한 번도 (제품) 스펙이 변경됐다는 통지를 받아 본 적이 없다"는 진술서를 받았다.

통상 반도체 제조공정에 쓰이는 소재들은 성질이 달라지면 반도체 품질에 영향을 줄 수 있기 때문에, 최종적으로 반도체 업체와 공급계약을 체결할 때 해당 내용이 계약서에 포함시킨다. 제조방법 등이 바뀌면 통지해줘야 할 의무가 있다는 게 광장의 주장이었다.

또 과거 IC1000 제품을 찾을 수 없다면, 당시 제품의 특성을 기재한 문서를 찾기로 마음먹었다.
광장은 카이스트 석박사 논문은 물론 1990년대에 발간된 IC1000 관련 논문과 학술지, 서적 등을 모조리 뒤졌다. 급기야는 관련 기술 연구진 중 일본어에 능숙한 학자들을 찾아 일본 현지 도서관에 가서 관련 문서를 찾게 했다.

양 변호사는 "일본에는 온라인 콘텐츠로 올라와 있지 않은 '페이퍼 자료'가 많다고 해서 현지에 급파했다. 일본 현지 로펌에 의뢰해 변리사들도 투입됐지만 결국 의미 있는 결과는 얻지 못했다"고 회고했다.

그러나 '지성이면 감천'이라고 했던가. 광장 변호사들이 밤낮으로 관련 문서를 찾던 중 미국 플로리다대학교 도서관에서 단서가 될 만한 논문이 있다는 사실을 알아냈다. 이에 도서관 측에 문의를 했지만 "직접 찾으러 와야 한다"는 말만 들었다. 하지만 논문 내용 일부를 확인하고자 미국까지 직접 가기엔 시간과 여력이 부족했다.

결국 광장은 고민 끝에 플로리다대학교 한인 유학생 커뮤니티를 통해 한 학생의 연락처(이메일)를 알아냈고, 확인을 부탁했다. 2000년 4월에 발간된 해당 논문에는 1999년도에 존재했던 IC1000의 점탄성, 즉 특허 물성이 기재돼 있었다.
한 유학생의 헌신 덕분에 광장이 해당 논문을 공수할 수 있었고, 해당 논문의 내용이 승소하게 된 '결정적 한 방'이 된 셈이다.

양 변호사는 "플로리다 대학에 아는 사람이 없어서 의논하다가 유학생 커뮤니티를 찾아보자는 의견이 나왔다"며 "게시판에 올라와 있는 연락처를 뒤져서 한국인 유학생의 이메일 주소를 알아냈다. 이 학생에게 '석사 논문 대출을 받아서 우리가 원하는 내용의 페이지를 보내줄 수 있느냐' 부탁했고 정말 너무 고맙게도 흔쾌히 수락해줬다"고 말했다.

하지만 롬앤하스 법인 측도 쉽게 포기하지 않았다. 논문에 기재된 제품이 '당시 한국에 납품됐었다는 사실을 어떻게 증명하냐'고 따졌다. 해당 제품이 한국에 납품된 제품이 아니라는 주장이다. 당시 특허법이 한국에서 판매·제조된 제품에 대해서만 적용된다는 '허점'을 이용해 반박한 셈이다(이후 관련 규정이 개정됐다).

또 IC1000이 한 가지 유형만 있는 것이 아니라, 크기와 모양 등 스타일이 다양하기 때문에 한국에 납품된 제품이라고 볼 증거가 없다고 주장했다.

이에 광장은 앞선 재판과정에서 롬앤하스 법인 측이 스스로 'IC1000 가운데 한 타입이 이미 국내에 들어와 있다'고 발언했었다는 점을 지적했다. 특히 해당 제품이 바로 플로리다대 논문에 있던 제품과 일치한다고 강조했다.

결국 특허심판원은 특허무효소송을 제기한 두 가지 제품에 대해 모두 "발명의 특허를 무효로 한다"고 판단했다. 이후 다우케미칼은 두 가지 제품 중 한 가지에 대해서만, 항소심격인 특허법원에 항소했지만 또 다시 패소했다.

이처럼 다우케미칼 연마패드 제품의 특허가 무효판결을 받자, 당초 롬앤하스 법인이 KPX에 제기했던 특허침해소송도 서울중앙지법 민사담당 재판부에서 기각됐다. 이후 롬앤하스 법인이 항소를 포기하면서, KPX-광장이 '완승'을 거뒀다.

KPX를 대리한 광장의 지적재산권IP팀 변호사들은 모두 화학 분야를 전공한 이공계 출신들로 처음부터 다우케미칼 측 특허기술을 철저히 분석해 허점을 파고들었고, 다우케미칼 특허명세서를 예리한 눈으로 관찰해 석연치 않은 점이 있다는 점을 찾아냈다.

소송을 지휘한 권영모 변호사는 "화학 분야 이공계 출신인 광장 변호사들은 특허법원 판사들과 기술심리관이 법정에서 즉흥적으로 하는 질문들에 바로바로 구체적인 답변을 내놓아 상대측 변호사들을 압도했다"고 말했다.
특히 이번 승소는 반도체 공정의 핵심기술인 연마패드 시장에서 경쟁을 유발하고 외국계 회사들의 독점을 방지할 수 있다는 점에서 의의가 크다고 광장은 설명했다.

양 변호사는 "삼성전자나 SK하이닉스 등 반도체 업체들에 연마패드를 납품하는 회사는 대부분 외국계 회사들이었다. 이들은 비싼 값을 주고 연마패드를 팔면서도 AS에도 충실하지 않아 국내 업체들 사이에 불만이 컸다. 벤더 경쟁자들이 많을수록 연마패드 품질은 올라갈 수밖에 없다"고 말했다.

Lee & Ko 법무법인(유) 광장

권영모 변호사
(16기)

20년 이상 미국 국제무역위원회(ITC) 및 연방법원 소송과 관련한 각종 자문과 소송 업무를 성공적으로 처리한 미국 소송 전문가다. 특히 법률과 기술을 탁월하게 접목하여 특허 및 영업비밀 소송에서 압도적인 승률을 자랑한다. 법리적, 기술적, 전략적으로 상대방이 생각할 수 있는 모든 경우의 수를 상정하고 대응책을 마련하는 변호사로 기억되고 싶다고 한다.

양희진 변호사
(36기)

마지막 순간까지 사건을 놓지 않기 때문에, 주변 사람들로부터 완벽주의자로 불린다. 화학 소재, 제약 분야의 특허 소송을 계획하거나 대비할 때 우선순위가 되는 변호사가 되고 싶다고 한다. 특허출원과 소송을 두루 경험한 판사 출신의 이공계 전공 변호사의 승소 전략이 여타 변호사들과 다른 강점이다.

이 사례의 결정적 법 조항

정보통신망법 제11조(정보통신망 응용서비스의 개발 촉진 등)

① 정부는 국가기관·지방자치단체 및 공공기관이 정보통신망을 활용하여 업무를 효율화·자동화·고도화하는 응용서비스(이하 "정보통신망 응용서비스"라 한다)를 개발·운영하는 경우 그 기관에 재정 및 기술 등 필요한 지원을 할 수 있다.

② 정부는 민간부문에 의한 정보통신망 응용서비스의 개발을 촉진하기 위하여 재정 및 기술 등 필요한 지원을 할 수 있으며, 정보통신망 응용서비스의 개발에 필요한 기술 인력을 양성하기 위하여 다음 각 호의 시책을 마련하여야 한다.

저작권법 제25조(학교 교육 목적 등에의 이용)

① 고등학교 및 이에 준하는 학교 이하의 학교의 교육 목적상 필요한 교과용 도서에는 공표된 저작물을 게재할 수 있다.

② 교과용 도서를 발행한 자는 교과용 도서를 본래의 목적으로 이용하기 위하여 필요한 한도 내에서 제1항에 따라 교과용 도서에 게재한 저작물을 복제·배포·공중송신할 수 있다. 〈신설 2020. 2. 4.〉

신약 특허에 까다로운 '국내 장벽' 새로운 판례 이끌어낸 비결은?

글로벌 제약사에서 약 50년의 연구 끝에 효능이 매우 뛰어난 약을 개발했다. '세계에서 가장 위대한 발명 중 하나'로 손꼽히는 이 약은 미국과 캐나다 등 제약 선진국에서 특허를 인정받았다. 캐나다 법원은 이 약이 발명된 것을 두고 "인류의 행운lucky"이라고 했다.

현재 미국을 포함해 독일, 캐나다 등 다수의 국가에서 관련 시장 1위를 차지하고 있는 '엘리퀴스' 이야기다.

엘리퀴스는 1950년대 개발된 와파린 이후 50년 만에 나온 새로운 기전의 경구용 항응고제로서 아픽사반이란 화합물을 유효성분으로 함유하고 있다. 2020년 기준 전 세계 매출 순위 4위에 이르는 블록버스터 의약품이다.

2019년 5월, 뉴 잉글랜드 저널 오브 메디슨NEJM의 편집장 제프리 드레이젠Jeffrey M. Drazen 박사는 엘리퀴스 관련 대표적 연구인

ARISTOTLE 논문을 극찬하기도 했다. 제프리 박사는 8만건 이상 논문들 가운데 2019년 한 해 동안 임상 현장을 바꾸고 환자의 생명을 구한 12건의 논문 중 하나로 엘리퀴스 데이터를 선정했다.

ARISTOTLE은 심방세동 환자에서 엘리퀴스와 와파린을 평가한 임상 3상 연구다. 엘리퀴스는 와파린 대비 뇌졸중 및 전신색전증 발생 위험을 21%, 사망률을 11% 유의미하게 감소시켰으며, 주요 출혈 위험 또한 31% 낮췄다.

이처럼 우월한 효과와 안전성 결과를 보였음에도 불구하고, 한국의 특허 장벽은 다른 나라에 비해 유독 높았다.

엘리퀴스 사건에서 쟁점이 된 특허는 아픽사반 화합물에 관한 것이다. 2015년 3월 네비팜·휴온스·인트로바이오파마·알보젠코리아 등은 엘리퀴스가 선택발명에 해당하며, 명확한 효과 기재가 없어 그 효과의 현저성을 인정할 수 없으므로 진보성이 부정된다는 이유 등으로 특허무효 심판을 제기했다.

엘리퀴스는 1심 격인 특허심판원과 2심 격인 특허법원에서 모두 특허를 인정받지 못했다. 그러다가 2021년 4월 대법원에서 승소하는 대역전승을 거뒀다. 제약업계 초미의 관심사인 엘리퀴스 특허분쟁은 김앤장법률사무소가 특허법원 판결 직후 사건을 맡게 됐고, 결국 최종 승소를 이끌어냈다.

선택발명 진보성 판단 기준 바꿔놓은 김앤장법률사무소

2021년 4월 8일, 대법원 특별 3부는 엘리퀴스를 판매하는 한국BMS 제약이 네비팜 등을 상대로 제기한 엘리퀴스 물질특허 특허무효 소송 상고심에서 원심을 뒤집고 파기환송했다.

사실 한국BMS제약이 대법에서 이기는 것은 불가능에 가까웠다. 그동안 선택발명에 대한 특허를 인정해 준 판례가 거의 없었다는 점에서다.
30년 가까이 동일한 법리를 적용하며 선택발명에 대한 특허를 인정하지 않던 대법원을 설득시킨 것은 그야말로 '천지개벽'에 가까운 일이라는 게 업계 평가다.

선택발명은 발명의 한 형태다. 한국 특허 실무에서 앞선 발명선행발명에 구성요소가 상위개념으로 기재돼 있고, 위 상위개념에 포함되는 하위개념만을 구성요소의 전부나 일부로 하는 발명을 뜻한다. 이러한 선택발명의 특허성에 대한 종전의 판단 기준은 다른 일반 발명에 대한 판단 기준이나 외국의 판단 기준에 비해 지나치게 엄격하고 균형에 맞지 않는다는 이유로 특허 업계에서 오랫동안 비판의 대상이 돼 왔다.

특히 선택발명의 진보성을 판단함에 있어 '현저한 효과'만 고려되고 '구성의 곤란성(선행발명으로부터의 도출의 어려움)'은 고려되지 않는다는 점에서다. 일반 발명은 진보성을 인정받기 위해서 구성의 곤란성, 효과의 현저성 가운데 한 가지를 만족시켜야 한다.

또한 업계에서는 선택발명의 효과를 뒷받침하기 위해 선택발명의 최초출원 명세서에 효과에 관한 구체적인 기재나 정량적인 데이터가 포함되어야 한다는 점에 대한 지적도 제기됐다.

다만 선택발명은 형식적으로 앞선 발명에 분명히 기재된 발명 중 하나를 선택한 것에 불과해서 중복 특허의 문제가 생길 수 있다. 하지만 일정한 요건을 갖추면 중복 발명임에도 불구하고 특허를 부여받을 수 있다. 따라서 진보성 판단 시 더욱 엄격한 기준을 적용한다.

이에 따라 선택발명인 '아픽사반 성분'의 핵심이 되는 '락탐고리' 발명에 대한 진보성 판단 여부가 이 사건의 법리적 쟁점이 됐다.

1·2심은 락탐고리의 진보성이 없다고 판단했다. 상위개념에서 하위개념 구성요소를 도출하게 되는 과정이 얼마나 복잡하고 어려운지를 뜻하는 '구성의 곤란성'은 따져보지도 않는 대법원의 기존 판례를 따르는 보수적 입장을 취했다. 상위개념에서 하위개념을 가져왔으니, 진보성이 없다고 판단한 셈이다.

승소를 이끈 유영선 김앤장 변호사는 이를 '해운대 백사장상위개념'과 '바늘하위개념'로 비유했다. "백사장에서 바늘 찾기가 사실 너무 어려운 건데, 2심 법원은 '백사장에서 바늘 찾기는 쉬운 것 아니냐'고 판단한 셈"이라고 말했다.
따라서 김앤장은 남은 희망인 '효과의 현저성'으로 승부를 보기로 했다. 해당 발명의 효과가 현저하다는 사실을 증명하기 위해서는 효과를 입증하는 명세서를 첨부해야 하는데, 대법은 이를 매우 엄격하게 심사해왔다는 점에서 쉽지 않은 승부였다.

이에 김앤장은 지재권 분야의 대가로 불리는 장덕순 변호사, 대법원 지적재산권조 총괄연구관을 지낸 유 변호사, 특허 실무 전문가인 김원 변호사, 특허·제약·화학 분야의 오랜 전문성을 가진 여호섭·이상남·김지연 변리사 등 전문가 그룹으로 대응팀을 꾸렸다.
대응팀은 과거 법원에서 효과의 현저성은 없다고 판단했더라도 '효과의 기재는 있다'고 인정한 사례들을 전부 뒤지기 시작했다.

대법원에서 특허 분야 연구관으로 오랫동안 근무한 유 변호사가 관련 법리와 판례를 꿰뚫고 있었고, 효과기재를 설명한 명세서 분석은 변리사들이 맡았다. 추상적으로 효과성이 있다고 강조하는 것보다는, 과거 대법원이 효과기재를 인정한 사례를 건별로 제시하면서 논리를 만들어 나간 셈이다.
유 변호사는 "효과 기재를 인정한 사례와 비교하면서 50년 만에 나온 발명이 진보성이 있다는 점을 대법원에 피력했다"고 설명했다.

특히 이 사건 외에 특허심판원에 있는 선택발명 사건의 화학구조식을 전부 분석해 제시하는 노력도 곁들였다. 모핵이 달라지면 화학적 성질이 달라진다고 판단한 사례를 들어, 락탐고리가 화학구조 관점에서 어떻게 확 바뀌었는지를 설명했다. 여기엔 화학전공 변리사 및 박사들이 힘을 보탰다.

김앤장은 과거 대법원 판례에 대해서도 존중하는 전략을 썼다. 선택발명 특허를 인정하지 않은 경우, 왜 구성의 곤란성이 없다고 판단할 수밖에 없었는지를 인정하면서도 락탐고리 발명은 어떤 점에서 다른지 설득해나갔다.
유 변호사는 "특허 사건은 차가운 유리에 뺨을 대고 있는 것 같다. 인간의 스토리가 전혀 안 들어간다. 신약 개발 스토리를 어필하면 연성화되고 전문적으로 보이지 않는다"고 했다.

이처럼 디테일 전략과 동시에 김앤장은 미국과 유럽, 일본, 중국 등 선택발명 관련 전 세계의 판례와 법리를 분석해 제시하는 등 큰 그림도 함께 제시했다. 선택발명에 대한 특허를 인정하지 않는 것은 선행발명을 존중하는 취지일 수 있지만, 신약 개발에 있어서는 족쇄가 될 수 있다고 피력했다.

유 변호사는 "락탐고리가 엄청난 화합물 군群"이라며 "상위개념이 우연히 묶였을 뿐이지, 정말 이건 엘리퀴스 연구자들이 50년을 개발하면서 '이걸 넣어 볼까' '저걸 넣어 볼까' 하다가 그야말로 하늘이 행운을 가져다 준 셈"이라고 말했다. 한마디로 연구자들이 '심 봤다'는 것이다.

결국 대법원은 "원심은 구성의 곤란성 여부는 따져보지도 않은 채 선행발명에 비해 이질적 효과나 양적으로 현저한 효과가 인정되기 어렵다는 이유만으로 특허발명의 진보성 판단에 관한 법리를 오해하고 필요한 심리를 다하지 아니해 판결에 영향을 미친 잘못이 있다"고 파기 환송했다.
이처럼 대법원이 엘리퀴스 물질특허의 유효성을 인정하면서 엘리퀴스는 오는 2024년 9월 9일까지 물질특허로 보호받게 됐다.

유 변호사는 "선택발명을 판단하는 법리 틀이 우리나라는 마치 외딴섬에 있는 듯하다. 글로벌 기준에 전혀 맞지 않는다"면서 "제약업계에서는 특허가 그 제품 자체라고 해도 과언이 아니다"라고 했다.

그러면서 "최근 바이오벤처들이 신약 개발에 주력하면서 K-바이오도 각광받고 있다"며 "그들 입장에선 이번 판결이 반가울 수밖에 없다. 대법원이 제약 특허와 관련해 새로운 방향성을 제시했다는 점에서 이번 승소가 매우 뜻깊다"고 전했다.

업계에서는 이번 대법원 판결이 제약 분야뿐만 아니라 다른 다양한 산업 분야에서까지 중대한 영향을 끼칠 것으로 내다봤다. 선택발명이 '어떻게 특허받고 그 특허권이 행사될 수 있는지'와 관련해 대법원의 입장이 외국의 판단 법리와도 더욱 조화되고, 선택발명의 개발과 보호를 촉진해 기술 발전에 이바지할 것으로 보고 환영하는 분위기다.

결국 2021년 8월 19일 특허법원 제3부가 파기환송심에서 원고 승소 판결을 내리면서, 한국BMS의 승소가 최종 확정됐다.

이에 따라 시장 흐름도 바뀌게 됐다. 한국BMS 측 승소가 확정되면서 국내 제약사들의 제네릭 제품들 역시 시장에서 철수하게 됐다. 또 손해배상청구 소송 역시 진행될 것으로 보인다.

앞서 한국BMS는 대법원 파기환송 판결 이후 이미 손해배상청구소송 등 법적 조치를 예고한 바 있다.

실제 엘리퀴스의 제네릭이 출시되면서 국내사들의 제네릭은 성장을 거듭했다. 반면 그만큼 BMS의 실적 감소가 이어졌다. 의약품 시장조사기관 유비스트에 따르면 엘리퀴스의 처방실적은 2019년 490억원에서 2020년 477억원으로 2.6% 감소했다.

반면 제네릭 제품들의 전체 실적은 2019년 12억원에서 2020년 83억원으로 급격하게 성장했다. 이에 이번 손해배상청구 소송의 경우 제네릭 제품들의 매출에 대해서 진행될 것으로 예상되며, 최종 판결이 나온 만큼 실제 소송이 본격화할 것으로 보인다.

KIM & CHANG

장덕순 변호사
(14기)

2010년부터 서울지방변호사회 지재권 연수원장을 맡고 있다. 특히 삼성과 애플의 특허 소송에서 애플 측 리딩카운슬로 사건을 성공적으로 이끌었다. 매년 Chambers, MIP 등 세계 유명 매체들에서 우리나라의 특허 분야 Tier 1(일류) 변호사로 선정되어 영광스럽게 생각한다고 한다.

유영선 변호사
(27기)

대법원 총괄 연구관, 서울고등법원 고법 판사, 특허법원 판사 등으로 16년간 근무하면서 IP, 영업비밀 등에 관해 실무 경험을 탄탄하게 쌓았다. 서울대학교 지적재산권 법학박사 학위를 비롯해 50편이 넘는 저술 활동을 하고, 전문 지식을 바탕으로 각종 강의에도 활발히 나가고 있다.

김원 변호사
(34기)

공학도 출신의 변호사다. 여러 산업 분야와 기술에 대한 이해가 깊고, 고객 니즈를 정확하게 파악해 종합적 법률 자문을 제공하고 있다. 분쟁 사건에서 전략적·효과적으로 대응한다는 평가를 자주 듣는다. 늘 최선을 다하는 자세로 변호사 업무에 임하고 있다고 한다.

이 사례의 결정적 법 조항

특허법 제29조(특허요건)

① 산업상 이용할 수 있는 발명으로서 다음 각 호의 어느 하나에 해당하는 것을 제외하고는 그 발명에 대하여 특허를 받을 수 있다.

1. 특허출원 전에 국내 또는 국외에서 공지(公知)되었거나 공연(公然)히 실시된 발명
2. 특허출원 전에 국내 또는 국외에서 반포된 간행물에 게재되었거나 전기통신 회선을 통하여 공중(公衆)이 이용할 수 있는 발명

② 특허출원 전에 그 발명이 속하는 기술 분야에서 통상의 지식을 가진 사람이 제1항 각 호의 어느 하나에 해당하는 발명에 의하여 쉽게 발명할 수 있으면 그 발명에 대해서는 제1항에도 불구하고 특허를 받을 수 없다.

담합은 맞는데 손해배상 책임은 없다? 법정에서 펼쳐진 수 싸움

2014년 4월 10일 공정거래위원회에서 보도자료 하나가 나왔다. 부산 지하철 1호선 연장 턴키 입찰에서 6개 건설사가 사전에 낙찰자를 결정하고 들러리 설계 및 투찰가격 등을 합의·실행했다는 내용의 보도자료였다.

담합을 한 6개 건설사는 현대건설, 한진중공업, 코오롱글로벌, 대우건설, 금호산업, SK건설이었고, 공정거래위원회는 이들 6개 건설사에 과징금 122억3,900만원을 부과했다. 이 중 들러리를 세워 공사를 낙찰받은 3개 건설사는 검찰에 고발까지 됐다.

담합 정황이 발견된 건 부산지하철 1호선 연장(다대구간) 1~4공구 중 1, 2, 4공구였다. 이 3개 공구에서 건설사들은 설계담합, 가격담합 등을 통해 설계점수에서는 현격한 차이가 발생하게 하고, 가격점수에서는 근소한 차이가 발생하게 했다. 낙찰예정자가 높은 가격에 낙찰을 받을 수 있도록 한 것이다.

건설사들은 행정소송을 진행했지만 결과는 달라지지 않았다. 입찰담합에 가담한 건설사들에 대한 과징금 처분과 검찰 고발 조치는 확정됐다. 그러자 공사를 발주했던 부산교통공사가 나섰다. 담합을 한 6개 건설사를 상대로 손해배상청구 소송을 제기한 것이다. 부산교통공사가 산정한 손해액은 156억원에 달했다. 건설사의 담합행위로 발생한 손해액을 추산한 결과였다.

담합은 맞지만 손해배상 책임은 없다

담합행위가 인정된 경우 손해배상청구 소송에서 원고가 절대적으로 유리한 위치를 선점할 수 있다. 담합행위는 경제적 이익을 목적으로 하는 만큼 재판부도 담합행위로 인한 손해가 있었다고 합리적으로 추정하기 때문이다.

담합 관련 소송이 많은 미국에서는 담합이 확정된 상황에서 제기된 손해배상청구 소송에서 피고가 이길 확률이 2~3%에 불과하다는 통계도 있다. 국내에서도 10건 중 피고가 이기는 경우는 많아야 1건에 불과하다고 한다.

당연히 부산교통공사가 제기한 소송에서도 건설사들의 패색이 짙었다. 재판부도 담합행위가 있었던 사실 자체에 이견이 없었다. 재판부는 "피고들의 담합행위는 낙찰자, 투찰률 등을 사전에 공동으로 결정하는 행위"라며 "담합이 발생한 1, 2, 4공구 입찰에서는 가격경쟁 자체가 소멸했다"고 지적하기도 했다.

담합행위 자체가 인정된 상황에서 건설사들이 손해배상 소송에서 이기기 위한 유일한 방법은 부산교통공사가 주장하는 손해액이 정당한지를 따지는 것이었다. 손해배상청구 소송에서 손해액은 손해배상을 청구하는 쪽에 입증 책임이 있다. 원고가 자신이 얼마의 손해를 입었는지 객관적으로 입증해야 하는 것이다.

부산교통공사가 주장한 156억원의 손해액은 감정평가를 통해서 나온 수치였다. 감정인은 과거 조달청이 발주한 일괄입찰공사 42건을 분석해 이 사건 담합행위로 부산교통공사가 입은 손해액이 156억원이라는 감정 결과를 내놨다.

건설사가 승소하기 위해서는 감정 결과가 법원이 증거자료로 인정할 만큼 합리적이거나 객관적이지 않다는 걸 보여줘야 했다. 이 소송에서 건설사의 법률대리인을 맡은 법무법인 태평양의 윤성운 변호사는 "감정인이 손해액을 추산하는 과정에서 중요한 변수가 누락됐다거나 통계적으로 신뢰도가 떨어진다는 걸 보여줘야 했다"고 설명했다.

담합 없었다던 3공구가 낙찰률이 더 높다?

건설사의 변호를 맡은 태평양의 공정거래그룹 변호사들은 담합 사실과 손해발생을 구분해서 접근했다. 담합행위 자체는 이미 확정됐다고 보고 그 부분을 다투느라 에너지를 낭비하지 않았다.

대신 담합이 있었다고 하더라도 그로 인한 손해가 발생하지 않았을 수 있다는 주장을 펼치는 데 집중했다.
가장 중요한 건 감정평가 결과가 통계적으로 문제가 있다는 걸 입증하는 것이었다. 태평양은 감정인이 분석한 42건의 자료가 계량경제학의 관점에서 봤을 때는 신뢰하기 힘든 자료라고 주장했다.

구체적으로 감정인이 분석한 자료는 2008년 1월부터 2010년 12월까지 조달청이 발주한 공고금액 500억원 이상의 일괄입찰공사였다. 그런데 이 중 지하철공사 입찰 자료는 11건에 불과했다. 태평양은 11건의 자료는 계량통계학적으로 봤을 때 정확한 손해액을 산정하기 턱없이 부족한 자료라고 주장했고, 재판부는 이 주장을 받아들였다.

재판부는 "분석대상으로 삼은 자료가 충분치 못함에 따라 분석대상 자료 42건 중 1건만을 제외하는 작은 변화에도 손해액 추정 결과가 일관되지 않게 변한다. 결과의 신뢰성을 확보할 수 있는 수준의 충분한 자료에 대한 분석이 이뤄진 것으로 보기 어렵다"고 밝혔다.
감정인이 감정 과정에서 실시한 비교 방법에도 문제가 있다고 봤다. 감정인은 이중 비교방법을 위해 부산시 외 지역 공사 입찰의 담합 시기와 비담합 시기 낙찰률 자료 등을 사용했는데, 각각 상이한 시장과 공종을 포함하고 있어 비교 방법의 유효성이 담보됐다고 보기 힘들다는 게 재판부의 판단이었다.

담합으로 손해가 발생했다고 보기 어려운 이유는 더 있었다. 담합행위의 증거로 쓰이는 낙찰률이다. 부산지하철 1호선 연장 공사의 경우

4개 공구 중 3공구를 제외한 1, 2, 4공구에서 담합행위가 있었다. 담합이 없었던 3공구의 낙찰률은 96.83%였다. 낙찰률은 예정가격 대비 낙찰가격을 말한다. 담합이 있으면 낙찰률이 높아지는 게 일반적이다. 그런데 이번 사건에서는 담합이 있었던 공구의 낙찰률이 오히려 3공구보다 낮았다. 1공구만 97.85%로 3공구보다 높았고, 2공구는 94.37%, 4공구는 93.97%로 3공구보다 낮았다.

윤성운 변호사는 "담합 공구와 비담합 공구 사이에 낙찰률 차이가 거의 존재하지 않는 건, 담합으로 인해 실제 경쟁이 있었더라면 형성됐을 수준보다 더 높게 낙찰가격이 형성됐다고 단정할 수 없는 사정"이라고 설명했다.

재판부 역시 태평양의 주장에 동의했다. 재판부는 "감정인이 제시한 분석 모형은 지하철공사와 일반 토목건설공사의 구조적 차이 및 지하철공사라는 과점 또는 독점적 경쟁시장에서의 가격형성 요인 등을 충분히 반영하지 못하고 있는 것으로 보인다. 이를 근거로 한 손해액과 손해발생 여부에 대한 판단 또한 신뢰하기 힘들다"고 밝혔다.

감정인은 시공능력 10위 내 건설사인지 여부도 낙찰률에 영향을 미치는 중요한 요인이라는 감정 결과를 내놨지만, 이 또한 재판부는 신뢰하기 힘들다고 봤다. 감정인은 42건 입찰자료를 분석한 결과 시공능력 10위 내 건설사의 평균 낙찰률은 87.83%, 그 외 건설사의 평균 낙찰률은 80.14%로, 시공능력 10위 내 건설사의 평균 낙찰률이 더 높다고 설명했다. 이 결과를 바탕으로 감정인은 기본모형 설명변수 중 하나로 시공능력 10위 내 건설사 여부를 포함했다.

하지만 담합이 있었던 1, 2, 4공구 입찰 시 피고들은 공동수급체를 구성해 입찰에 참여했고, 2, 4공구의 경우에도 시공능력 10위 내 건설사가 구성원에 있었다. 2, 4공구의 경우 감정인은 낙찰자가 시공능력 10위 내 건설사로 보지 않은 곳이었다.
바꿔서 말하면 감정인이 분석한 42건의 공사입찰에서도 공동수급체 구성원 중 시공능력 10위 내 건설사가 구성원으로 있는데도 감정인이 이를 확인하지 않았을 수 있다는 것이다.

재판부는 "설명변수에서 시공능력 10위 내 건설사 더미변수를 제외하면 1공구의 담합 판정 더미계수는 기본모형보다 1.5배 이상 증가하고, 2, 4공구의 담합 판정 더미계수는 음의 값을 가지는 등 손해 발생 여부 및 손해액 추정 결과에 미치는 영향이 큰 것으로 나타났다"고 지적했다.

결국 2021년 2월 서울중앙지법 민사합의30부는 원고인 부산교통공사의 손해배상청구를 전부 기각했다. 공정위가 담합행위가 있었다고 인정했는데 손해배상청구 소송에선 원고가 완패한 것이다.

계량경제학자까지 영입한 법무법인 태평양

이번 사건 판결문에는 경제학이나 수학 전공자가 아니면 읽기 힘들 정도로 복잡한 경제학 용어와 수식이 적지 않게 등장했다. 법리만큼이나 손해발생 여부와 손해액 산정을 놓고 원고와 피고 측이 경제학적 분석을 놓고 치열하게 다퉜기 때문이다.

태평양은 법리로만 싸우지 않고 계량경제학자들과 긴밀하게 협업한 것이 주효했다고 봤다. 윤 변호사는 "외부 경제학자들과 협업해 법률가로서 의문점이 있으면 경제학자에게 자문을 구하고, 경제학자들과 협업해서 만든 반박보고서를 법원에 제출하기도 했다. 담합과 관련된 손해배상청구 소송을 많이 하는데 이 과정에서 계량경제학이 요긴하게 쓰인다"고 말했다.

태평양은 이 사건 이후 아예 내부에 법경제학센터를 만들기도 했다. 2021년 3월 출범한 태평양 법경제학센터Center for Law and Economics는 미국 공정거래위원회FTC와 법무부에서 10년 동안 경제분석전문가로 활동한 신동준 박사를 비롯해 국내외에서 저명한 경제학자와 회계사, 공정거래 분야 전문 변호사로 구성됐다.
윤 변호사는 "비슷한 사건이 발생했을 때 훨씬 더 빠르고 효과적으로 협업하기 위해 법경제학센터를 내부에 만들게 됐다"고 설명했다.

담합행위 손해배상청구 소송의 전문가들이 태평양에 모여 있는 것도 승소의 원인이라고 윤 변호사는 설명했다. 법무법인 태평양은 담합행위 손해배상청구 소송의 원조 격이라고 할 수 있는 '군납유 입찰 담합 손해배상청구 소송'을 비롯해 굵직한 소송을 여럿 맡은 바 있다.

군납유 입찰 담합 사건은 SK에너지, GS칼텍스, 에쓰오일, 현대오일뱅크, 인천정유 등 5개 정유사가 1998년부터 2000년까지 3년에 걸쳐 군납유 입찰에 참여하면서 입찰물량, 낙찰단가 등을 담합해 국가에 약 810억원의 손해를 입힌 사건이다. 2000년 6월 감사원 감사에서 군용유류 고가 구매로 예산이 낭비된 사실이 지적됐고, 이후 공정거래위원회가 정유사의 사전 담합행위를 적발해 1,901억원을 과징금으로 부과했다.

정부는 5개 정유사를 상대로 담합행위에 대한 손해배상청구 소송에 나섰는데 당시만 해도 국내에서 담합으로 인한 손해배상액 산정기준이나 판례가 전무한 상황이었다. 10년이 넘게 진행된 소송은 결국 대법원이 피해액을 810억원으로 산정한 1심 재판부의 손을 들어주면서 2013년 마무리됐다. 5개 정유사는 810억원의 손해액에 지연손해금이자을 합산한 1,355억원의 손해배상금을 국가에 납부했다.

윤 변호사는 "담합행위 손해배상청구 소송을 여럿 진행한 변호사들이 많이 모이다보니 경제적인 분석을 하는 전문성이 쌓이고, 재판부에 이런 내용을 잘 풀어서 전달할 수 있게 됐다. 최근 공정위원회로부터 담합행위 제재를 받는 곳이 많고 이로 인한 손해배상청구 소송도 많아지고 있어 이번 소송 결과도 다른 사건에 영향을 줄 것으로 본다"고 말했다.

bkl

법무법인(유한)태평양

윤성운 변호사
(28기)

국내 공정거래 분야 1세대 전문가로서 태평양 공정거래 그룹장을 맡고 있다. 담합 손해배상 소송의 리딩 케이스인 군납 유류 입찰 담합 사건을 비롯한 다수의 사건에서의 업무를 수행했다. 국제 카르텔, 공정거래법 관련해서는 국내 최고의 전문가로 꼽힌다. 변호사, 회계사, 경제학자 등으로 구성된 태평양 법경제학센터(CLE)의 일원이다.

김진훈 변호사
(38기)

공정거래 관련 각종 민사·형사·행정 사건, 조사 대응, 대관 업무 등을 수행해왔다. 담합 손해배상 소송 관련 분야 역시 주된 업무 영역 중 하나이다. 태평양 법경제학센터 간사를 맡고 있기도 하다. 법학과 경제학에 기반한 분석적 사고와 선천적인 꼼꼼함을 기반으로 한 실질적인 답변을 제시하는 것이 큰 강점이다.

이 사례의 결정적 법 조항

〔구〕 독점규제 및 공정거래에 관한 법률(법률 제17799호로 전부 개정되기 전의 것) 제19조(부당한 공동행위의 금지)

① 사업자는 계약·협정·결의 기타 어떠한 방법으로도 다른 사업자와 공동으로 부당하게 경쟁을 제한하는 다음 각 호의 어느 하나에 해당하는 행위를 할 것을 합의(이하 "부당한 공동행위"라 한다)하거나 다른 사업자로 하여금 이를 행하도록 하여서는 아니 된다. [현행 독점규제 및 공정거래에 관한 법률 제40조 제1항]

8. 입찰 또는 경매에 있어 낙찰자, 경락자競落者, 투찰投札가격, 낙찰가격 또는 경락가격, 그 밖에 대통령령으로 정하는 사항을 결정하는 행위

〔구〕 독점규제 및 공정거래에 관한 법률(법률 제17799호로 전부 개정되기 전의 것) 제56조(손해배상책임)

① 사업자 또는 사업자단체는 이 법의 규정을 위반함으로써 피해를 입은 자가 있는 경우에는 당해 피해자에 대하여 손해배상의 책임을 진다. 다만, 사업자 또는 사업자단체가 고의 또는 과실이 없음을 입증한 경우에는 그러하지 아니하다. [현행 독점규제 및 공정거래에 관한 법률 제109조 제1항]

로펌은 ㄱ, ㄴ, ㄷ 순으로 나열됨

법무법인 광장
김앤장법률사무소
법무법인 대륙아주
법무법인 동인
법무법인 린
법무법인 민후
법무법인 바른
법무법인 세움
법무법인 세종
법무법인 위어드바이즈
법무법인 율촌
법무법인 이신
법무법인 지평
법무법인 태평양
법무법인 피터앤김
법무법인 한누리
법무법인 해마루
법무법인 화우

Lee
&Ko 법무법인(유)광장

Lee & Ko 법무법인(유) 광장

■ 법률서비스 산업의 선도자 **법무법인 광장**

분야별 최고의 전문성을 자랑하는 프리미어 로펌입니다.

1977년 설립된 국내 최초 업무 분야별 전문팀 체제를 갖춘 로펌이다. 국내외 변호사 등 780여명의 전문 인력으로 구성되어 40여년의 시간 동안 로펌 업계 2위를 지키고 있다. 그 비결로는 높은 전문성과 유기적 협업이 꼽힌다. 법률서비스 산업의 선도자로서 전문성을 갖춘 인재 영입 및 육성, 새로운 서비스 분야에 대한 적극적인 개척과 해외사업에 대한 법률서비스 지원에 앞장서고 있다.

KIM & CHANG
金·張 法律事務所

KIM & CHANG

■ 대한민국 대표 로펌 김앤장법률사무소

美유명법률지 선정, 국내 로펌 유일 8년 연속 '세계 100대 로펌'

국내 로펌으로는 유일하게 8년 연속 '세계 100대 로펌(美 The American Lawyer)'에 이름을 올렸다. 인수·합병, 금융, 지식재산권 등 전통적인 영역에서부터 ESG, 핀테크, 온라인플랫폼 등 융·복합적인 최신 분야를 망라한 법률서비스를 제공한다. 국내 최대 로펌으로 현재 1,100명이 넘는 국내외 변호사를 포함 변리사, 회계사 등 총 1,700여 명에 달하는 전문가들이 최상의 법률서비스를 제공하고 있다.

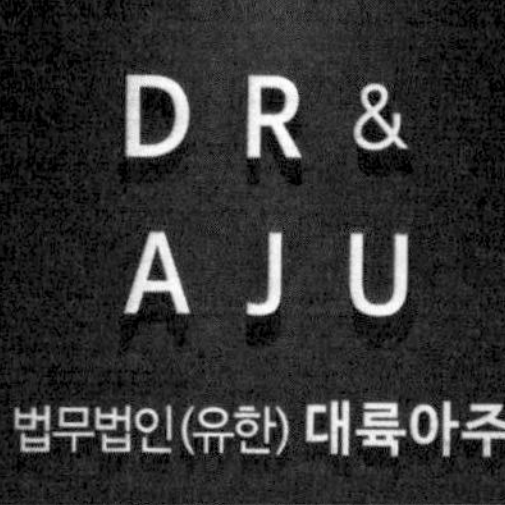
DR &
AJU
법무법인(유한) 대륙아주

법무법인(유한) **대륙아주**

■ 변화에 빠르게 대응하는 로펌 법무법인 대륙아주

급변하는 법률시장에 최적화된 로펌

2009년 법무법인 대륙과 법무법인 아주의 합병으로 출범했다. 대륙아주는 국내 10대 로펌으로 200명 이상의 변호사, 130명 이상의 전문가로 구성된 로펌이다. 최근 중대재해처벌법 자문그룹, 위기관리대응 그룹 발족, 국내 로펌 최초 의결권 자문사 설립, 인공지능 법률 검색 솔루션을 도입했다. 어떤 법률시장의 변화에도 다양한 대응 전략을 수립하며 발전하고 있다.

■ 개인 맞춤형 법률서비스를 제공하는 **법무법인 동인**

'고객 만족'을 넘어 '고객 감동'을 추구합니다.

동인의 지향점은 간결하다. '고객 감동 법률서비스'. 고객이 만족하는 수준을 넘어 감동에 이르도록 한 명 한 명의 고객에게 맞춤형 법률서비스를 제공하는 것을 최우선 가치로 삼고 있다. 이를 위해 동인은 구성원 개개인의 특화된 전문 분야에 기반한 60여 개 팀을 운영하여 고객에게 최선의 법률서비스를 제공하고 있다.

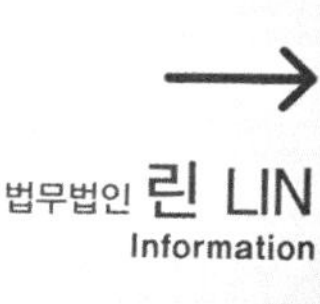
법무법인 린 LIN
Information

麟 법무법인 린

■ 끊임없이 도전하는 전문가 그룹 법무법인 린

인성과 실력을 갖추고 고객의 미래를 함께 엽니다.

국내외 메이저 로펌, 법원, 검찰, 기업, 투자은행, 회계법인 등에서 전문성과 다양한 경험을 쌓은 전문가들이 모여 있다. 인성과 실력을 겸비한 전문가들이 도전 정신으로 시작, 설립 4년 만에 전문가 100명에 이르는 종합 서비스 로펌으로 성장했다. 관록과 경험, 열정과 패기가 조화를 이루는 협업을 통해 집단지성을 발휘해 고객을 위한 해결책을 찾고 있다.

Minwho kr

Mi 법무법인 민후

■ 미래가 선택한 로펌 법무법인 민후

새로운 기술 분야에 대한 도전과 혁신으로 미래를 향해 나아갑니다.

법무법인 민후는 지적재산권(IP), IT 분야는 물론, 인공지능, 블록체인, 빅데이터 등 신기술이 가져올 다양성과 혁신성에 대비한 지속적인 연구와 노력을 기울이고 있다. 또한 미래 산업에 대한 지속적인 연구를 통해 쌓은 노하우를 바탕으로 민후民厚라는 이름에 걸맞는 법률서비스를 제공, 기업을 살찌워 세계 속에서 경쟁하도록 돕는 최적의 법률 파트너이다.

BARUN LAW

스무 살 바른
SINCE 1998 20YEARS HISTORY OF BARUN LAW
스무살 바른
법무법인(유한) 바른 20년사
중대재해처벌법 연구

■ 바른 실력자들이 모인 로펌 법무법인 바른

고객을 위해 바른 길을 가는 송무 강자입니다.

1998년 창립된 이래 눈부신 속도로 성장하여 현재는 자타가 공인하는 '송무 강자'라는 명성은 물론, 전문 분야 기업 자문역량이 확대됐다는 평가를 듣고 있다. 바른의 경쟁력은 우수한 맨파워가 만들어내는 협력이다. 또 시대가 원하는 서비스를 앞서 준비한다. 4차산업 대응팀, 경찰수사 대응팀, 중대재해처벌 대응팀, ESG 대응팀 등을 운용하며, 기업의 성장을 위한 든든한 법률 파트너로 역할하고 있다.

SEUM
법무법인 세움

500
FAST FIVE
DIOR
kakao
LINE
NAVER

SEUM

법 무 법 인 세 움

■ 차이를 만드는 격을 세우는 로펌 법무법인 세움

기업의 설립부터 성장까지 함께하는 든든한 파트너입니다.

설립 10년 차를 맞이한 국내 최초의 스타트업 부티크 로펌으로, 스타트업과 IT 기업의 성장 단계에 필요한 법률 자문을 제공하며 대한민국 벤처 업계의 성장 과정을 함께했다. IT기업에 대한 자문·소송 서비스와 특허법인 설립, 세무 분야 및 블록체인, 가상자산까지 다방면으로 확장하며 원스톱 서비스를 제공하는 등, '완벽한 사내 변호사'와 같은 전문성을 발휘하고 있다.

SHIN&KIM

SHIN & KIM

법무법인(유) 세종

■ 전문성과 창의성을 가진 법률전문가 그룹 **법무법인 세종**

기업의 모든 비즈니스 영역에 대해 가장 실용적인 해법을 제시합니다.

탁월한 전문성과 산업에 대한 깊은 이해를 바탕으로 최고의 법률서비스를 제공하며 1983년 창립 이래 지금까지 고객과 함께 꾸준히 성장해왔다. 창의와 혁신으로 시대의 첨단을 선도했으며, 오랜 기간 M&A, 금융, 소송, 조세, 지식재산권, 노동 분야 등에서 신뢰를 받았다. ESG, 중대재해, 온라인 플랫폼, 핀테크, ICT, 환경, 자동차·모빌리티, 바이오·헬스케어 등 신산업 분야에서도 혁신적 서비스를 제공하고 있다.

WeAdvise

WeAdvise

■ 혁신하는 로펌 **법무법인 위어드바이즈**

통념을 깨고 끊임없는 의심으로 신항로를 개척합니다.

2019년 대형 로펌의 젊은 파트너급 변호사들이 의기투합해 설립한 신흥 로펌이다. 각 로펌의 유망주가 결집한 다국적군으로, 기존의 경직된 구조와 분위기를 탈피해 동료 간의 자유로운 의사소통과 협업을 추구한다. 정장과 넥타이를 벗어 던지고 오픈된 사무실에서 업무를 한다. M&A와 소송 등 전통적인 업무에서 AI, 블록체인과 같은 신기술 분야에 이르는 폭넓은 범위까지 커버하는 역량을 갖추고 있다.

Yulchon History at a Glance
전산 시스템 도입
Built firm-wide IT system
해외 로스쿨 인턴십 프로그램 시작(매년 하계 1회 진행)
Launch of summer internship program for foreign law school students
2001
공증 사무소 설치 인가 (법무부)
Obtained Ministry of Justice license for notary office
2003
2 운영위원회 제도 도입 / PF 체계 정비
Introduced Operating Committee
5 [조직 개편]
조세그룹 출범(기존 조세팀)
C&F그룹 출범(기존 자문팀)
송무그룹 출범(기존 송무팀)
Creation of Tax Group, Corporate and Finance Group, and Dispute Resolution Group
7 율촌 뉴스레터 제작
Commenced newsletter publication
11 특허법인 율촌 출범
Added Yulchon Patent Offices
2005
2 국·영문 사명을 율촌(Yulchon)으로 통일, 새로운 CI 선포
Rolled out new Corporate identity, changing firm's English name to Yulchon
4 율촌 아카데미 개소
Opening of Yulchon Academy for professional development
5 스태프 조직 개편-빌링관리팀 신설, 법무지원팀 조직 확장 (번역 패러리걸과 통합)
Creation of Billing Team and expansion of Paralegal Support Team
8 [해외 사무소] 율촌 베트남 호치민 사무소 개소
Opened Ho Chi Minh City Office in Vietnam
8 공익위원회 구성
Formed Public Interest Committee
12 창립 10주년 기념 행사
10th Anniversary Celebration
2007
2009
2011
2004
2006
2008
2010

■ 협업 DNA를 바탕으로 창조적 혁신을 이루는 **법무법인 율촌**

정도와 혁신으로 최고 전문가들의 공동체를 일구어 갑니다.

창립 25주년을 맞는 율촌은 별도 인수합병 없이 특유의 전문성과 협업 DNA를 바탕으로 고속 성장을 이어가고 있는 매출액 기준 국내 Top 4 로펌이다. '영국 파이낸셜 타임즈'가 선정한 Most Innovative Law Firm으로 3년 연속 선정됐으며, 조세, 공정거래 등 전통적으로 막강한 업무 영역을 넘어 ESG, 리걸테크, NFT와 같은 새로운 패러다임에 앞장서며 경쟁력을 확보하고 있다.

법무법인 이신
LAW & TRUST

법무 법인 이신
LAW & TRUST

■ 든든한 조력자 법무법인 이신

고객으로부터 신뢰와 믿음을 얻고자 합니다.

전문적인 법률 지식을 기반으로 의뢰인이 겪는 문제를 새로운 방향에서 정의하고 현실적이고 효율적인 법률서비스를 제공한다. 좌고우면하지 않고 특정 분야에 역량을 집중해 전문적인 지식과 경험을 토대로 의뢰인과 신뢰를 구축하며 최선의 결과를 이끌어낸다. 주로 증권, 부동산 PF, 사모펀드, 유동화·구조화금융, 인수금융, M&A, 자본시장 및 기업 금융업무에서 금융기관과 투자자에게 특화된 종합 법률서비스를 제공하고 있다.

법무법인[유] 지평 JIPYONG

JIPYONG 법무법인[유] 지평

■ 믿고 맡길 수 있는 로펌 법무법인 지평

사람 중심, 진정성, 실력으로 문제를 해결하는

전문가 공동체의 새로운 지평입니다.

2000년 설립됐으며 명실상부한 7대 로펌의 지위를 차지하고 있다. 각 분야의 전문가들이 분야별, 산업별로 유기적으로 협업해 최적의 솔루션을 제공하고 있다. 특히 다른 로펌이 패소한 사건, 선례가 없는 사건에서 창의적인 해결방안을 제시해왔고, 이를 통해 믿고 맡길 수 있는 로펌, 어려운 일을 잘하는 로펌으로 인정받고 있다. 일찍이 해외전문성 강화에 노력하여 7개국에 8개 해외 지사를 두고 있다.

기대지 마시오
DO NOT LEAN

bkl 법무법인(유한)태평양

■ 미래를 선도하는 글로벌 로펌 법무법인 태평양

고객과의 신뢰를 지키고, 한발 앞선 최적의 솔루션을 제공합니다.

1980년에 설립된, 국내 최초의 법무법인이다. 변호사 450명을 포함해 외국변호사, 공인회계사 등 전문가 700여 명이 있다. 북경과 두바이 사무소를 포함해 상해, 홍콩, 싱가포르, 하노이, 자카르타 등 총 9곳에 해외사무소를 두고 있다. 강력한 맨파워와 글로벌 인프라를 바탕으로 기업법무(M&A), 증권금융, 국제중재, 행정 조세, 소송, 지식재산권 등 분야별 전문팀을 구성해 원스톱 서비스를 제공한다.

P&K
GARY B. BORN
INTERNATIONAL COMMERCIAL ARBITRATION
SECOND EDITION
VOLUME I
INTERNATIONAL ARBITRATION AGREEMENTS
Wolters Kluwer
GARY B. BORN
INTERNATIONAL COMMERCIAL ARBITRATION
The Guide to Damages in International Arbitratoin
Fourth Edition

PETER & KIM

ATTORNEYS AT LAW

■ 세계적으로 인정받는 로펌 법무법인 피터앤김

아시아 유일 '세계 30대 국제중재 로펌'에 포함되었습니다.

국제중재 및 국제 분쟁 전문 로펌으로, 서울, 제네바, 베른, 싱가포르, 시드니에 사무소를 두고 있으며 소속 변호사가 약 40명이다. 구사하는 언어는 한국어와 영어는 물론, 프랑스어, 독일어, 중국어, 힌디어 등 14개 이상이며, 외국어 실력뿐만 아니라 국제 분쟁에 대한 전문성과 풍부한 경험을 바탕으로 다양한 유형의 분쟁을 신속하고 효과적으로 수행하고 있다.

HNR 법무법인 Hannuri Law
한누리

■ 원고소송 전문 로펌 법무법인 한누리

불법행위 피해자를 위한 전문적인 해결책을 제시합니다.

국내에서 가장 먼저, 가장 오랫동안, 그리고 가장 성공적으로 불법행위 피해자를 대리해 원고소송을 수행한 로펌이다. 2000년 출범 이래 증시 불공정 거래 행위, 담합, 부당 내부거래, 독과점 행위 등 불법행위의 피해자 측을 주로 대변하여 10,000여 명의 피해자들이 2,200억원 이상의 손해를 배상받을 수 있도록 도왔다. 팀워크와 전문성을 바탕으로 복잡하고 어려운 사건을 해결하고 새로운 판례를 만들고 있다.

법무법인 해마루
Haemaru Lawfirm & Notary Office

법무법인 **해마루**

HAEMARU LAWFIRM

■ 협력하는 전문가 그룹 법무법인 해마루

전문적인 법률 지식과 건전한 법률 양식으로
사회정의 실현에 기여하고자 합니다.

1993년 10월 '해마루합동사무소'라는 이름으로 시작, 1997년 3월 '법무법인 안산'으로, 2001년 1월 다시 '법무법인 해마루'로 상호가 변경되었다. 법무법인 해마루는 각 분야에서 최고의 능력을 갖춘 최정예 변호사들로 구성되어 있다. 최고를 지향하는 구성원들은 끊임없이 전문 분야를 연마하며, 사건에 대한 탁월한 분석 능력과 고객에 대한 헌신으로 사회정의 실현을 위한 최상의 법률서비스를 제공하고 있다.

법무법인(유) 화우
YOON & YANG

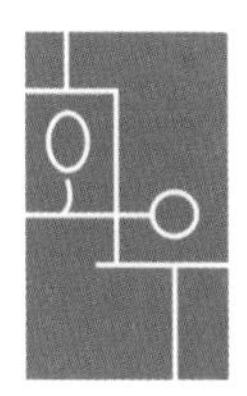

법무법인(유) 화우
YOON & YANG

■ 리스크 해결사에서 비즈니스 컨설턴트까지, 법무법인 화우

급변하는 시대, 고객의 리스크를 탁월하게 해결합니다.

고객 중심을 추구하는 법무법인 화우는 대형 로펌들 가운데에서도 눈에 띄게 성장하고 있다. 화우는 시대를 선도하는 변호사들과 각 분야에서 뛰어난 성과를 보여주었던 전문인력들이 힘을 모아, 고객의 리스크를 해결하는 것을 넘어 실질적인 솔루션을 제공하는 비즈니스 컨설턴트로 거듭나고 있다. 최근 고객만족도가 가장 높은 로펌으로 선정되는 등, 차별화된 법률서비스를 제공하고 있다.